Micheline Ostermeyer
ou la vie partagée

Collection ***Mémoires du XXème siècle***
sous la direction d'Alain Forest

Michel Bloit, *Moi, Maurice, bottier à Belleville*, 1993.
Maurice Schiff, *Histoire d'un bambin juif sous l'occupation nazie*. Préface d'Henri Bulawko, 1993.
David Diamant, *La résistance juive. Entre gloire et tragédie*, 1993.
Francisco Pons, *Barbelés à Argelès et autour d'autres camps*, 1993.
Joseph Berman, *Un juif en Ukraine au temps de l'armée rouge*, 1993.
Pierre Brandon, *Coulisses de la résistance à Toulouse, Lyon, Marseille et Nice*, 1994
Charlotte Schapira, *Il faudra que je me souvienne. La déportation des enfants de l'Union Générale des Israélites de France*, 1994.
Georges Sadoul, *Journal de guerre (2 sept. 1939 20 juillet 1940)*, deuxième édition, 1994.
Pierre Leenhardt, *Pascal Copeau (1908-1982). L'histoire préfère les vainqueurs*, 1994.
France Hamelin, *La Résistance vue d'en bas... au confluent du Lot et de la Garonne*, 1994.
Marcel Ducos, *Je voulais seulement changer l'Eglise*, 1994.
Léon Arditti, *Vouloir vivre. Deux frères à Auschwitz*, 1995.
Georges Moreau-Bellenger, *Pilote d'essais. Du cerf-volant à l'aéroplane*, 1995.
Claude-Henri Mouchnino, *Survivant par hasard*, 1995.
Georges Moreau-Bellenger, *Pilote d'essais. Du cerf-volant à l'aéroplane*, 1995.
Philippe Barrière, *Grenoble à la Libération (1944-1945). Opinion publique et imaginaire social*, 1995.

ISBN : 2-7384-3892-X

Michel BLOIT

Micheline Ostermeyer
ou la vie partagée

Préface de Robert Parienté

Éditions L'Harmattan
5-7, rue de l'École-Polytechnique
75005 Paris

Du même auteur :

Trois Siècles de Porcelaine de Paris, éditions Hervas, Paris (Prix Eugène Carrière de l'Académie française), 1988.

Les Mystères de Paris en l'an 1789 (en collaboration avec Pascal Payen-Appenzeller), Sylvie Messinger, Paris, 1989 (épuisé).

Deux Siècles de Porcelaine en Berry, Poitou et Bourbonnais, Le Temps Apprivoisé, Paris, 1994.

Dans la collection Mémoires du XXème siècle dirigée par Alain Forest : *Moi, Maurice, Bottier à Belleville,* éditions L'Harmattan, 1993.

à Pâquerette

PRÉFACE

par Robert Parienté

On ne rendra jamais assez justice aux championnes et aux champions qui ont concouru pour la seule gloire du sport et conquis, grâce à leur talent, titres et médailles, sans en tirer le moindre bénéfice temporel.

Micheline Ostermeyer appartient à cette catégorie d'athlètes qui ont pratiqué la haute-compétition pour ce qu'elle était encore, il y a quelques décennies : un simple divertissement qui n'excluait pas un réel engagement personnel.

Au fronton du stade de Wembley, où elle obtint à deux reprises la consécration olympique en 1948, figure une devise que l'on attribue par erreur à Pierre de Coubertin : "L'important aux Jeux n'est pas tant d'y gagner que d'y prendre part, car l'essentiel dans la vie n'est pas tant de conquérir que de bien lutter." Ce texte, extrait d'un sermon de l'évêque de Pennsylvanie, prononcé en 1908, lors des premiers Jeux de Londres, Micheline Ostermeyer aurait pu le faire sien et l'insérer dans son bréviaire personnel, bien qu'elle ne fût pas venue dans la capitale britannique pour seulement participer.

Dans *L'Equipe* du 5 août 1948, l'écrivain André Obey, à qui l'on doit un livre éblouissant, "L'orgue du stade", notait que "sur ses épaules, elle portait tout simplement le poids de la France."

Au-delà de ce mot d'auteur, il est permis de penser que Micheline Ostermeyer, premier prix de piano du Conservatoire National de Paris, a rarement connu l'angoisse des responsabilités nationales. Je retiendrai plus volontiers, à son propos, ce qu'elle disait après avoir obtenu sa seconde médaille d'or : "Vite, vite, revenir à mon piano. Car la musique, c'est l'avenir et le disque et le poids, c'est déjà le passé."

La vie de Micheline Ostermeyer, comme le montre la biographie minutieuse que vous allez lire, a en effet été partagée entre l'athlétisme et la musique, entre l'harmonie du geste et du son, mais aussi entre d'éblouissantes réussites et de poignantes tragédies.

"Avec mes chers disparus, maintenant je suis en scène, dit-elle à Michel Bloit, heureuse et tranquille, plus décontractée qu'auparavant. Je joue pour mon plaisir, pour assouvir ma passion, leur passion. Fais bien ce que tu fais... Dans notre famille, on ne pleure pas, on se bat."

Micheline Ostermeyer, qui a connu très tôt, l'"ineffable trésor celé dans la souffrance"[1], n'a jamais cessé de se battre ; mais elle le fit plus souvent pour les siens que pour elle-même. Ainsi n'eut-elle jamais l'entregent nécessaire pour défendre ses intérêts face aux organisateurs de concert ; elle ne voulut pas non plus d'imprésario et passa ainsi à côté d'une très haute carrière de concertiste internationale, telle que de nos jours les médias savent promouvoir.

Elle a toujours eu, il est vrai, une profonde propension à se faire oublier et à refuser de frapper aux portes. Comment s'étonner, dès lors, qu'en 1992, soit quarante quatre ans après son double triomphe de Londres, Nelson Paillou, alors président du Comité national olympique et sportif français, ait constaté qu'elle était la seule championne olympique française qui n'ait pas été nommée dans l'ordre de la Légion d'honneur. Une promotion spéciale combla cette lacune. Elle accueillit cette distinction tardive avec une indicible émotion, et c'est devant un parterre d'admirateurs qu'au clavier elle s'exprima avec fougue et puissance en jouant la Grande Polonaise de Chopin.

Ce soir-là, comme en de nombreuses autres circonstances, elle démontra qu'elle demeurait une soliste hors série, que le monde musical avait cruellement abandonnée, comme elle avait été

---

1. Sainte-Thérèse, citée par André Suarès dans "Musiciens" (Editions Granit).

une championne d'exception que le monde sportif avait injustement négligée.

Elle n'était pas née pour la gloire, mais elle l'avait conquise avant que l'athlétisme ne subisse d'irréversibles mutations et cesse d'être l'art de vivre qu'elle avait si bien illustré.

Il lui restait la musique, "aile du salut, comme l'a écrit André Suarès, grand vol qui délivre par delà nos prisons et la mer orageuse, où la mélancolie est joie et la joie tendre mélancolie"[2].

Nul regret dans ses propos, car elle garde au cœur la certitude d'avoir donné le meilleur d'elle-même ; peu lui importe si notre époque génère d'autres valeurs que les siennes. Celles qu'elle continue d'incarner appartiennent au passé, mais elles sont immortelles ; car, tout comme les chefs d'œuvre qu'elle interprète, rien ne pourra les effacer.

R.P.
ancien directeur
de la rédaction de l'Equipe

---

2. André Suarès : déjà cité.

COMMENT J'AI CONNU MICHELINE OSTERMEYER

par Michel Bloit
Neuilly Janvier 1996

Je terminais mon livre "Moi, Maurice, bottier à Belleville" (édité chez L'Harmattan), lorsque mon épouse Pâquerette dit tout haut ce que depuis quelque temps je pensais tout bas : "Et maintenant, sur qui vas-tu écrire ?"

En posant la question, elle avait déjà une réponse à proposer : "Pourquoi pas ma camarade de Conservatoire Micheline Ostermeyer ?"

Micheline et Pâquerette avaient fait connaissance en 1946 dans la classe de piano de Lazare Lévy au Conservatoire National de Musique de la rue de Madrid à Paris, temple de l'éducation musicale française, passage obligé à toute carrière dans la profession.

Après s'être perdues de vue de longues années, les deux amies s'étaient retrouvées au début des années 1980 d'une façon tout-à-fait fortuite. Désirant refaire la pièce où elle donne ses cours, Pâquerette fait appel à un décorateur qui, après avoir pris ses dimensions, tombe en arrêt devant le piano, un superbe demi-queue Bösendorfer, qu'il ne peut s'empêcher de caresser de la main.

"Vous aimez la musique ?", lui demanda mon épouse.

"Oui, naturellement, mais surtout ma sœur. Peut-être la connaissez-vous... Micheline Ostermeyer." Le décorateur n'était autre que son frère Roland !

Le soir même les deux anciennes amies se téléphonaient, ravies de se revoir. Quelques semaines plus tard, nous passons la soirée à Saint-Germain-en-Laye où Micheline donnait son concert d'adieu après seize ans de professorat au Conservatoire de la Ville. Et c'est ce jour-là que je la rencontrai pour la première fois. Je garde encore le souvenir d'une salle bondée, enthousiasmée par le jeu enflammé de la pianiste, une grande dame en robe bleue et cheveux blancs.

Elle devint une fidèle de notre maison : Pâquerette l'invitait souvent à ses auditions de fin d'année. Au printemps suivant, elle nous pria à déjeuner dans sa retraite normande de Grémonville où vivaient encore ses parents Henri et Odette. A l'exception d'un petit cadre où était exposé différentes médailles et une ou deux photos accrochées au mur, son passé olympique fut rarement mentionné, la musique étant l'unique sujet de conversation. Aussi, lorsque mon épouse suggéra que je m'attelle à la biographie de Micheline, l'idée me plut immédiatement, curieux de mieux la connaître.

Lors d'un déjeuner, je lui exposais cette idée et lui offris mon livre sur "Maurice, bottier à Belleville". Elle ne dit pas oui tout de suite, désirant en parler à sa fille, alors au Portugal et lire mon "Maurice".

Quelques semaines plus tard, elle me téléphona son accord, posant deux conditions : alors que dans "Maurice", je faisais parler mon sujet, elle désirait que je sois le narrateur ; et que, si elle s'exprimait, les citations devaient être exactes. Elle insistait aussi d'avoir le droit de lire mon travail et proposer des modifications. J'accédais sans réticence à ses deux demandes.

Commencèrent alors deux années passionnantes.

Notre premier rendez-vous eut lieu le 6 janvier 1994 à Grémonville. Depuis la mort de ses parents, elle y vivait seule dans l'aile d'une grande demeure de briques et pierres blanches comme on en trouve beaucoup en Pays de Caux. Elle s'excusa du froid, car elle ne chauffait guère au-dessus de 16 degrés par mesure d'économie. Elle me parla longuement de son père et sa mère, Henri et Odette, de leur mariage en pleine guerre en août 1918, de sa propre naissance à Rang-du-Fliers. Je prenais des notes sur un grand carnet à feuilles jaunes, comportant quatre-vingts pages. J'allais en remplir trois, de mon écriture type "pattes de mouche" qui avait fait frémir tous mes professeurs depuis la dixième.

A 13 heures, nous sommes partis déjeuner dans l'unique auberge-épicerie-marchand de journaux de Grémonville. Je fus surpris de constater à quel point elle semblait être peu connue dans ce village où sa famille habitait depuis près de trente ans.

A 17 heures, je n'avais rempli que deux pages de notes mais nous avions fait connaissance.

"Puis-je revenir ?" lui ai-je demandé en partant.

"Mais, naturellement", me répondit-elle en me donnant la cassette du film vidéo de 53 minutes que Pierre Simonet avait réalisé sur elle en 1991, intitulée "La Croisée du Destin".

Cette visite fut suivie de beaucoup d'autres, la plupart à Grémonville, d'autres à Neuilly où nous habitons.

Ignorant tout de l'Olympisme qui a tant compté pour elle, j'ai dû me renseigner sur ce monde extraordinaire en lisant les ouvrages signalés aux rubriques "Sources" des différents chapitres. Toujours passionné de généalogie, j'ai pris un grand plaisir à retrouver ses ancêtres à travers états-civils et archives, y compris la fausse piste des Hugo, qui me prit beaucoup de temps à démentir.

Je rendis visite à ceux qui l'avaient rencontrée, depuis l'ancien ministre Edgard Pisani, Jean-Pierre Perrault, directeur du Conservatoire de Saint-Germain, ses anciens élèves, amis, camarades de stades : qu'ils et qu'elles en soient ici remerciés.

Je veux exprimer particulièrement toute ma reconnaissance à Robert Parienté qui a eu la patience de passer au peigne fin les passages concernant les arcanes du monde du sport et de l'olympisme et de rédiger la belle préface qui honore ce livre.

Mais si tous ont croisé son chemin, combien peuvent dire qu'ils l'ont bien connue !

Aussi, l'essentiel de ce livre émane des dizaines d'heures d'entretiens que Micheline a eu la très grande patience de me consacrer, sacrifiant celui qui aura été son compagnon le plus fidèle tout au long de sa vie : le piano ! Qu'à son tour, elle en soit remerciée avec toute ma gratitude.

CHAPITRE 1

Les XIèmes Jeux Olympiques de l'Ère Moderne

Londres 29 Juillet - 14 Août 1948

1 - Les Jeux Olympiques de 1948
2 - Courageuse Angleterre
3 - La Délégation Française
4 - Les Lancers du Disque et du Poids
5 - Micheline Ostermeyer : première médaille d'or
6 - Cocorico !
7 - La Hollandaise Volante
8 - La Musique et le Sport
9 - Vedette !
10 - Les Jeux d'Hier et d'Aujourd'hui

1 - Les Jeux Olympiques de 1948

C'est sur le stade de Wembley à douze kilomètres de Londres qu'eurent lieu les Premiers Jeux Olympiques de l'après-deuxième guerre mondiale.

Les précédents Jeux s'étaient tenus à Berlin en 1936. Utilisés d'une façon éhontée par Adolf Hitler comme outil de propagande pour le parti nazi, ils avaient laissé un souvenir amer à tous ceux qui n'admettaient pas la doctrine raciste du maître du IIIème Reich. Les Jeux qui devaient avoir lieu à Helsinki en Finlande en 1940 et à Tokio au Japon en 1944 avaient évidemment été annulés.

Un mot sur la numérotation olympique. L'Olympiade est une période de quatre ans commençant, pour l'ère moderne, en 1892. A la Ière Olympiade (1892-1896) correspondent les Premiers Jeux qui ont lieu à Athènes en 1896. Mais des décalages vont apparaître lors de la suppression des Jeux pendant les deux guerres mondiales. C'est pourquoi les XIèmes Jeux sont tenus à Wembley pendant la XIVème Olympiade.

Courageusement, la Grande Bretagne accepte d'organiser ces XIèmes Jeux de l'ère moderne. Elle est encore mal remise des terribles destructions causées sur tout son territoire par les bombardements de l'aviation allemande et de l'immense effort de guerre qu'elle saura maintenir de septembre 1939 à septembre 1945. La plupart des nations du globe vont y participer, à l'exception de l'Allemagne et du Japon, encore tenus à l'écart, et de l'Union Soviétique, cloîtrée dans sa tour d'ivoire.

4468 sportifs, dont 438 femmes, représentant 59 nations, pénètrent sur le stade de Wembley ce jeudi 29 juillet 1948, au début de l'après-midi sous les cris et les applaudissements de quatre-vingt-dix mille spectateurs. (Les chiffres pour les Jeux d'Atlanta, Etat de Georgie, U.S.A. l'été 1996 doivent être respectivement de 10.768 sportifs dont 3.779 femmes représentant 197 nations dans un stade de 85.000 places). Pas de grand spectacle hollywoodien, sinon un lancer de six mille pigeons blancs. Le Suédois Sigfrid Edström, président du Comité International Olympique depuis 1946, avait prédit que ces Jeux trois ans à peine après le plus terrible conflit qu'ait connu notre planète, seraient ceux de l'austérité, et il eut raison.

Pour compenser ce rigorisme, le soleil, a décidé de briller de tous ses feux du matin au soir, faisant monter la température à près de quarante degrés. Les services de santé vont recenser plus de trois cents évanouissements parmi les spectateurs et surtout parmi les jeunes boy-scouts qui bordent les allées menant à la tribune officielle. On en comptera aussi quelques-uns parmi les athlètes qui, défilé compris, resteront plus de deux heures en plein soleil.

A seize heures précises, le roi George VI, figé pendant près d'une heure dans un garde-à-vous impeccable, la main collée à sa casquette de grand amiral de la flotte, va déclarer ouverts les Jeux de la XIVème Olympiade. C'est l'heure exacte que marque l'horloge de Big Ben, tour gothique, symbole de Londres, qui sert de toile de fond à l'affiche des Jeux, accompagnée de la célèbre statue en marbre blanc du lanceur de disque grec antique : "Le Discobole".

Autour du Roi, se presse toute la famille royale : la Reine Elizabeth, sa fille Elizabeth, héritière du Trône, son époux, le séduisant duc d'Edimbourg, également en grand uniforme d'officier de marine, la princesse Margaret qui sera l'une des plus fidèles spectatrices et de nombreux officiers et dames de la cour, tous et toutes en costumes chamarrés de rubans et de décorations.

Les Français et Françaises ont défilé vêtus de pantalons ou de jupes grises, d'un blazer bleu, et coiffés d'un béret basque. Ni les couleurs ni la coupe des vêtements, et encore moins leur confort sous ce soleil brûlant, n'enchantent ceux qui les portent. Il faut dire que les Français, naturellement rouspéteurs, auront de nombreuses raisons de se plaindre, (mais ni plus ni moins que les autres participants). Hébergés loin du stade, ils doivent passer des heures dans des cars ou le métro. Leur équipements n'arriveront qu'à la veille des Jeux, retard qui fit monter la pression nerveuse, mais le pire concerne la nourriture.

2 - Courageuse Angleterre

L'Angleterre avait fait savoir qu'elle ne pouvait mettre à la disposition des délégations que les rations-types accordées à ses propres citoyens : en 1948, chaque nation vit encore sous le système des cartes de rationnement.

C'est le cas aussi en France, mais, naturellement, les sélectionnés olympiques reçoivent de très copieuses dérogations. Des crédits spéciaux ont été alloués pour acheter et transporter à Londres deux cents tonnes de produits alimentaires destinées à la délégation française. Mais une malencontreuse grève, fréquente en ces années d'après-guerre, va bloquer les wagons à Calais... Le vin, constante préoccupation, est bien arrivé, mais on a perdu la clef de la cave !

Côté logement, la situation n'est pas plus brillante. Les Britanniques avaient prévenu qu'ils ne pourraient soustraire un seul sac de ciment, une seule planche de bois, une seule poutrelle de fer, à l'énorme effort engagé pour reconstruire usines, immeubles, routes et ponts détruits par cinq ans de bombardement.

Les sportifs seront donc logés à la fortune du pot : les garçons hébergés dans de tristes casernes à Uxbridge, un faubourg à près d'une heure du centre de Londres. (Pendant la guerre, c'est à Uxbridge que les hommes et les femmes des services secrets alliés étaient regroupés dans l'attente des avions qui allaient les parachuter en territoire occupé au milieu de la nuit, pour rejoindre le maquis. Tel fut l'itinéraire suvi le 31 août 1944 par l'auteur de ce livre).

Pour les filles, on avait réquisitionné dix-huit écoles de Londres disposant d'un internat, qui furent priées d'avancer de huit jours la date des vacances pour faire place à leurs sportives visiteuses. Les Françaises, avec d'autres nationalités, échouent à Victoria College, vieux bâtiment du XIXème siècle à la façade noirâtre. Dans les chambres, déjà petites, on a installé quatre lits. Côté sanitaires, on compte une baignoire pour trente filles. Le réfectoire est installé au sous-sol et reçoit les plats d'une des vingt-cinq cuisines centrales dispersées dans Londres. On y prépare six menus différents : scandinave, espagnol, nord-américain, Europe centrale, spécial, et français. Ce dernier est servi également aux délégations belge et luxembourgeoise.

3 - La Délégation Française

Mais ces soucis sont vite balayés par l'enthousiasme de participer enfin à ces Jeux dont tous rêvent depuis deux ans.

Les Français sont entourés d'une cohorte de journalistes qui pendant quinze jours ne vont cesser de courir d'une épreuve à l'autre, à la recherche de l'exploit qui fera le titre de la prochaine édition. Le journal sportif *L'Equipe* remplace depuis la Libération *L'Auto*, interdit pour parution sous l'occupation en zone occupée. Imprimé sur quatre pages en raison des pénuries de papier, *L'Equipe* consacre une large place aux Jeux, se risquant sans cesse à des pronostics optimismo-patriotiques, quitte à critiquer le lendemain les malheureux dont la performance n'a pas été à la hauteur des prévisions. Adieu Courbertin et son ordre de priorités philosophiques !

Les dernières estimations avant le départ prévoient dix-huit médailles, tous métaux confondus, pour la délégation française riche de près de trois cents hommes et femmes. Parmi les vedettes, on note le nageur Alex Jany, donné largement gagnant dans le 100 mètres et le 400 mètres. Le coureur Marcel Hansenne est un autre espoir dans les 800 et 1500 mètres.

Seul Hansenne cueillera une médaille de bronze. Des médailles sont également promises, et à juste titre, à nos cyclistes, escrimeurs et cavaliers.

Curieusement, personne ne parle des chances des filles, totalement ignorées dans les éditoriaux des journaux. Même attitude de la part des athlètes hommes qui, littéralement, ne voient pas leurs consœurs, ne pensant à elles, suivant la boutade de l'un d'eux, que pour le bal de clôture.

4 - Les Lancers du Disque et du Poids

Et pourtant, que va-t-il se passer dès la première épreuve le lendemain de l'ouverture, le vendredi 30 juillet ?

Il s'agit du lancer féminin du disque, épreuve mythique des Jeux, celle qui symbolise la Grèce antique, leur pays d'origine. Cette discipline est ouverte aux femmes depuis 1928 ; à Londres une trentaine de candidates, dont trois Françaises s'y présentent. Il fait un soleil de plomb au cours des éliminatoires et de la finale, comportant trois essais supplémentaires, et qui vont durer toute l'après-midi. Les concurrentes sont rassemblées autour de l'aire de lancement située à l'une des extrémités du stade. En survêtement, la plupart sont allongées dans l'herbe pour se décontracter. Un juge signale enfin que les éliminatoires vont commencer. Tout le monde se lève, s'étire, trottine, effectue des mouvements divers de gymnastique pour réveiller les réflexes, échauffer les muscles. La tension monte imperceptiblement lors des premiers appels de noms. Chaque fille lance une fois toutes les trente minutes. A chaque jet le même rituel : enlever le survêtement, mouvements divers de mise en forme, choix d'un disque et essai de prise après un bon essuyage, contrôle des lacets et des pointes de souliers. Sur l'immense stade, plusieurs épreuves d'athlétisme commencent en même temps et ce sont des dizaines d'hommes et de femmes qui sautent, simulent des départs, s'exercent au passage des témoins des courses de relais, lancent le javelot, bondissent au-dessus des haies. Le tout dans un invraisemblable brouhaha ponctué ici et là de coups de pistolet.

Parmi les athlètes françaises, on remarque Micheline Ostermeyer, une grande (1,79m) svelte et gracieuse jeune femme de vingt-cinq ans, championne de France du poids, du saut en hauteur, du 60 mètres et du pentathlon.

Comment va se dérouler pour Micheline cette épreuve du lancer de disque ?

Ce n'est pas sa grande spécialité qui est le poids. Aussi invraisemblable que cela paraisse, elle ne la pratique sérieusement que depuis un mois.

Tout commence bien : son premier jet est déjà légèrement supérieur à sa meilleure performance des Championnats de France à Colombes qui ont eu lieu trois semaines auparavant.

Vient maintenant le deuxième jet : Micheline fait encore mieux, soit un mètre de plus pour atteindre 38,50 mètres.

Le troisième jet est étonnant avec 39,50 mètres : encore un mètre de plus.

C'est maintenant la finale qui commence avec les six filles ayant réalisé les meilleures performances. Outre Micheline, on compte une autre Française Jacqueline Mazéas. En tête, une Italienne, Cordiale Gentile, la grande favorite depuis le début : elle a réalisé 41 mètres, mais semble plafonner à cette distance et pourtant on attend d'elle 45 mètres.

Quatrième essai : Micheline touche les 40,30 mètres et se rapproche de l'Italienne.

Cinquième essai : au tour de Micheline de plafonner mais Cordiale ne progresse toujours pas, ne distançant Micheline que de 70 petits centimètres.

Voici enfin le sixième et dernier essai. L'Italienne lance la première et pousse des cris de joie. Aurait-elle atteint ces fameux 45 mètres que toute l'Italie attend d'elle ?

Il n'en est rien ; elle n'améliore que de 17 centimètres son précédent lancer avec 41,17 mètres. C'est à Jacqueline de tenter sa chance : elle fait 40,47 mètres, battant Micheline mais elle est devancée par Gentile.

C'est enfin à Micheline de lancer : c'est son sixième jet et sa dernière chance. Depuis le jet relativement médiocre de Cordiale à 41,17 mètres, elle est saisie d'une véritable frénésie de gagner.

Pour la première fois, elle sent la victoire à sa portée. "*Je peux bien faire encore un mètre de plus*" se dit-elle en accélérant violemment ses mouvements d'échauffement, piétinant le sol avec rage, claquant en tournoyant ses bras contre son dos. Le calme extérieur brutalement revenu, marchant doucement vers l'aire de lancement, Micheline prend le disque, le caresse, entre dans le cercle de jet, le bras droit tendu vers l'arrière, les jambes pliées, prête à lancer.

Lentement, sa tête tourne suivie du buste, le bras porteur du disque restant en retrait le plus longtemps possible. C'est aux jambes de bouger : la droite décolle et vient se poser devant la gauche qui, à son tour pivote. Après un superbe retournement de tout le corps, le disque s'envole.

Micheline craint de l'avoir lancé trop à gauche mais se rassure en le voyant bien atterrir entre les deux lignes formant l'angle de réception. Elle ne sait pas encore qu'elle vient de dépasser ses deux rivales d'un jet de 41,92 mètres, soit 1,52 mètre de plus que sa meilleure performance, et de remporter la victoire !

5 - Micheline Ostermeyer : première médaille d'or

Voilà Micheline Ostermeyer médaillée d'or, Cordiale Gentile médaillée d'argent et Jacqueline Mazéas médaillée de bronze. Les deux Françaises, folles de joie, tombent dans les bras l'une de l'autre, tandis que l'Italienne esquisse une terrible grimace qu'elle conservera jusqu'au podium.

Laissons Micheline nous raconter elle-même ce que furent ses pensées avant et après sa victoire dans ce texte écrit de Londres :

"*Il est très difficile d'exprimer ce que l'on ressent. Il y a évidemment les mots : joie, allégresse, émerveillement... En vérité, on se trouve bouleversée par une complexité de sentiments bouillonnants et confus, une excitation indescriptible. On parle à tort et à travers... On rit inépuisablement (d'autres pleurent). On a envie d'embrasser tout le monde... Tous ces gens qui vous pressent, vous questionnent... On est débordé. On ne réalise pas très bien. On ne sait pas où accrocher son plaisir, sa satisfaction. On perd le contrôle de soi... comme si on avait trop bu. Il s'ajoutait, pour moi, après mon succès au disque, une surprise formidable. Je n'arrêtais pas de me répéter : c'est trop de chance, ce n'est pas permis... Les quelques personnes qui me virent lancer le disque il y a un mois comprendront ma réaction. Jusqu'au mois de juillet 1948, je peux dire que je ne m'entraînais pratiquement pas pour le disque. Chaque fois que j'essayais, c'était une catastrophe. Aux Championnats de France, j'ai eu du mal à me qualifier après un jet sans élan, puis deux lancers pitoyables. Heureusement, un stage d'un mois à l'Institut National des Sports, à Vincennes, m'a fait beaucoup de bien.*

Chaque jour je me sentais progresser, mais je redoutais, avant chaque jet, de sortir du cercle, de lâcher trop tôt le disque. Aussi avec Jacqueline Mazéas, nous sommes arrivées dans ce stade immense sans aucune prétention. Ce qui fut extraordinaire pour Jacqueline et moi, ce fut de sentir nos espoirs monter. Au fur et à mesure que la compétition avançait, les concurrentes se révélaient moins dangereuses. L'Italienne Gentile qui nous semblait tabou ne l'était plus... Aussi, lorsque je n'eus plus que près d'un mètre de retard sur elle, j'ai pensé qu'en risquant le tout pour le tout, je n'avais rien à perdre. Alors je me suis dit tabou ou pas tabou, Italienne ou pas, 45 mètres ou non, elle n'a qu'un mètre d'avance. Je peux faire mieux, et voilà, j'ai donné tout ce que je pouvais... Je n'ai pas encore bien "encaissé", je tremble en y pensant, alors que sur le stade, les nerfs n'ont pas bronché. Car une telle compétition, qui dure aussi longtemps, avec un jet toutes les demi-heures, est une vraie guerre des nerfs. Le baron de Coubertin a dit : "L'important n'est pas de gagner, mais de bien se battre". Bien se battre, cela veut dire, tenir, s'accrocher, vouloir. D'accord, c'est bien, c'est passionnant, mais quand on gagne, en plus... ça vaut aussi la peine d'être vécu."

Les jets des trois finalistes sont respectivement de 41,92 m, 41,17 m et 40,47 m, assez loin des records mondiaux et olympiques, propriété depuis Berlin de l'Allemande Gisela Mauermeyer avec un jet de 47,63 m.

A titre de comparaison, le premier record olympique féminin de 1928 était de 39,62 m et celui de 1988 de ... 72,30 m.

Hélas, une telle progression ne sera pas toujours à mettre au crédit des athlètes mais plutôt à celui des méthodes d'entraînement, particulièrement celles pratiquées dans les pays communistes où les records sportifs étaient devenus une affaire d'Etat. On va dépister dans les écoles primaires les sujets les plus prometteurs. Enlevés à leur famille, pensionnaires dans des écoles spécialisées, ils vont subir des traitements biologiques et des rythmes d'entraînement inhumains. On est loin des beaux principes de joie et de liberté prônés par Pierre de Coubertin.

Certes les records olympiques et mondiaux sont continuellement améliorés dans toutes les disciplines athlétiques, mais à quel prix ! Jamais Micheline Ostermeyer n'aurait pu conserver les forces physiques et morales qui lui ont permis de faire la belle carrière que l'on sait dans l'art du piano, si elle avait été livrée à un tel forcing. Il faut s'en souvenir lorsque l'on veut comparer les résultats de 1948 avec ceux d'aujourd'hui.

6 - Cocorico !

L'épreuve du disque féminin étant la première à être disputée dès l'ouverture de ces XIème Jeux Olympiques, le drapeau tricolore sera le premier à être hissé le long du mat de la tribune présidentielle et la Marseillaise le premier hymne national à retentir dans le stade de Wembley. Difficile de ne pas être émue dans de telles conditions, surtout lorsque l'on est entouré par toute la presse qui s'intéresse enfin aux résultats de l'équipe féminine.

Le grand journal populaire de 1948 *"Ce Matin-Le Pays"*, titre le lendemain de la victoire de Micheline : "Remarquable début des Français (sic) à Wembley, Micheline Ostermeyer championne olympique du disque". L'article commence par une bonne caricature de Micheline, mais on ne trouve aucune description de son exploit dans le texte de l'envoyé spécial Raymond Huttier qui avait préféré suivre les basketteurs américains et la course du Tchécoslovaque Zatopek (et la première médaille d'argent de Mimoun) dans le 10.000 mètres.

Micheline est l'héroïne du jour et son titre donne un coup de fouet à l'ensemble des sélectionnés. Si elle est peu connue du grand public, par contre elle est très appréciée des dirigeants de l'athlétisme où son sérieux, son ardeur à l'entraînement et ses immenses qualités physiques sont reconnus de tous. N'est-elle pas devenue championne de France du lancer de poids, sa grande spécialité, lors des championnats de Bordeaux de 1945, performance confirmée par une place de vice-championne d'Europe à Oslo l'année suivante. Si le poids et le disque demandent des qualités très proches, par contre son troisième engagement dans le saut en hauteur ne cesse d'étonner. Et pourtant, elle a battu le record de France dès son retour d'Oslo en septembre 1946 avec un saut de 1,61 mètre. C'est dans ces trois sports qu'elle a obtenu sa sélection pour cette XIVème Olympiade de l'Ere Moderne.

Micheline est fière de sa médaille. Elle est identique à celles gravées en 1928 et qui furent utilisées en 1932 et 1936 représentant une jeune femme tenant une couronne de laurier avec comme fond la silhouette du Colisée romain.

Seuls les dates et lieux sont modifiés. La médaille d'or est en réalité faite d'argent doré (vermeil), celle d'argent est en argent, et celle de bronze en bronze.

Les médailles restent naturellement la propriété de leurs vainqueurs.

Micheline, trois jours après son retour de Londres se fera voler la valise contenant celles en or, mais le Comité Olympique Britannique eut la gentillesse de les lui remplacer, sans frais.

Après cette première victoire au disque, Micheline ne pense plus qu'au deuxième concours, celui du lancement de poids qui a lieu le sixième jour des Jeux. C'est la première fois que cette spécialité est inscrite au palmarès des sports féminins, en même temps que le 200 mètres et le saut en longueur. Micheline s'y sent beaucoup plus en confiance que dans le lancer du disque, car c'est une discipline qu'elle pratique depuis cinq ans.

Ou tout au moins elle aurait dû, mais sa victoire tellement imprévue au disque et l'agitation gigantesque qu'elle suscita va l'empêcher totalement de dormir durant trois jours.

Pendant les heures réservées au sommeil, Micheline entend clamer dans sa tête : "*Championne Olympique... Championne Olympique...*"

Résultat, à la reprise de l'entraînement, le poids lui semble peser une tonne (au lieu des quatre kilos). Tous ses jets tombent à trois mètres en-dessous de sa performance habituelle. Pour tout secours, le médecin de l'équipe de France lui ordonne... un bain très chaud.

La veille, Micheline a encore deux mètres de retard.

Enfin le grand jour arrive. La nuit a été meilleure : levée à six heures (il y a une heure de bus de Victoria College à Wembley), petit déjeuner habituel. Arrivée sur le stade, Micheline retrouve son calme et aux premiers essais n'a plus qu'un mètre de retard.

Heureusement, au cours de la séance de qualification, Micheline constate avec soulagement qu'elle domine facilement toutes les autres concurrentes. L'après-midi, il y a foule autour du terrain. Toute la presse française est là, journalistes et photographes à l'affût d'une deuxième victoire. C'est par une journée à la température douce que Micheline enlève une deuxième médaille d'or avec un jet de 13,75 mètres, devant une autre Italienne Amelia Piccinini et l'Autrichienne Ina Schaffer. Cette fois-ci, c'est du délire chez les Français, fort peu gâtés en athlétisme jusqu'alors.

Le record du monde féminin n'était en juillet 1948 que de 14,38 mètres, soit 63 centimètres de plus seulement que la performance olympique de Micheline. Mais un record que Micheline possède encore aujourd'hui à la veille des Jeux d'Atlanta de 1996, âgée de soixante-treize ans, c'est d'être la seule femme française titulaire de DEUX médailles d'or aux mêmes Jeux.

7 - La Hollandaise Volante

Ces Jeux de 1948 vont révéler deux grandes vedettes féminines. En premier, un véritable phénomène la belle et blonde Hollandaise Fanny Blankers-Koen. Agée de trente ans, mère de deux enfants, elle gagne quatre fois : le 100 mètres, le 200 mètres, le 80 mètres haies et le relais quatre fois 100 mètres !

Fanny Blankers est née le 26 avril 1918 dans une petite ferme au nord d'Amsterdam au sein d'une famille de cinq enfants dont elle est la seule fille. Son père est membre de la société de gymnastique de son village où il a gagné de nombreux prix. C'est lui qui remarque très tôt le talent de sa fille dû surtout à une fantastique volonté de gagner.

Son premier sport sera la natation mais son maître-nageur la dirigera dès quinze ans vers l'athlétisme. Elle sera quatrième au 200 mètres à son premier championnat national en août 1935, à l'âge de 17 ans, ce qui attire sur elle l'attention des dirigeants. Sélectionnée pour les Jeux Olympiques de Berlin de 1936, elle sera sixième au saut en hauteur et cinquième au relais quatre fois 100 mètres. Sa famille dispose de très peu de moyens pour l'aider : elle fait à bicyclette deux fois par semaine les trente-quatre kilomètres aller-retour qui sépare la ferme familiale du stade d'Amsterdam. Elle empruntera à une amie sa première paire de chaussures à pointes, la bourrant de papier journal, l'amie en question chaussant du 42 et elle seulement du 38 !

Après sa bonne prestation de Berlin, elle fait partie de l'équipe hollandaise entraînée par Jan Koen qui deviendra son mari en 1940. Son époux ne cessera de la faire progresser. Il réussit à corriger son seul défaut : un départ un peu lent. Jan ne cesse de lui répéter : "*Tu démarres comme un vieux bouc*"

Et bientôt, elle deviendra imbattable dans toutes les courses du 80 mètres haies au 200 mètres en passant par le 100 mètres et le relais quatre fois 100 mètres. Aux courses, elle ajoute le saut en longueur dont la préparation est liée à un élan rapide, ainsi que le saut en hauteur. Elle possédera bientôt les records du monde de toutes ces spécialités.

Son vrai secret sera toujours sa formidable volonté de vaincre. Elle laisse ses rivales sur place, sa seule drogue étant une cuillère d'huile de foie de morue avant les épreuves !

Encore aujourd'hui, âgée de soixante-dix-sept ans, quand elle fait sa promenade à bicyclette dans un parc et qu'elle voit une autre cycliste devant elle, elle n'a qu'une idée, la dépasser. Ayant lu dans un magazine féminin qu'une lectrice avait réussi à tricoter un chandail en six jours, elle n'eut plus qu'une idée, le tricoter en cinq jours et demi, et c'est ce qu'elle réussit à faire.

Ses quatre médailles d'or aux Jeux de Londres en 1948 en fit une héroïne nationale et internationale. Elle devient la "Hollandaise Volante". Son retour à Amsterdam fut suivi par des dizaines de milliers de compatriotes. Elle traversa la ville dans une calèche tirée par deux chevaux, tandis que des tonnes de confettis l'aspergent des fenêtres. Ses voisins de quartier se cotisèrent pour lui offrir une bicyclette, ayant remarqué que la sienne était fort fatiguée. Anxieuse de ne pas perdre son statut d'amateur, elle ne l'accepta qu'avec l'accord de sa Fédération. En 1948, le monde olympique ne plaisantait pas avec ce genre de cadeau.

Après les Jeux de 1948, Fanny et son mari Jan ne pensent qu'à ceux de 1952 qui se préparent à Helsinki. Mais une crise de furonculose l'empêcha de disposer de tous ses moyens et elle ne figura sur aucun podium. Sagement, elle décide alors de se consacrer à sa famille ; après son premier fils, était née quelques années plus tard une jolie petite fille, tandis que son mari devenait journaliste sportif. Elle resta longtemps à la tête de la Fédération Féminine d'Athlétisme de Hollande, et participa en temps que chef de délégation aux Jeux de Rome en 1960, Tokyo en 1964 et Mexico en 1968.

Aujourd'hui encore, elle jouit d'un immense prestige en Hollande ; elle accepte de promouvoir à la télévision des produits diététiques, et sans risque de perdre des médailles.

Ses petits-enfants la consolent de la disparition de son mari, décédé en 1979. Son sport favori aujourd'hui est le tennis, en double, et ses partenaires savent à quel point elle est une redoutable joueuse, tant est toujours égal son désir de gagner et de se battre sur chaque point.

8 - La Musique et le Sport

La deuxième vedette féminine de ces Jeux de 1948 est bien Micheline Ostermeyer qui, à la fin de la deuxième semaine, a encore l'espoir d'une troisième victoire, l'épreuve du saut en hauteur qui a lieu le dernier jour.

Qui est donc cette grande jeune fille de 25 ans, haute de 1,79 m, svelte et gracieuse, toujours souriante et aimable ?

Contrairement à beaucoup de ses camarades, elle ne se plaint jamais de rien. Elle adore le sport, l'ambiance des stades et est pénétrée de la soif de gagner. Outre l'athlétisme, elle pratique le basket depuis l'âge de dix-sept ans, ayant tenu le poste de pivot dans l'équipe championne de Tunisie, finaliste d'Afrique du Nord en 1947, avant l'indépendance des trois pays du Maghreb.

Mais le sport n'est que sa grande distraction : sa véritable passion est la musique. Plus qu'une passion, c'est sa profession. Elle y excelle autant qu'en athlétisme. Le 13 juillet 1946, elle a obtenu le premier prix de piano au Conservatoire National de Musique à Paris, rue de Madrid dans la classe du Maître Lazare Lévy. Jouant professionnellement du piano depuis l'âge de dix-huit ans, elle donnera son premier grand concert à Paris en décembre 1946 et fait continuellement la navette entre les salles de concert et les stades d'Europe et d'Afrique du Nord, où sa famille réside depuis 1929.

Ainsi, Micheline ne cesse de se partager entre la pratique du piano et de l'athlétisme. Quand on sait qu'une pianiste professionnelle doit s'exercer au moins cinq heures par jour et qu'une athlète doit s'entraîner deux heures dans chacune de ses spécialités (et Micheline est inscrite dans trois), on reste confondu devant une telle activité. On comprend aussi pourquoi les petites contraintes ménagères londoniennes n'ont pas entamé son moral.

Ne déclare-t-elle pas : "*le piano est un entraînement pour le lancer du disque. J'agrippe beaucoup mieux l'engin après avoir joué plusieurs heures*".

N'est-ce pas là un des secrets de sa double réussite ?

Le soir, à Victoria College, profitant des moindres moments de répit, elle répétera sur le vieux piano à queue (que les organisateurs ont loué à l'armée britannique) des fugues de Bach et la sonate Au Clair de Lune de Beethoven.

C'est le grand moment de détente pour ses camarades qui s'entassent dans sa chambre. Elles sont toutes là, sous la surveillance amicale d'une ancienne, Germaine Gagneux, qui ne paraît pas ses quarante cinq ans. Elle fut membre de l'équipe du relais 4 x 100 m qui arriva sixième aux Jeux de 1928 à Amsterdam, les premiers à admettre (enfin) des femmes. Il y a Paule Laurent, la grande amie de Micheline et concurrente pour le titre en lancement de poids. En petite forme à Londres, elle n'atteindra pas la finale, avec, lors des éliminatoires un jet de 12,27 m. Elle fera carrière comme professeur de gymnastique avant de prendre sa retraite dans les environs d'Annecy. Anne-Marie Colchen écoute aussi son amie Micheline en attendant de l'affronter dans l'épreuve du saut en hauteur, dont elle sera malheureusement éliminée avant la finale. La benjamine de la délégation est la jeune plongeuse Nicole Pellissard, seize ans, qui a du mal à supporter le régime londonien. Elle terminera quatrième au tremplin et sixième en haut vol, performances très honorables pour ses premiers Jeux. La plus célèbre des nageuses est Monique Berlioux dont la mère, Suzanne, fut longtemps l'entraîneuse de l'équipe de France. La Ville de Paris a donné son nom à la superbe piscine du Forum des Halles.

Monique fera une belle carrière dans le monde olympique en devenant la directrice du CIO auprès de 3 présidents : Avery Brundage, Lord Killanin et J.A.Samaranch. Aujourd'hui elle est Président de la Fédération des Internationaux du Sport Français. Parmi les nageuses, on remarque aussi la belle plongeuse Mady Moreau qui fera les beaux jours du club nautique de la plage de l'Isle-Adam dans le Val d'Oise.

9 - Vedette !

Les jours qui suivent les victoires au disque et au poids de Micheline sont excitants.

Tous les journalistes du monde semblent à la recherche de leur interview personnelle et Germaine Gagneux a bien de la peine à empêcher tout homme de franchir la porte du Collège, ce qui leur est irrévocablement interdit. Les postiers anglais se souviendront longtemps des Jeux et du Victoria College ! Les télégrammes s'empilent sur la table d'entrée émanant de la famille de Tunis, des amis, des camarades, des anciens entraîneurs, de ministres. Celui de son professeur de piano Lazare Lévy, qui ne voyait pas toujours d'un très bon œil les activités autres que pianistiques de Micheline, lui fait particulièrement plaisir. Bientôt, c'est un plein sac de lettres qui lui est destiné dont une missive collective d'un sanatorium pour jeunes de Savoie qui l'émeut beaucoup.

Mais le corps et l'esprit ont des limites. Micheline aura séjourné deux épuisantes semaines à Londres, l'épreuve du saut en hauteur étant programmée le dernier jour.

Plus que le dernier jour,... la dernière minute.

Après de longues heures de compétition, Micheline fait partie des trois dernières finalistes. Il règne dans le stade un constant brouhaha provoqué par la mise en place des cérémonies de remise de médailles en plus des épreuves de relais, toujours dramatiques et des arrivées échelonnées du marathon. Au moment où Micheline s'élance pour son ultime tentative, éclate un hymne national.

Surprise, ralentie dans sa course, elle ratera son dernier saut et ne pourra approcher l'Américaine Alice Coachman et l'Anglaise Dorothy Tyler, ex-aequo à 1,68 m. Micheline montera tout de même sur le podium pour recevoir sa troisième médaille, de bronze cette fois-ci, et sera créditée d'une performance de 1,61 mètre.

Plus de quatre-vingt mille spectateurs assisteront à la fin de ces XIème Jeux, sous un soleil beaucoup plus clément que lors de l'ouverture. La France s'en sort plutôt bien, citée trente-quatre fois avec neuf médailles d'or, sept d'argent et dix-huit de bronze. En ne comptant que l'or, la France est troisième derrière les grands vainqueurs qui sont les Etats-Unis (34), la Suède (18), et ex-aequo avec la Hongrie (9), devant l'Italie (8), la Turquie (6), la Hollande et le Danemark (5), l'Argentine et la Grande-Bretagne (3).

Si l'on ne considère que l'athlétisme, Micheline Ostermeyer est la seule du camp français à ramener de l'or, les autres spécialités primées étant le cyclisme, l'équitation et l'escrime.

Elle est également la seule femme française, toutes spécialités confondues, à être montée deux fois sur la marche supérieure du podium.

Son retour en France est remarqué. Le journal *L'Equipe* titre en grand : *Bravo Micheline*. Elle est interviewée par toute la presse et invitée à "renouer avec le bifteck et le beaujolais" au restaurant de Paris-Presse, mais aucun rapport avec le triomphe populaire que la Hollande a réservé à Fanny Blankers-Koen.

Le Président Vincent Auriol tient à recevoir personnellement les vainqueurs. Il est photographié sur le perron de l'Elysée en train de remettre à Micheline ... un vase de Sèvres. C'est un cornet haut de quarante centimètres dont la forme est de Maurice Daurat, un orfèvre travaillant dans le goût des années 1930.

L'exemplaire en question a été peint par Marcel Prunier, décorateur à Sèvres de 1919 à 1959, d'après un projet datant de 1937 intitulé "Cross", par Alexandre Ganesco. Trois exemplaires de ce modèle sont entrés au magasin de la Manufacture en novembre 1940 et c'est l'un de ces trois vases qui dû être envoyé en catastrophe à l'Elysée le matin de la réception.

Il ne porte même pas le nom de la récipiendaire ni la date.

C'est le seul cadeau qui lui sera offert par la France, en plus de sa jupe de lainage grise, son blazer, une chemise, un béret basque et une paire de chaussures blanches. Evidemment, le voyage en avion, l'hébergement et la nourriture sont gratuits, mais pas un sou d'argent de poche. Une seule excursion dans Londres a été programmée à Buckingham Palace : comme elle tombe la veille des épreuves du lancement de poids, il est interdit à Micheline d'y participer.

La Tunisie, où résident ses parents, se montre plus généreuse en lui offrant un tapis de Kairouan, blanc et violet, de deux mètre sur trois. Elle est également décorée de l'Ordre du Nicham Iftikar, grade de commandeur.

Quand on pense qu'en 1992 aux Jeux de Barcelone, un chèque de 250.000 francs était offert par le ministère des sports pour l'or, 120.000 francs pour l'argent et 80.000 francs pour le bronze...

10 - Les Jeux d'Hier et d'Aujourd'hui

Ces importantes sommes d'argent étonnent aujourd'hui les puristes qui se réfèrent au bon vieux temps où aurait triomphé l'amateurisme.

Quel bon vieux temps ?

Les premiers Jeux Olympiques de l'ère moderne eurent lieu du 6 au 14 avril 1896 à Athènes sous la présidence du prince héritier de Grèce. Le lieu et la date ont été choisis à Paris lors d'un congrès international siégeant à la Sorbonne du 16 au 24 juin 1894. L'âme de ce congrès est un Français, le Baron Pierre de Coubertin (1863-1937). Agé de 31 ans, Coubertin, sportif passionné, œuvre depuis près de dix ans au rétablissement des jeux sportifs de la Grèce Antique qui se tenaient tous les quatre ans dans le stade d'Olympie. Persuadé de l'importance que doit représenter pour la jeunesse du monde entier la culture physique dans le cycle de l'enseignement secondaire et universitaire, Coubertin a compris que la meilleure façon de stimuler cette activité est de créer l'événement que va représenter la renaissance de l'Olympisme. L'avenir a prouvé que Coubertin avait vu juste.

De très nombreuses difficultés ne cesseront d'être dressées sur la route du succès : choix des sports, choix des villes et des pays d'accueil, participation féminine, et l'éternelle question du financement, aussi bien des installations que des participants.

Il faut cependant retenir que depuis la première manifestation en Grèce de 1896 jusqu'à aujourd'hui, seules les deux grandes guerres mondiales de 1914-1918 et de 1939-1945 ont empêché le déroulement des Jeux.

L'enthousiasme et la sagesse des dirigeants ont permis de vaincre tous les obstacles. De nos jours, les Jeux Olympiques figurent obligatoirement au grand calendrier du sport mondial. Et si plusieurs centaines de milliers de spectateurs se déplacent pour assister aux compétitions, plusieurs milliards, chiffre énorme, les suivent grâce à la télévision.

Le Comité International Olympique (CIO) qui siège à Lausanne est l'organe exécutif du mouvement. Un Congrès olympique composé des principaux dirigeants du sport mondial, convoqué par le président du CIO constitue sa branche législative. L'ensemble forme une organisation supra-nationale, disposant d'un imposant budget. Le siège de Lausanne est maintenant doublé d'un magnifique musée qui retrace l'histoire de l'Olympisme, depuis ses mythiques origines antiques en passant par les vingt-deux Jeux de l'Ere Moderne, dont tous les grands moments sont détaillés par de nombreux films et panoramas. L'un d'eux est consacré à Micheline.

En cent ans d'existence, seulement sept présidents se sont succédés à la tête du CIO :

Vikelas, Grèce	1894-1896
Coubertin, France	1896-1925
Baillet-Latour, Belgique	1925-1942
Edström, Suède	1946-1952
Brundage, U.S.A.	1952-1972
Killanin, Irlande	1972-1980
Samaranch, Espagne	1980-

La question qui n'a cessé de perturber la marche du mouvement est celle du financement, donc du principe de l'amateurisme.

C'est un problème qui ne pourra être résolu une fois pour toutes mais dont la solution devra s'accommoder des mœurs d'un monde en changement de plus en plus rapide. La télévision a pris une place dominante dans les finances du CIO, et dans l'organisation des épreuves.

Les participants aux Jeux d'aujourd'hui ne peuvent être que des professionnels. Un grand nombre resteront dans le monde du sport après avoir quitté les stades. Ils deviendront entraîneurs, administrateurs de clubs, fonctionnaires ou journalistes spécialisés.

Micheline n'a jamais eu l'idée de gagner sa vie par le sport. Elle a continué de fréquenter les terrains après Wembley, mais son métier, sa passion a toujours été le piano. C'est à son piano qu'elle va retourner et poursuivre ses tournées qu'elle avait brillamment commencées avant Wembley, parfois au rythme de vingt-cinq concerts par trimestre.

Comment peut-on triompher dans deux activités aussi dissemblables ?

Comment à vingt-cinq ans Micheline en est arrivée là et comment va-t-elle organiser dorénavant sa vie ?

Quelle part joueront sa famille, ses dons, ses professeurs, ses entraîneurs et encore et toujours la chance et le destin ?

C'est ce que nous allons découvrir ensemble dans les chapitres suivants.

Chapitre 1 - Sources

Monique Berlioux - Olympica - Flammarion 1964
Marie-Thérèse Eyquem - Pierre de Coubertin - Calmann-Lévy 1966
Jean-François Brisson - L'Enjeu Olympique - Editions Marcel Valtat 1981
David Miller - La Révolution Olympique - Editions Payot 1993
Henri Charpentier - Médaillés Olympiques Français - Robert Laffont 1992
Comité International Olympique : Un siècle de C.I.O. - Robert Gafner, Volume I, Lausanne 1994
The Official report of the organising comittee for the XIVe Olympiade - Karel Wendl, C.I.O. inv. 903.
Pierre Simonet - Micheline La Croisée du Destin, film 56 minutes édité par l'I.N.S.E.P. en 1991
Quid, édition 1992 - Robert Laffont
Entretien avec René Bondoux (janvier 1995), président de l'Association des médaillés olympiques français, bâtonnier du Barreau de Paris, champion olympique fleuret par équipe 1932, médaille d'argent fleuret par équipe 1936
Entretien avec Fanny Blankers-Koen, avec l'aide de Jan Hendrik Kersten directeur de la Chambre de Commerce franco-néerlandaise (janvier 1995)
Correspondance avec Tamara Préaud, archiviste paléographe de la Manufacture Nationale de Sèvres.

CHAPITRE 2

Les deux familles de Micheline

1 - Les Ostermeyer : une famille alsacienne
2 - Son grand-père Georges, officier artilleur
3 - Son père Henri, frappé d'un coup de foudre
4 - Henri épouse Odette Laroche
5 - Naissance de Micheline
6 - Les Laroche : une famille bretonne
7 - Lucien Laroche
8 - Premières notes au piano

1 - Les Ostermeyer, une famille alsacienne

Micheline Ostermeyer est née le 23 décembre 1922 à Rang-du-Fliers, petite commune de deux mille habitants dans le Pas-de-Calais, entre Berck et Montreuil, dernière station sur le chemin de fer qui dessert Etaples, la gare du Touquet Paris-Plage. Une dizaine de kilomètres sépare Rang des grandes dunes de Berck-Plage et de ses vastes étendues de plage de sable fin.

Henri, le père de Micheline, vient d'être nommé directeur d'un centre d'apprentissage pour orphelins de la guerre de 1914-1918.

Ce centre appartient à une œuvre franco-américaine qui entreprend un vaste programme d'agrandissement pour accueillir un plus grand nombre d'élèves et Henri Ostermeyer a la lourde tâche d'assurer cette transformation. Agé de trente-trois ans, Henri est marié depuis quatre ans avec Odette Laroche, de cinq ans sa cadette.

C'est un colosse d'un mètre quatre-vingt-dix et quatre-vingt-dix kilos de muscles. Sa famille très catholique (sauf lui) vient d'Alsace. Son nom aurait une lointaine origine bavaroise et évoquerait Pâques (Oster) et le maître fermier (Meyer).

On retrouve parmi ses ancêtres de nombreux officiers et fonctionnaires.

Son arrière grand-père François-Joseph, né à Colmar en 1738, fut magistrat et procureur auprès du Conseil Souverain d'Alsace, ce qui correspond à nos actuels conseils de région. Son épouse Marie-Madelaine Mosser lui donna dix-sept enfants, dont beaucoup moururent en bas-âge ce qui n'était pas rare à l'époque. Le grand-père d'Henri, Dominique-Joseph, toujours alsacien, y naquit en 1784 et devint officier des Eaux et Forêts.

Son fils Jules vit le jour à Thann en 1813. Aussi solidement bâti que son grand-père François-Joseph, il choisit également la magistrature. Toute sa carrière s'écoulera au Tribunal de Première Instance de Rocroi où il terminera Président. Il épousera Elise Caruel, dont la famille était fort connue dans cette région des Ardennes en raison de l'extraordinaire destinée d'un de ses ancêtres Nicolas, né en 1612 et qui vécut jusqu'à l'âge record de cent-quinze ans, montant encore à cheval à l'âge de cent ans. Après avoir servi dans les Armées de Louis XIII et Louis XIV, il devint le doyen des capitaines du Roi. On peut s'étonner qu'il n'eut pas atteint un grade plus élevé, mais il faut se rappeler que seuls les officiers appartenant à la Noblesse pouvaient prétendre à plus de trois galons. Ce "privilège", comme beaucoup d'autres, fut aboli lors de la célèbre nuit du Quatre-Août 1789.

2 - Son grand-père Georges, officier artilleur

Georges, le fils de Jules et d'Elise, devient rapidement un vrai Ostermeyer : un mètre quatre-vingts, cent deux kilos, un mètre vingt de tour de poitrine, une grosse moustache noire barrait un visage aux traits énergiques.

Après la défaite de 1870, beaucoup de jeunes Français rêvent de devenir soldat pour participer à la revanche et à la libération des provinces perdues d'Alsace et de Lorraine. A la suite de brillantes études au Collège de Charleville, puis à Stanislas et Rollin à Paris, le futur grand-père de Micheline est admissible à l'Ecole Polytechnique.

Hélas, au cours d'une stupide bagarre sur le boulevard Saint-Michel, Georges, facilement repérable à cause de sa grande taille, est injustement pris à partie par la police, conduit au poste et le soir même, renvoyé de l'Ecole.

Toute sa carrière militaire semble compromise, mais Georges ne se décourage pas. S'il ne peut être officier en sortant de Polytechnique, il le deviendra en sortant du rang et s'engage comme simple soldat au 29ème régiment d'artillerie de campagne à Laon. Cinq ans plus tard, enfin sous-lieutenant, il entre à l'Ecole d'Artillerie de Versailles, nouvellement créée.

Sûr désormais de son avenir, il épouse la jeune fille de son cœur, Henriette Sacase, dont la famille était liée d'amitié avec les Ostermeyer. Le mariage a lieu à Maubeuge le 6 août 1888.

Le cousin Jules Walrand, maire de la ville, fait un beau discours. A l'Eglise Saint Pierre, le Curé en fait autant, car Monsieur Sacase était un de ses bons paroissiens.

La cérémonie est importante et le menu plantureux ! Le voici tel qu'il a été retrouvé dans les archives de la famille :

Potage Richelieu
Saumon à la Trouville
Timbales de mauviettes garnies de foies gras
Cuissot de chevreuil à la Montpensier
Chartreuse de cailles à la Lucullus
Ramereaux truffés aux olives farcies
Aspic de homards sauce Russe
Epigrammes de perdreaux à la Périgueux
Punch à la Vénitienne
Poulardes du Mans truffées
Cardons à la mœlle
Pâté d'alouettes de Pithiviers
Buisson d'écrevisses de la Meuse
Spengada à l'abricot et à la fraise
Ananas en branches
Corbeilles de raisin et de pêches
Nougat
Croquenbouche Renaissance
Mexicain à l'orange
Napolitain à la moderne
Meringue Médicis
Petits-fours Boissier

Après être sorti second à Versailles, Georges est reçu à la célèbre Ecole de Guerre de Fontainebleau et c'est dans cette ville que naît le lundi 8 juillet 1889 à 11 heures du matin son fils aîné Henri, le futur père de Micheline.

La première garnison du jeune couple sera Douai pendant deux ans, puis Maubeuge pour la plus grande joie du beau-père Sacase. Georges et Henriette habitent pendant onze ans une superbe maison, propriété de famille, aux murs épais de 80 centimètres et comprenant plus de douze chambres sur deux niveaux, plus jardin, écurie et même une salle de bains, ce qui est très rare à l'époque. C'est là que vont naître Marcelle, Gabrielle, Jules et Michel, les quatre frères et sœurs d'Henri. La vie à Maubeuge est agréable grâce à cette belle demeure, au milieu d'une nuée de cousins et cousines avec qui on chasse en hiver et on danse à Paris-Plage en été.

Henri grandit et se rapproche des un mètre quatre-vingt-dix habituel des hommes Ostermeyer. Au collège, il est régulièrement premier en gymnastique et en calcul et il s'astreindra toute sa vie à faire une séance de gymnastique dite suédoise le matin. Il adore cette grande maison où il va passer son enfance et le début de son adolescence.

Mais le propre des militaires est de changer de garnison. Après les onze ans de Maubeuge, voici, à partir de 1900 les huit ans de Rennes, où naît Louis, le dernier enfant de la famille.

Henri suit les cours d'un institut religieux qui, à la rentrée de la troisième, est laïcisé en vertu des nouvelles lois qui chassent de France les congrégations. Nanti de ses deux bachots en 1906, Henri hésite à suivre la carrière de son père qui n'a pas été très bien traité par l'Armée. N'est-il pas resté dix-sept ans au grade de capitaine (sans doute parce que "sorti du rang").

Après avoir échoué à l'examen d'entrée à Navale, Henri décide de changer de cap et se présente à l'Institut Agronomique. Après une année de préparation, il est reçu au célèbre INA (Institut National d'Agronomie), 16 rue Claude Bernard à Paris.

Diplômé deux ans plus tard, il effectue son service militaire dans l'artillerie, comme son père.

3 - Son père Henri, frappé d'un coup de foudre

1912 voit un grand nombre de cousins et camarades d'étude d'Henri convoler en justes noces. Lui-même est invité au mariage d'une lointaine cousine, Henriette Robert, dont la mère est une Ostermeyer. Une demoiselle Robert avait épousé en son temps son professeur de piano dont elle était tombée follement amoureuse, un certain Lucien Laroche qui fit une brillante carrière de compositeur et de professeur de piano avant de devenir le directeur-fondateur du Conservatoire de Vannes. Hélas Lucien vient de mourir à l'âge de cinquante-six ans et c'est trois dames en noir, sa veuve Madame Laroche accompagnées de ses deux filles Yane et Odette qui entrent bientôt dans le salon de réception. Henri, lorsque son regard croise celui d'Odette, reçoit un véritable coup de foudre au cœur. Dès cet instant, il sait qu'il vient de rencontrer la femme de sa vie. Il s'arrange pour qu'Odette soit sa cavalière tout au long de la soirée. Surprise de ce changement, car elle attendait un autre partenaire, elle s'aperçoit vite qu'elle ne laisse pas indifférent ce grand gaillard un peu gauche dont les avances lui font peur.

Agée d'à peine dix-huit ans, elle est loin de penser au mariage. Seule la musique l'intéresse d'autant plus qu'après la mort si proche de son père bien-aimé, elle lui a succédé comme professeur de piano au Conservatoire de la Ville. Le fait qu'Henri lui avoue sa grande ignorance de toutes choses concernant la musique n'encourage guère la conversation. Elle regrette son danseur un jeune blondinet qui adore Fauré et Debussy. Henri, quant à lui, ne pense qu'à Odette, tout en regrettant l'échec de ses premières approches, lorsqu'il reprend le train pour Le Mans où commencent ses deux ans à l'Ecole d'officier de réserve.

Poursuivant ce qui est devenu pour lui une véritable idée fixe, il se fait muter au centre d'artillerie côtière de Vannes.

Au cours d'une de ses premières visites en centre ville, Henri rencontre Madame Laroche sur le parvis de la cathédrale, beau monument aux murs épais entouré de maisons à pans de bois. La maman est aussi aimable que sa fille est muette et qui le restera au cours des rares visites que fera Henri à leur maison de Vannes aussi bien qu'à l'Ile-aux-Moines où la famille Laroche passe ses vacances. Odette est toujours vissée à son piano qu'elle n'accepte d'abandonner avec une mauvaise grâce évidente qu'à l'appel de sa mère.

Son Ecole d'officier de réserve terminée et pour oublier un peu Odette, Henri part comme ingénieur agronome pour le Maroc, alors en plein développement sous l'impulsion énergique du Général Lyautey. Grâce à une cousine côté Sacase, il obtient une belle situation dans une exploitation de deux mille hectares à soixante kilomètres de Casablanca. Dès quatre heures du matin, botté et coiffé du célèbre casque colonial, il galope à travers l'immense bled pour surveiller la moisson qui commence. Ces quelques semaines seront enivrantes pour le jeune "agro" et ses premiers contacts avec le chaud Maghreb laisseront des traces.

Hélas ! dès le mois de juillet 1914, les journaux ne parlent que des menaces de guerre entre la France, l'Angleterre et la Russie d'un côté, l'Allemagne et les puissances d'Europe Centrale de l'autre. L'attentat de Saravejo au cours duquel Prinzip, un fanatique serbe assassine le prince héritier d'Autriche-Hongrie va mettre le feu aux poudres. Le premier août, c'est l'assassinat de Jean Jaurès, ardent défenseur d'une solution pacifique au conflit qui se prépare. La mobilisation générale est décrétée le 2 août 1914 et le 3, Henri est convoqué à Casablanca où on lui remet son ordre de mobilisation sur place au Quatrième Groupe de Campagne d'Afrique. Il ne sera pas resté civil bien longtemps, mais militaire il le sera pendant plus de sept ans.

La situation étant totalement calme au Maroc, il obtient, non sans mal son retour en France, le Général Lyautey voulant garder le maximum d'officiers autour de lui, en vue d'actions en Afrique contre les nombreuses colonies que les Allemands venaient d'implanter.

Lors d'un bref détour par Vannes, les oncles d'Odette lui font comprendre qu'il n'a aucune chance auprès de leur nièce et le prient de cesser de l'importuner. Triste, mais pas désespéré, il part pour le front dans un wagon à bestiaux en direction Ypres en Belgique. Il y passe l'année 1915 pour être, en janvier 1916, envoyé avec sa batterie à la défense de Verdun, devenu le verrou et le symbole de la résistance à l'envahisseur allemand.

Les combats sont terribles, très rapprochés, et dix fois le lieutenant Ostermeyer est pris sous le feu des mitrailleuses ennemies. Début 1917, il est affecté au secteur du Chemin des Dames, de sinistre mémoire. C'est la guerre dans toute son horreur et le temps d'action coûtant des milliers de morts pour avancer, ou reculer, de quelques centaines de mètres seulement.

Il ne cesse d'écrire à Odette, persuadé plus que jamais qu'elle deviendra un jour sa femme. Cette passion, cette fidélité, la description de sa terrible vie au quotidien finissent par attendrir Odette qui accepte, enfin, de devenir sa marraine de guerre. C'est une situation empreinte d'un certain engagement de part et d'autre : à l'obligatoire envoi des colis suit l'échange de sentiments réciproques. Et c'est bientôt l'annonce de fiançailles officielles lors d'une permission éclair à Vannes en mai 1918.

4 - Henri épouse Odette Laroche

Henri est de retour au front, cette fois-ci avec un moral d'acier, malgré des combats de plus en plus féroces. Un jour il est touché à la tête d'une balle tirée par un Allemand caché à quelques dizaines de mètres de sa batterie et sauvé grâce à la bonne qualité de son casque.

Mais le grand jour se prépare et c'est dans la belle cathédrale de Vannes pleine à craquer que le lundi 26 août 1918 Odette Laroche et Henri Ostermeyer sont unis par les vœux du mariage après être passés à la mairie trois jours plus tôt.

La lune de miel aura lieu sur la petite île du Vezy mais elle sera de courte durée, la barque, qui y conduisait les jeunes épousés, étant restée échouée plusieurs heures sur un rocher dans l'attente de la marée haute ! Le 31 août, nommé enfin capitaine, Henri reprend le commandement de sa batterie dans le secteur des Ardennes. C'est là que le 11 novembre, il apprend la signature de l'armistice. Il lui faudra attendre le 2 août 1919 après une période d'occupation en Allemagne, au cours de laquelle Odette vient souvent le voir, pour qu'il retourne enfin à Vannes.

Pour son père Georges cette guerre n'a été qu'un long martyre moral et physique. Nommé commandant dès septembre 1914 et envoyé au front avec sa batterie, il est renversé par un cheval, effrayé par les premiers coups de canon. Il ne se remettra jamais des graves blessures subies aux jambes, au dos et au bassin et sera, au bout de longs mois d'hôpital, démobilisé et renvoyé dans son foyer.

Dans le même temps, tous ses fils sont au front tandis que lui, officier de carrière qui pendant si longtemps s'est préparé pour l'heure de la revanche, mène une triste vie d'infirme. Ses blessures ne seront même pas considérées comme des blessures de guerre, avec toutes les conséquences honorifiques et financières qu'une telle cruelle décision implique.

Par chance, ses trois garçons reviendront indemnes et une belle photo les réunira avec leur père, tous en uniforme d'artilleur.

Georges Ostermeyer mourra dans sa soixante-sixième année le 3 décembre 1926 et ce sera un immense chagrin pour tous les siens.

Sa chère Henriette lui survivra longtemps, tendrement soignée par sa fille Marcelle qui ne s'est pas mariée pour se consacrer à ses parents.

Odette retrouve à Vannes un bon groupe d'élèves fidèles tandis qu'Henri chercher une situation dans les environs. Attiré à la fois par la nature, la mer et le grand air, Henri se laisse tenter par l'achat d'un parc à huîtres dans la baie de Kerners.

L'année 1920, qui marque son premier retour à la vie civile depuis 1912, commence bien. Les huitres se multiplient, la maison s'agrandit et la famille aussi avec l'arrivée du petit Georges le 13 août 1920, un beau bébé aux grands yeux noirs. Hélas, l'année 1921 se présente plutôt mal. Une maladie nouvelle décime tous les bancs d'huîtres plates le long de la côte de Marennes en Vendée à Ostende en Belgique. Seules les portugaises lui résistent.

Au même moment, bébé Georges, supportant mal son sevrage, contracte la "croûte de lait", sorte d'eczéma du nourrisson. Il mourra dans les bras d'Odette le 9 mai 1921. Il n'aura vécu que neuf mois. Henri écrira plus tard : "Notre chagrin fut immense, car la perte d'un enfant est contraire à la nature ; c'est une chose monstrueuse."

5 - Naissance de Micheline

Abandonnant le parc à huitres devenu inutile et la maison qui leur rappelle trop leur petit Georges, Henri et Odette s'installent à Quimperlé où Henri trouve, par relation, une situation dans une fabrique de machines agricoles. Le poste étant sans avenir, Henri part pour Rang-du-Fliers où bientôt la naissance de Micheline apaise chez les jeunes parents la perte de Georges.

Installée dans une maison confortable, Odette retrouve de nombreuses leçons de piano. Henri, pour payer ses dettes, devient professeur de mathématiques et prend, de surcroît, une agence d'assurances, ayant quitté la direction du centre à la suite d'un conflit avec la présidente de l'œuvre.

Micheline, que tous appellent Michou, devient une merveilleuse petite fille, s'épanouissant rapidement sur les plages de Berck, courant déjà comme un lapin le long des dunes. Son père, à son grand étonnement, constate qu'il lui a fallu moins de trois jours pour lui apprendre les 24 lettres de l'alphabet. Odette, sa mère, n'ose pas encore la mettre au piano, tout en espérant trouver un jour chez sa fille les dons musicaux des Laroche.

6 - Les Laroche : une famille bretonne

Le grand-père d'Odette, Alexandre-Paul Laroche, est né à Savenay (Loire-Atlantique) en 1822, soit exactement cent ans avant Micheline. C'est lui le premier des Laroche qui portera sur ses papiers d'état-civil le titre de professeur de musique, lorsqu'à trente-trois ans il déclarera en 1855 la naissance de son fils Lucien.

Après de brillantes études de piano et de composition à l'école Niedermeyer à Paris où il a comme camarade Gabriel Fauré et comme professeur Camille Saint-Saëns, Lucien s'installera à Vannes, capitale de l'ancienne Bretagne.

Il devient un professeur réputé et enthousiaste. Apôtre de l'éducation musicale, il présente au conseil de la Ville, le 14 septembre 1908, un projet de fondation d'un conservatoire municipal. Il a alors 53 ans ; quelques phrases de sa déclaration méritent d'être citées :

"*Monsieur le Maire,*

Messieurs les Conseillers,

Répondant à une très ancienne invitation de mon esprit, ma raison vient de décider de fonder à Vannes un conservatoire de musique.

Deux de mes principales aspirations m'y poussent également : mon amour profond pour la musique et ma foi inébranlable dans notre démocratie.

Tenant l'art musical pour l'art démocratique par excellence, je pense servir les intérêts des deux causes qui me sont chères en les liant l'une à l'autre dans la fondation d'une école de musique. Telle que je la comprends, cette institution doit se recruter indifféremment dans toutes les classes de la société, où, confondant toutes les classes, elle doit inviter le peuple à puiser dans son enseignement les principes du grand art...

Pour moi, entrant dans la dernière période de ma carrière, je veux enfin obéir à ces sentiments. Je désire, par le sacrifice de mon temps et sans compter les peines et les soucis, remercier la démocratie, non seulement des facilités que son établissement a pu me procurer pendant ma vie, mais surtout des beaux élans qu'en mon âme, ses généreuses idées d'humanité et de solidarité ont si souvent provoquées...

Je tiens également, par ce dévouement, à payer ma dette de reconnaissance au doux pays breton qui m'a reçu depuis ma plus tendre enfance et auquel je suis profondément attaché. Je veux penser à lui en fondant dans son ancienne capitale une école de musique, et mon rêve serait, tout en instruisant très largement nos jeunes générations suivant les principes si lucides de l'art français, de ne pas oublier l'art musical breton dont les caractères sont si particuliers...

[Enfin] le but que nous vous proposons en fondant à Vannes un conservatoire de musique est de faire obtenir de l'Etat la nationalisation, c'est-à-dire le faire reconnaître et adopter par le Ministre des Beaux-Arts. Il devient alors une succursale du Conservatoire national de Paris. [Pour cela] l'école ne doit pas être considérée comme un lieu de réunion où l'on s'amuse à faire de la musique : c'est une école dans laquelle on doit travailler obstinément...

Votre dévoué concitoyen
signé : Laroche"

7 - Lucien Laroche, fondateur du Conservatoire de Vannes

Le projet accepté à l'unanimité le 22 septembre 1908, l'école ouvrira dès le 15 octobre dans les locaux provisoires de l'ancienne mairie en attendant, quelques années plus tard la construction d'un bâtiment qui lui sera totalement consacré.

Ce fut un succès total et permanent. Après être resté soixante-quatorze ans municipal, le conservatoire de Vannes a été enfin promu en 1982 Ecole Nationale de Musique, suivant le vœu le plus cher de son fondateur.

L'Ecole compte aujourd'hui près de trente professeurs, trois orchestres, deux groupes de musique de chambre, des classes où sont enseignés pratiquement tous les instruments et près de 500 élèves, tous travaillant "obstinément".

Dernier détail : la musique bretonne y est toujours à l'honneur.

Lucien Laroche était un homme d'une activité exceptionnelle, la création et le fonctionnement du conservatoire n'étant qu'une de ses fonctions.

Compositeur, pianiste virtuose, il fréquenta les grands artistes de son temps qu'il attirait souvent à Vannes pour la plus grande joie de ses élèves. Le plus célèbre était Gabriel Fauré, devenu un ami personnel. Fauré venait donner des concerts au Conservatoire, avec son amie pianiste Magda Tagliaferro ; souvent il l'accompagnait lorsqu'elle chantait ses merveilleuses mélodies composées sur des poèmes de Samain, Verlaine...

C'est Odette Laroche qui lui tournait les pages.

La liste des ses activités, en plus du conservatoire est imposante, trop peut-être et sans doute responsable de sa fin prématurée :

Directeur de l'Athénée musical (société lyrique)

Directeur de la Philharmonique

Président des Hospitaliers-Sauveteurs bretons

Président-fondateur des Amis de Vannes

Président de la Société des Régates

Administrateur-fondateur de la Compagnie Vannetaise de Navigation

Membre-fondateur du syndicat d'Initiative.

Et comme si tout cela ne suffisait pas, Lucien Laroche installe au rez-de-chaussée de sa maison, située en plein centre ville, un vaste magasin d'instruments de musique, bientôt fréquenté par toute la Bretagne. En plus d'un bel échantillonnage de pianos, Lucien Laroche y fait construire par des ébénistes locaux une gigantesque cheminée en chêne sculpté dans le style Henri II, ornée des armes des pays celtiques : Bretagne, Pays de Galles, Ecosse. Récupérée par Henri et Odette lors de leur installation dans le château de Grémonville en Normandie en 1960, elle orne depuis leur salon pour la plus grande joie de Micheline, son actuel propriétaire.

Ce magasin de lutherie, avec ou sans sa cheminée, sera bien utile à Marie Laroche lors de la disparition de son mari en 1912, qui la laisse seule avec trois de ses quatre enfants, deux garçons suivis de deux filles.

L'aîné Alan s'était tué à dix-huit ans en manipulant un fusil de chasse. Aven, le deuxième, sera toujours considéré comme l'homme d'affaires de la famille. Après une longue période à la direction des Douanes d'Indochine, il revient en France et commence une belle carrière dans l'immobilier. Il aura l'occasion de conseiller Micheline et ses parents : c'est lui qui trouvera le lieu de leur retraite normande lorsqu'ils rentreront définitivement de Tunisie. L'aînée des filles, Yane épouse en 1917 Léon Legros, un capitaine au long cours qu'elle accompagnera souvent lors de ses longs déplacements sur toutes les mers du globe. Le couple s'installera vers 1925 au Gabon où Léon dirigera une vaste exploitation de bois exotique de la famille des okoumés. Ils y feront la connaissance à Lambaréné du célèbre docteur Schweitzer. Leur fille épousera Philippe Renault, mort en déportation et dont le frère devint à Londres le fameux colonel Rémy, un des chefs du Bureau de Contre-espionnage, Renseignements et Action (B.C.R.A.). Les Legros achèteront une belle maison sur l'Ile-aux-Moines où ils recevront souvent les Ostermeyer pendant les grandes vacances.

Le quatrième enfant de Lucien et Marie est Odette, la future mère de Micheline, qui se serait appelé Odet si elle avait été un garçon. Des quatre enfants de Lucien, c'est elle qui recueillera le plus de ses qualités musicales pour les transmettre à sa fille. Ses frères Alan et Aven avaient bien débuté des études de violon tandis que Yane chantait agréablement en s'accompagnant au piano. Leur mère Marie était d'ailleurs, une excellente pianiste.

Marie Laroche, l'épouse de Lucien était née Robert, fille d'un robuste chef d'escadron de gendarmerie dont la femme portait le joli nom de Céline Hugo.

Ce nom de Hugo fit beaucoup jaser dans les familles Laroche et Ostermeyer. Yane, la plus romantique, se serait bien vue avoir des ancêtres communs avec Victor Hugo.

D'où certaines références au célèbre poète que l'on trouvera ici et là dans des notices généalogiques sur Micheline. L'idée n'était pas absurde : la famille de Céline comptait de nombreux militaires de carrière ce qui fut aussi le cas pour celle de Victor. D'autre part Joseph Hugo (1727-1799), le grand-père de Victor, était de Nancy (qui n'est pas loin de Colmar) où il exerça le beau métier de maître ébéniste. Sa première épouse Françoise lui donna onze enfants. Morte d'épuisement, Joseph la remplaça vite par Marguerite à qui il s'empressa de faire sept enfants supplémentaires. Ces dix-huit enfants et leurs descendances (dont le général Hugo et son fils Victor), ont été dûment identifiés par de nombreux historiens lorrains et aucun ne peut prétendre à un quelconque cousinage avec les Robert-Laroche-Ostermeyer.

Et c'est tant mieux pour les gènes musicaux des Laroche, fort rares chez les Hugo côté Victor. Ce dernier n'a-t-il pas souvent déclaré qu'il ne comprenait rien à l'art de la musique et interdisait même que des compositeurs s'emparent de ses poèmes pour les mettre en mélodie ?

Victor, par contre, adorait les enfants. Aurait-il changé d'avis sur la musique s'il avait connu Micheline petite fille lorsqu'elle commence à montrer des dons incontestables pour la musique en général et le piano en particulier ?

8 - Premières notes au piano

En 1927 Micheline a quatre ans, quand sa mère Odette lui fait découvrir le piano. La famille a quitté Rang-du-Fliers pour s'installer à Caen où Henri a trouvé une situation intéressante aux Potasses d'Alsace. Il est responsable de la vente d'engrais à base de potasse pour la Normandie qu'il parcourt en tous sens pour faire connaître ce produit qui donne à la terre une fumure à la fois rationnelle, importante, équilibrée et d'un prix modéré.

Le 24 novembre 1926 voit la naissance de Roland, le petit frère de Micheline. Cette naissance les console de la perte d'un autre petit garçon, Gérard, né et mort à Berck, après la naissance de Micheline.

Odette profite des six semaines de lit que la médecine de l'époque impose aux jeunes accouchées pour apprendre ses notes à Micheline. Elle emploie une méthode encore peu répandue en dessinant une main sur une grande feuille de papier. Elle trace une ligne horizontale au bout de chaque doigt à qui elle donne le nom d'une note. Ainsi le pouce est le mi, l'index le sol, le majeur le si, l'annulaire le ré et l'auriculaire le fa... Le tout représente les cinq lignes de la portée en clef de sol.

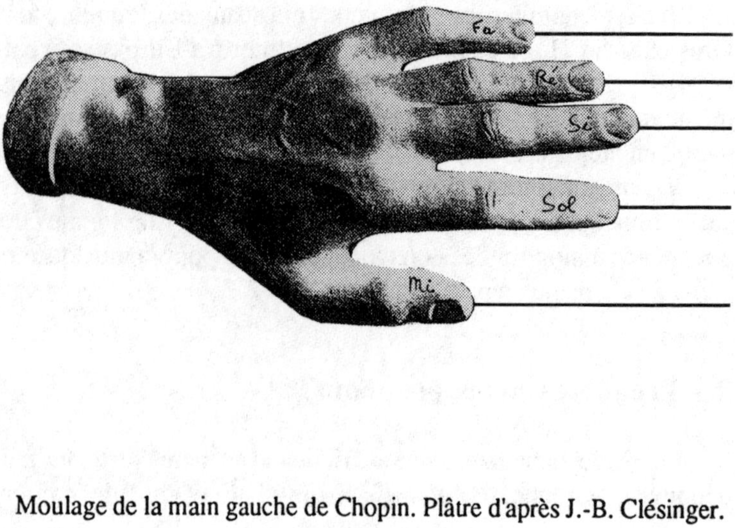

Moulage de la main gauche de Chopin. Plâtre d'après J.-B. Clésinger.

Odette cache le bout du doigt où se trouve inscrit la nom de la note correspondante et demande à sa fille de la lui donner.

Puis, elle chante les notes et bientôt Micheline les répète avec elle. Lorsqu'elle aura droit de se lever, Odette entraînera sa fille au piano et lui joue les accords qui s'harmonisent avec les notes chantées. Odette passe rapidement à de jolis morceaux de solfège et de chansons folkloriques bretonnes. Au bout de six mois, Micheline ayant déjà acquis une bonne connaissance de la lecture musicale, Odette la met au piano en l'accompagnant, réalisant ainsi une aimable musique à quatre mains.

Le piano est un Steinway demi-queue noir qui provient du magasin de lutherie de la famille Laroche à Vannes. Propriété d'Odette bien avant son mariage, il va l'accompagner tout au long de sa vie. Il appartient aujourd'hui à sa fille Micheline.

Henri réussit bien auprès des paysans normands. Son travail l'intéresse et sa situation financière s'améliore. Un seul point noir : la santé d'Odette. En vraie bretonne, elle supporte mal le climat humide de la Normandie.

Les Bretons n'ont-ils pas l'habitude de dire qu'ils ne respirent plus lorsqu'ils passent outre-Couesnon, cette petite rivière au pied du Mont-Saint-Michel qui marque la limite entre les deux provinces ?

Henri, ayant toujours gardé la nostalgie de ses quelques mois passés au Maroc, sollicite de la Société des Potasses un poste en Afrique du Nord, ayant entendu dire que la création de bureaux au Maghreb était à l'étude.

Nommé à Tunis fin décembre 1928, toute la famille le rejoint début 1929 dans une villa qu'il a loué au 28 rue Claude Bernard. Et c'est une nouvelle vie qui s'ouvre bientôt pour les quatre Ostermeyer.

Chapitre 2 - Sources

Henri Ostermeyer - Album Souvenirs de la Famille Ostermeyer-Laroche, texte manuscrit plus photos.
vol. I - 1889-1933
vol. II - 1934-1959

Henri Ostermeyer - La Cage d'Ecureuil, souvenirs dactylographiés - 1889-1919, Grémonville 1968

Archives de la Ville de Vannes

Archives de la Ville de Colmar

Archives de la Ville de Nancy

Entretien avec Joël Doussard, Directeur de l'Ecole Nationale de Musique de Vannes.

CHAPITRE 3

Entre Tunis et Paris

1929-1939

1 - Découverte de la Tunisie
2 - Henri Cayre : réflexion d'un ancien colon
3 - Premières courses, premier concert à l'Ile-aux-Moines
4 - Tito Aprea
5 - Le Conservatoire National de Musique
6 - Lazare Levy : Ah ! quelle belle main
7 - Concours d'entrée - octobre 1936
8 - Trois années difficiles : 1937-1939

1 - Découverte de la Tunisie

Micheline vient d'avoir six ans quand sa famille s'installe à Tunis en janvier 1929. Son père Henri est nommé Chef du Bureau d'Etudes du service des engrais aux Potasses d'Alsace, société française dont le siège est à Mulhouse. Déjà grande pour son âge, Micheline étonne parents et institutrices par ses progrès rapides en lecture, écriture et calcul. Sa mère Odette l'inscrit à la petite école communale de la rue Claude-Bernard et à l'Ecole de Musique, tout en continuant à lui faire travailler le piano et le solfège. L'année suivante, Micheline entre à l'Ecole Jeanne-d'Arc où elle terminera ses classes de huitième et septième.

La Tunisie d'avant-guerre est un protectorat français où l'autorité est partagée (théoriquement) entre le Bey arabe et le Résident général français, nommé par Paris. Henri va la découvrir au cours de ses nombreuses tournées dans les grandes exploitations agricoles où il réussit à faire bien connaître les qualités des engrais à base de potasse qui s'allient heureusement au sol du pays.

Au volant d'une solide huit-cylindre Chenard-et-Walcker achetée d'occasion, il descend souvent de Tunis vers le Grand Sud en suivant la côte orientale. En compagnie d'Odette, il visite le port de Sousse et la pittoresque ville ancienne de Kairouan à l'intérieur des terres, capitale des fabricants de tapis, où ils y assistent à de superbes fantasias.

Ils connaissent, en roulant en plein désert, la lente montée à l'horizon du Colisée d'El Djem, presqu'aussi grand que celui de Rome, imposant symbole d'une autre civilisation dont les ruines, omniprésentes dans toute la Tunisie, rappellent à quel point le monde antique a laissé de traces sur cette terre d'Afrique. Médenine et ses habitations creusées sur six étages dans les collines de sable, l'immense palmeraie de Gabès que l'on parcourt dans de jolies calèches tirées par une paire de beaux chevaux, les mirages sur les rives des marais de Nefta, replongent les voyageurs dans la Tunisie de Mahomet.

Après Gabès, ils embarquent leur voiture sur un bac pour la courte traversée qui les conduit sur l'Ile de Djerba, lieu de repos indispensable à toute descente vers le Sud.

Cette randonnée typique, Henri la fait faire, non seulement à sa femme et ses deux enfants Micheline et son petit frère Roland, mais aussi aux nombreux parents et amis qui, de 1930 à 1939 ne vont pas manquer de venir passer quelques semaines avec eux.

Parmi ces visiteurs, figurent certains de ses frères et sœurs, et surtout sa mère Henriette qui a bien du mal à se remettre de la mort de son Georges bien aimé.

De tous ces voyages, comme des précédents, Henri, photographe passionné, rapporte des centaines de clichés qu'il colle dans deux gros albums, en y ajoutant, de son écriture fine mais très lisible, de nombreux commentaires qui permettent de reconstituer avec beaucoup de précision ce que fut la vie de la famille Ostermeyer.

2 - Henri Cayre : réflexion d'un ancien colon

A ces lignes, il faut ajouter les souvenirs d'un ami de la famille, Henri Cayre, descendant de trois générations de colons français, et qui retourna en métropole fin 1940 :

"La Tunisie a été un haut lieu de charme, de poésie, de tranquillité avant cette guerre de 1940. Il faut avoir vécu dans le golfe de Carthage, au milieu des maisons blanches de Sidi-bou-saïd, avec leurs bougainvilliers et l'argile rouge d'Amilcar, contempler le golfe avec ses montagnes du bou-Kornine et de Zaghouan, particulièrement à la tombée de la nuit, lorsqu'on entend les barques qui rentrent à la Goulette... pour connaître son bonheur.

Dès le mois d'avril, le soleil nous poussait dans la Méditerranée jusqu'au mois de septembre. L'eau y était non polluée, belle, bleue... Le soleil nous réchauffait après le bain. Nous brassions cette mer en nageant ou en jouant au water-polo.

Tunis était une ville peuplée et active. Elle comportait un quartier arabe et un quartier européen. Très chaude en été, elle était plate, à l'exception de l'unique colline du Belvédère, couronnée par un très beau parc. Le sirocco, vent brûlant venu du sud, y était redoutable.

La société était très cloisonnée. D'abord les Arabes, avec lesquels les relations furent toujours cordiales et franches. Toutefois, les fréquentations s'arrêtaient à la porte de leur maison, en raison des femmes qui circulaient voilées.

Les Français constituaient un groupe homogène, dans lequel tout le monde se connaissait. Les relations avec les Italiens étaient dominées par la politique de l'heure et les déclarations du Duce Mussolini qui, s'appuyant sur l'histoire romaine, avait déclaré la Méditerranée "Mare nostrum". La situation devint tendue au moment de la conquête de l'Abyssinie. Des groupes de jeunes en chemise noire parcouraient les rues en entonnant des chants martiaux.

Venaient ensuite les Israélites tunisiens, qui avaient d'excellentes relations avec les Français. Les Maltais formaient un petit groupe avec les Grecs qui gardaient une certaine autonomie.

Tout ce monde, résumé vivant des populations de la Méditerranée, vivait en bonne intelligence. Nous nous en rendions bien compte au Lycée Carnot de Tunis, où tous les garçons, enfants et adolescents, se côtoyaient sans problème.

L'Administration française était exemplaire et il était heureux d'évoluer dans ce petit univers de paix. Il nous manquait évidemment cette ambiance studieuse que l'on trouvait dans la métropole, particulièrement à Paris. Nous n'avions pas lu Gide ou Giraudoux, mais nous lancions le poids, courions le cent mètres dans un temps honorable et jouions au rugby. Notre club de sport, "L'Orientale", était un lieu magique où nous nous retrouvions sous l'aile du merveilleux Antoine Olivieri (qui deviendra plus tard le grand entraîneur de Micheline).

3 - Premières courses - Premier concert à l'Ile-aux-Moines

Cette vie à Tunis convient bien à Micheline qui se développe harmonieusement sur tous les plans : physique, intellectuel, musical. Les grosses chaleurs d'été lui sont évitées pendant les mois des grandes vacances passés dans le golfe du Morbihan sur l'Ile-aux-Moines. C'est sur cette petite île, située à quelques encablures de Vannes, longue de 5,6 km et large de 3,5 km, que Lucien Laroche, le père d'Odette, aimait emmener sa famille tous les étés. Il y louait une villa pour trois mois au cours desquels il ne cessait de régater sur un beau voilier baptisé, déjà, le Pen Duick I. Sa fille Yane, de retour du Gabon, y achètera une grande maison donnant directement sur la plage et appelée "Bellevue". Les "Tunisiens" viendront tous les étés s'y mettent à l'abri du sirocco.

C'est au cours de ces années 1930-1939 que Micheline va découvrir ses qualités physiques. Elle rencontre filles et surtout garçons de son âge contre qui elle peut se mesurer. Le jeu favori de la petite bande est celui des gendarmes et voleurs. Micheline adore être un voleur car personne n'arrive à la rattraper, tant elle court vite dans les sous-bois de l'île.

Sauf un jour où, poursuivie sur une jetée, elle n'a pas d'autre issue que de sauter dans le canot qui y est amarré et de tomber entre les mains des "gendarmes".

Les 14 juillet et 15 août, des jeux de plages sont organisés et Micheline arrive toujours première dans l'épreuve de course à pied.

Ces courses sont les premiers exercices où elle découvre la joie de se battre pour gagner.

Pas question cependant d'abandonner la musique et madame Ostermeyer, dès son arrivée, loue un piano droit à Vannes. Il voyage sur la vedette qui fait la navette entre l'île et la terre ferme. Son arrivée à la villa, sur une charrette tirée par un cheval, est le premier grand moment des vacances. Dans les premières années la matinée commence, après un solide petit déjeuner, par des exercices de solfège à deux voix chantés sur le vieux livret qui a déjà servi à Odette enfant et qui servira à Micheline lorsqu'à son tour, elle initiera son fils Alain à la musique.

Micheline joue en public pour la première fois en 1930, à l'Ile-aux-Moines lors de la fête du 15 Août. C'est une grande journée pour toutes les familles et les amis venus nombreux de Vannes et des environs.

La municipalité a fait construire près de l'école, dans le milieu de l'Ile ce qu'on appellerait aujourd'hui une salle omnisport. L'été elle abrite des représentations théâtrales, musicales, des conférences littéraires et des expositions de peinture.

Les participants sont des estivants, souvent amateurs, quelques fois professionnels. On y remarque la famille Martin-Chauffier, le peintre-musicien-écrivain Maurice Touzé, le grand acteur japonais Sessue Hayakawa, le romancier Jean d'Agrève.

Au cours de ces représentations estivales, Micheline joue : Le Petit Ane Blanc de Jacques Ibert, les Scènes d'Enfants de Robert Schumann, la Bourrée Fantasque d'Emmanuel Chabrier. Souvent la fin est réservée à une composition de son grand-père Lucien Laroche, fondateur du Conservatoire Municipal de Vannes.

La Saint-Michel marque la fin des vacances et c'est toujours avec regret que les Ostermeyer quittent leur chère Ile-aux-Moines. Mais d'où vient ce nom ?

Ses premiers habitants font partis de la tribu barbare des Vénètes qui en furent chassés lors d'une bataille mémorable en l'an 56 avant J.C. contre les Romains commandés par Jules César lui-même. Après cinq siècles de civilisation romaine, nouvelle invasion des Grands-Bretons, leur Grande-Bretagne étant occupée par des envahisseurs scots et anglo-saxons. Ces nouveaux arrivants viennent principalement du Pays de Galles.

L'île sera ensuite donnée par le seigneur du lieu aux moines de l'Abbaye Saint-Sauveur de Redon afin qu'ils y cultivent fèves et haricots. Et voilà, peut-être, l'origine du nom de cette Ile-aux-Moines qui va vivre désormais sous la protection des autorités de Vannes, sans jamais, toutefois, abandonner un farouche esprit d'indépendance.

4 - Tito Aprea

Lors de la rentrée de 1931 à Tunis, Odette retire Micheline, maintenant âgée de huit ans, de l'Ecole Jeanne d'Arc pour l'inscrire aux cours par correspondance de l'Ecole Universelle. Elle continue naturellement à suivre les cours de l'Ecole de Musique où elle obtient brillamment le Premier Prix de Solfège (à 9 ans) et le Premier Prix de Piano (à 11 ans).

Entre 10 et 12 ans, c'est son père Henri qui lui fait travailler très sérieusement les mathématiques, la conduisant jusqu'au niveau de la première en algèbre et géométrie. Un soir, Odette et sa fille assistent au Théâtre Municipal à un concert donné par un pianiste d'origine italienne, Tito Aprea. Odette admire le jeu fougueux et coloré de l'interprète. Elle apprend qu'il est professeur au Centre Culturel Italien, la Dante Alleghieri, mais qu'il ne refuse pas les leçons particulières à des élèves particulièrement doués. C'est ainsi qu'il devient le maître de Micheline jusqu'à la déclaration de guerre de l'Italie à la France en 1940 qui le force à rejoindre son pays.

Le 12 juin 1935, Micheline donne sous sa direction son premier grand récital public à la Casa Dante, des affiches annonçant dans tout Tunis "Le premier Concert de la Jeune Pianiste de douze ans". Douze ans, mais elle travaille déjà six heures par jour ! Plus de quatre cents personnes se pressent pour entendre un copieux programme :

Une Sonate de Scarlatti
Le Rossignol en Amour de Couperin
La Poule de Rameau
Deuxième Sonate de Schumann
Une Mazurka, un Nocturne et une Valse de Chopin
Les Jeux d'Eau de la Villa d'Este de Liszt
Le Petit Berger et La Cathédrale Engloutie de Debussy
Et pour terminer l'Allegro de Concert de Granados.

La critique signée E.B. dans le journal L'Union de Tunis résume bien l'impression générale :

"Le programme nous annonce que la concertiste est âgée seulement de douze ans et nous irions l'entendre avec la méfiance

que nous avons de semblables exhibitions si nous ne connaissions pas la pianiste depuis l'année dernière déjà.

Nous entrons dans la salle et nous la voyons assise en train de préluder, sereine et sûre d'elle-même, évidemment heureuse de pouvoir s'abandonner à sa fantaisie d'exécutante... et la belle musique annoncée au programme se déroule et nous prend par son charme, et nous nous laissons conquérir, nous blasés par nos expériences artistiques, par l'innocente fraîcheur de l'interprétation qui nous émeut et nous entraîne.

Laissez cette âme toute jeune se mûrir dans les expériences de la vie... et vous la retrouverez dans quelques années interprète vigoureuse et passionnée dispensatrice de joie et d'émotion."

Ce concert va marquer un tournant dans la vie de Micheline. Tout d'abord, il resserre les liens entre les Ostermeyer et Tito Aprea qui devient un familier du 33 rue Charles-Nicolle où Henri a dessiné et décoré de ses mains une superbe nouvelle villa dans le style hispano-mauresque. Souvent, le soir on roule le grand Steinway dans le patio et c'est au cours d'un de ces petits concerts nocturnes que Tito fait connaître ses talents de compositeur en exécutant une flamboyante toccata que Micheline mettra plus tard à son répertoire, toujours avec grand succès. Tito lui donne d'ailleurs des cours d'harmonie l'année avant son départ, cours qu'elle continuera avec Jean Gallon, à Paris, durant trois ans.

5 - Le Conservatoire National de Musique de Paris

Au cours de l'hiver 1936, Odette et Tito vont longuement discuter de l'avenir de Micheline. D'un commun accord, ils arrivent à la conclusion que ses dons de pianiste sont en train de s'épanouir d'une façon certaine et qu'il lui faut tenter d'entrer au célèbre Conservatoire National de Paris rue de Madrid.

Peu de gens savent que la fondation de cette école est l'œuvre de la Convention ; par son décret de 16 Thermidor An III (3 août 1795), fut créé l'Institut National de Musique, plus spécialement chargé de la formation de sections musicales parmi les Gardes Nationaux afin d'assurer une large participation aux fanfares lors des grandes manifestations populaires si nombreuses sous la Révolution. Ceci explique la formation du premier corps de professeurs qui comptera cinquante-six spécialistes des instruments à vent (dont six joueurs de "serpent"), contre huit pour les cordes et quatre pour le clavier, proportion pratiquement inversée aujourd'hui.

Ces professeurs et leurs élèves vont se retrouver en bonne compagnie car cette même année 1795, la Convention votera aussi la création de nombreuses institutions prestigieuses dont on a célébré récemment le bicentenaire. Parmi elles on remarque l'Ecole Normale, l'Institut de France, l'Ecole des Langues Orientales, sans compter l'instauration du système métrique et des écoles primaires et secondaires dans chaque département.

Le nom de Conservatoire sera adopté dès l'installation de l'école rue Bergère, actuellement rue du Conservatoire dans le neuvième arrondissement de Paris.

Son premier directeur fut Bernard Sarrette, né à Bordeaux en 1765, mort à Paris en 1858 à l'âge de quatre-vingt-seize ans.

Avec l'aide de son bouillant adjoint, le compositeur italien Luigi Cherubini, Sarrette restera à la tête de l'école de 1795 à 1822. Après avoir débuté dans l'enseignement des instruments à vent, le conservatoire ajoutera très vite à son programme des cours de "déclamation lyrique" puis de "danse et de mouvement du corps"

Cherubini, devint directeur en 1822 et le restera jusqu'en 1842. C'est lui qui modernisera l'école : la structure de l'actuel conservatoire lui doit beaucoup, dont le système des concours d'entrée et de sortie que Micheline Ostermeyer va bientôt découvrir.

Cherubini sera aussi responsable de la création de la Société des Concerts du Conservatoire (appelée aujourd'hui Orchestre de Paris), le lancement de la grande école française de piano, un instrument très moderne à l'époque. Cet immense travail d'organisation ne l'empêchera pas de composer dix messes, vingt opéras et des centaines de pièces de musique diverses.

Son successeur en 1842, sera Esprit Daniel François Auber, l'auteur de nombreuses œuvres lyriques dont Fra Diavolo et Manon Lescaut. Sous son long directorat qui ne se terminera qu'en 1871, tout ce qui concerne la création et l'exécution des opéras et opérettes est particulièrement à l'honneur. Parmi ses anciens élèves on retiendra Berlioz, Gounod, Bizet et Massenet.

De 1871 à 1896, le conservatoire sera dirigé par Ambroise Thomas, encore un compositeur d'opéras dont Mignon, l'œuvre lyrique la plus jouée de tout le répertoire français. Avec son successeur Théodore Dubois (1896-1905) tous deux travaillèrent au développement des classes de clarinette, violon et harpe.

1905 vit l'arrivée de Gabriel Fauré, le condisciple et l'ami de Lucien Laroche, grand-père de Micheline et fondateur du conservatoire de Vannes. Fauré influencera certainement Laroche lorsque ce dernier travailla à convaincre la municipalité de Vannes de créer une école municipale de musique.

On peut dire que l'ombre de Fauré planera longtemps sur la belle maison de la rue de Madrid dont il surveilla la construction pour y emménager le conservatoire en 1911.

Les deux successeurs immédiats de Fauré furent Henri Rabaud (1920-1941) et Claude Delvincourt (1941-1954), ce dernier ayant assumé la difficile période de l'occupation et de l'immédiat après-guerre.

En 1990, nouvelle étape : l'école déménage pour s'installer dans la grandiose Cité de la Musique à la Villette, cédant sa place au Conservatoire National de Région de Paris, pour prendre le titre de Conservatoire National Supérieur de Musique.

6 - Lazare Lévy : ah ! la belle main

Pour entrer au conservatoire en 1936, il était nécessaire de s'adresser à un de ses professeurs qui saurait préparer le postulant et guider ses pas dans le dédale des examens et concours. Madame Ostermeyer se souvient d'une amie qui lui avait parlé d'un certain Lazare Lévy, âgé alors de cinquante-quatre ans.

C'était certainement un excellent choix car voici ce qu'allait en dire, quelques années plus tard, le célèbre critique Roland-Manuel qui deviendra l'animateur, en compagnie de Nadia Tagrine, de l'émission de radio du dimanche matin : "Plaisir de la Musique".

"Pendant plus de trente ans, la classe de Lazare Lévy fut l'honneur de notre Conservatoire, le siège d'une Ecole de piano qui s'est fait connaître jusqu'aux rives de l'Asie pour être la plus sûre et la plus féconde. Elle allait susciter cette élite de virtuoses qui se font reconnaître, toujours et partout, pour les disciples de leur maître par delà l'originalité propre de leur nature et ce grâce aux qualités suivantes : se soumettre à la lettre pour mieux servir l'esprit ; demander le secret de l'expression au respect du texte, à la rigueur du jeu, à la souplesse des mécanismes ; en un mot rester docile à cette poétique qui ne sépare pas l'art du métier.

Lazare usait souvent d'une ironie aiguë, volontiers sarcastique qui servait de masque à la plus généreuse tendresse, tout en n'ayant pas de mots assez durs pour dénoncer l'impudeur des effusions désordonnées."

Toute sa vie Micheline se souviendra des conseils de son maître pour qui le respect de la volonté du compositeur doit rester la règle suprême de conduite pour le musicien dans l'exécution d'une œuvre. Peut-être peut-on voir dans cette exigence une critique de Cortot qui aurait eu tendance tantôt à supprimer, tantôt à ajouter des notes, même lorsqu'il s'agira d'une étude de Chopin.

Courageusement, Odette écrit à Lazare une lettre qui dut être assez persuasive puisqu'elle reçoit en réponse une invitation à se présenter avec sa fille à son appartement du 4 rue Marbeau, près de l'avenue Foch dans le seizième arrondissement, au cours du mois de juin 1936.

"Mais, on m'avait dit que c'était une petite fille" s'écrie-t-il en ouvrant la porte. Il faut dire qu'à treize ans Micheline est grande d'un mètre soixante-quinze (elle atteindra sa taille définitive de un mètre soixante-dix-neuf à quinze ans).

Lazare mesurant à peine un mètre soixante-cinq, on comprend sa surprise. Il garde la main que lui tend Micheline et l'étudie avec soin : "Ah ! c'est une belle main".

Il l'assoit au piano pour écouter les pièces du Carnaval de Schumann que Micheline avait préparées avec Tito Apréa. Elle avait également en réserve la Toccata en ut majeur de Bach-Busoni, la Fantaisie de Chopin, les Jeux d'eau de Ravel.

Il lui demande ensuite de déchiffrer la réduction d'orchestre que Paul Dukas réalisa de son opéra Ariane et Barbe-Bleue. Micheline se tire bien de cette redoutable épreuve grâce aux nombreux exercices ordonnés par Odette depuis son plus jeune âge, le déchiffrage à vue restant un de ses points forts.

Lazare Lévy lui fait ensuite signe de céder sa place et de tourner le dos au piano. Il joue alors une succession d'accords composés d'environ huit notes, bien compactées et placées au milieu du clavier, afin que Micheline les lui identifie, ce qu'elle fait sans hésitation.

Satisfait de ce premier contact, Lazare lui donne un programme à défricher pour la semaine suivante. Si le résultat est prometteur, ces morceaux seront ceux que Micheline présentera en Octobre au premier examen d'admission où elle sera jugée sur son niveau pianistique. Si réussi, viendra la deuxième et finale épreuve composée d'un morceau imposé, les postulants ayant trois semaines pour le travailler.

7 - Concours d'entrée - Octobre 1936

Madame Ostermeyer loue, avec un piano à queue, un petit studio rue de Moscou, tout à côté de la rue de Madrid (dans ce quartier dit de l'Europe, toutes les rues portent les noms des principales villes du continent). Pendant huit jours vont retentir les harmonies de la Deuxième Ballade de Chopin, de la Méphisto-Valse de Liszt et de la 29ème sonate, op. 106 de Beethoven. En bon professeur, Lazare a choisi pour bien faire valoir les qualités "vibrantes" de son élève des compositions qui demandent beaucoup de tonus.

Après leurs auditions, Lazare donne sa bénédiction à Micheline en même temps que rendez-vous pour Octobre. L'été à l'Ile-aux-Moines sera studieux et c'est le cœur battant que mère et fille se retrouvent rue de Madrid pour le début des épreuves.

Après avoir confié à la secrétaire une fiche portant le nom des trois œuvres préparées, Micheline, avec d'autres très nombreux candidats, est priée d'attendre dans une grande salle au rez-de-chaussée. Tous ces jeunes gens, généralement accompagnés de leur mère, s'essayent sur un des deux grands pianos mis à leur disposition, ce qui crée un brouhaha indescriptible. A l'appel de son nom, Micheline, après une attente d'une bonne heure, entre dans une petite pièce d'où elle entend le précédent candidat. Puis, c'est à son tour de pénétrer dans la grande salle d'examen où se trouve le jury, composé d'une vingtaine de personnes assises en demi-cercle. En raison de sa taille Micheline a toujours quelque difficulté à trouver la bonne position. Elle adresse un coup d'œil à Lazare Lévy qu'elle entend murmurer à son voisin : "Ah ! voici ma grande élève ; elle est si grande qu'elle a du mal à mettre ses jambes sous le piano".

Micheline n'a plus sa frange de petite fille, mais une belle mèche qui lui barre le front. Sa mère a profité de l'été pour lui coudre une robe bien à ses mesures, qu'on ne trouve pas dans les magasins en raison de sa taille déjà exceptionnelle.

Henri Rabaud, directeur du Conservatoire et président du jury, est un bel et grand homme ; avec sa barbe blanche il a beaucoup d'allure. Il prie Micheline de débuter par la Deuxième Ballade ce qui la soulage, relativement ; elle craignait de commencer par la Mephisto-Valse qui, comme son nom l'indique, doit être jouée à un rythme endiablé, particulièrement la fin, véritable nid à fausses notes : il vaut mieux être en doigt pour l'affronter.

Micheline est très à l'aise dans le passage du début de la Ballade et se contrôle parfaitement dans la partie suivante, plus torrentueuse, lorsqu'elle est arrêtée net dans son élan par la sonnette du président, suivi d'un "Merci, Mademoiselle".

On avait oublié de la prévenir que jamais ce premier jury ne laisse jouer un morceau en entier et c'est persuadé d'avoir été éliminée qu'elle retrouve sa mère à la sortie, qui va vite la rassurer.

Quelques jours plus tard les résultats sont affichés à la porte d'entrée et c'est avec la joie qu'on imagine qu'elle y lit son nom. Joie tempérée par l'annonce du morceau imposé qu'elle aura trois semaines pour préparer. Il s'agit des Variations en ut majeur de Saint-Saëns, terreur des candidats.

Musique sans grâce, conventionnelle, farcie de pièges pianistiques et se terminant par un arpège en doubles octaves sur touches blanches et sur toute la longueur du clavier.

Heureusement, ici pas de hantise de la sonnette : le jury laisse jouer jusqu'à la fin, soit environ dix minutes.

Les résultats sont affichés tard dans la soirée après des heures d'attente à faire les cent pas rue de Madrid. Sur les soixante concurrents, dix-sept sont reçus mais Micheline ne peut s'empêcher d'être déçue de s'entendre nommée la quinzième, alors qu'à Tunis elle est toujours la première. Parmi les heureux élus figure Nicole Henriot qui fera par la suite une belle carrière de soliste. Heureusement, madame Ostermeyer est encore là pour faire comprendre à sa fille que d'être reçue dès son premier essai et sans avoir encore atteint ses quatorze ans est un résultat plus qu'honorable.

Un télégramme pour Tunis annonce la bonne nouvelle. Les voisins du studio de la rue de Moscou qui n'ont rien perdu des terribles arpèges et de ses doubles octaves pendant trois semaines, ne sont pas les derniers à être soulagés.

8 - Trois années difficiles - 1937-1939

En ce début d'octobre 1936, un grave problème se pose à madame Ostermeyer : il faut choisir entre Paris et Tunis. Henri avait depuis longtemps accepté l'inévitable, c'est-à-dire que sa femme reste, au moins quelques mois à Paris auprès de leur fille. Il avait été aussi décidé que leur fils Roland serait mis pensionnaire à l'internat du collège Chaptal. On prolonge le bail du studio de la rue de Moscou et la vie s'organise à Paris pour les trois Ostermeyer, loin de la douceur tunisienne.

Micheline va à pied au Conservatoire, à cinq minutes du studio. Les cours sont peu nombreux, Micheline ayant été exemptée, après examen, de l'enseignement du solfège, discipline qu'elle maîtrise parfaitement. Il ne reste que la classe de piano avec Lazare Lévy, et les cours privés deux fois par semaine de Jean Gallon. Elle compte quinze élèves que le maître fait travailler par groupe de cinq, deux heures par semaine. Le groupe de Micheline se réunit le samedi après-midi de deux heures à quatre heures. Chaque élève joue à tour de rôle pendant environ vingt-cinq minutes, le reste du temps écoutant ses camarades et les observations du maître. Lazare donne à chacun un répertoire à travailler, divisé également entre des œuvres classiques et des œuvres modernes. Il est connu pour être un professeur exigeant une lecture parfaite de chaque partition pour traduire au plus près la pensée du compositeur et il se montre bien à la hauteur de cette réputation.

Il a aussi le culte de la sonorité, qualité qui souligne l'expression et la couleur d'une œuvre musicale, en faisant ressortir pulsions et sentiments.

La sonorité chez Mozart est totalement différente de celle de Brahms ou de Ravel. Comment rendre cette différence est un problème de toucher, en plus des notes. Tout le monde sait jouer les notes, elles sont inscrites sur la partition mais la sonorité est une notion beaucoup plus personnelle qui se révèle à base de pression et de caresse. Rien de tout cela n'est écrit par le compositeur mais doit être deviné par l'interprète... ou son professeur.

Lazare a constaté que Micheline n'appuyait pas assez sur les touches, faisant un usage trop faible des bras et des épaules. Tito Aprea avait négligé cet aspect du piano, aussi Lazare va longuement s'employer à corriger ce défaut. Micheline n'est pas toujours d'accord avec le maître quant au choix des œuvres qu'il lui fait travailler, en particulier une certaine sonate de Weber qu'elle trouve trop roccoco. Par contre elle aimera toujours Bach, Beethoven, Chopin, Fauré, Ravel. Elle n'a jamais compris pourquoi Lazare Lévy ne songeait pas à faire travailler la musique russe. Il lui faudra attendre 1967 pour découvrir Rachmaninoff et Scriabine, deux compositeurs qui figureront dès lors à son répertoire.

Tandis que Micheline et sa mère s'habituent à la vie parisienne, un drame se prépare à Tunis. Henri Ostermeyer a présumé de ses forces. Cette séparation, lointaine, d'avec sa femme et ses deux enfants le plonge dans une grave dépression et Odette doit rentrer d'urgence. Elle appelle au secours sa sœur Yane qui vient la remplacer rue de Moscou. Mais ce remplacement ne peut être que temporaire. Yane, tout en laissant Roland dans son internat de Chaptal, cherche un foyer pour Micheline. Elle en trouve un rue de Clichy, pas trop loin du Conservatoire, tenu par des religieuses. Commence pour Micheline une période difficile.

Agée de quatorze ans, alors qu'elle en paraît seize, la voilà séparée de sa mère pour la première fois. Elle couche dans un dortoir avec dix autres filles dont une qui fait des cauchemars en hurlant au milieu de la nuit. Malgré ce que l'on avait promis à Yane, le foyer ne dispose que d'un seul vieux piano situé dans la bibliothèque et trop souvent occupé par d'autres. La nourriture est médiocre, peu adaptée à la constitution exceptionnelle de Micheline. De nombreux jeûnes ponctuent l'année, chacun étant prétexte à remplacer la viande par des œufs, ce que le foie de Micheline supporte très mal. Enfin la rigueur religieuse des sœurs heurte durement Micheline plus agnostique que croyante.

De telles conditions de vie ne sont pas propices au travail. Micheline échoue à l'examen de mai 1937 qui lui aurait permis de se présenter au concours de fin d'année et d'obtenir prix ou accessit. Elle fera une deuxième année 1937-1938 puis à nouveau 1938-1939 toujours chez Lazare Lévy.

En octobre 1937, elle quitte sa pension catholique pour l'Union Chrétienne de Jeunes Filles, beaucoup plus libérale. Grâce à ce nouvel environnement, elle obtient un premier accessit en juillet 1938.

Micheline va tout de même se faire des amies à Paris qui lui rendront la vie moins pénible. Agnelle Bundervoët devient sa meilleure camarade ; elle habite un appartement avec ses parents rue de Madrid, juste en face du Conservatoire, et Micheline y est quelquefois invitée. Quelle différence avec la situation de Micheline qui doit traverser la Méditerranée pour aller à ses cours ou retrouver ses parents.

Agnelle, qui connaît bien le quartier, lui fait découvrir le magasin de l'éditeur de musique Max Eschig. Les deux amies s'y retrouvent les samedis après-midi après le cours.

Pour un prix d'abonnement très modeste, elles peuvent emporter une centaine de manuscrits pour piano, probablement en attente d'une éventuelle édition. Quel merveilleux exercice de lecture à vue pour de futures pianistes professionnelles qui ont toujours besoin de musique "vierge". Elles rapportent leur butin le samedi suivant pour l'échanger contre une pile de même importance. C'est grâce à ces exercices que Micheline et Agnelle deviendront des virtuoses du déchiffrage.

A cette qualité, Micheline en ajoute une autre : une extraordinaire mémoire visuelle. Il lui suffit de lire une fois une partition et de la jouer trois fois pour la connaître par cœur.

Heureusement les longues vacances d'été à l'Ile-aux-Moines au milieu de toute sa famille lui redonnent couleurs et joie de vivre. Il est cependant évident que cette situation ne peut pas durer comme le prouve ses échecs aux concours de fin d'année. La solution, hélas, sera imposée par les menaces de guerre qu'Hitler fait peser sur toute l'Europe. L'été 1939, les Ostermeyer décident de rester à Tunis et de rapatrier leur fille.

Une toute nouvelle vie va commencer pour Micheline. Tito Aprea ayant été rappelé en Italie, elle retrouve sa mère comme professeur. D'autre part, auréolée du prestige de son premier accessit et de ses trois ans au Conservatoire de Paris, elle commence une carrière professionnelle, en particulier à la radio de Tunis.

Chapitre 3 - Sources

Jean Bulot - L'Ile-aux-Moines - Ed. Jean Bulot, Auray 1992

Bernard Gavoty - Alfred Cortot - Buchet/Chastel 1978

Edgard Pisani - Persiste et Signe

Entretien avec Henri Cayre, (Nov. 1994) Président des Betteraviers Européens, né à Tunis

Entretien avec Edgard Pisani, (Nov. 1994) Président de l'Institut du Monde Arabe, ancien ministre, né à Tunis

"Célébrations Nationales 1995" - Fondation du Conservatoire de Paris pages 94 à 99 - Archives de France, Paris 75003

CHAPITRE 4

La guerre en Tunisie

1939-1944

1 - Découverte de l'athlétisme
2 - Un bon médecin
3 - La défaite de juin 1940
4 - Bachelière et championne
5 - Pianiste à Radio-Tunis
6 - Tunis occupée
7 - Libérée par des Français
8 - Rencontre avec Antoine Olivieri
9 - Premières tournées en Afrique du Nord
10 - Retour à Paris en mars 1945 - Lazare Lévy

1 - Découverte de l'athlétisme

Après trois ans passés au Conservatoire de la rue de Madrid, Micheline est de retour à Tunis.

En octobre 1939, âgée de seize ans et demi, elle entre en classe de seconde au lycée de filles Armand-Fallières. Frappée par sa taille, (1,79 m), une camarade lui propose de rejoindre son club de basket l'Association Sportive Française (A.S.F.). C'est au sommet de la seule colline de Tunis appelée le Belvédère, dans un environnement boisé, que se trouvent les deux grands stades de la Ville. Le petit s'appelle El Homrane et le grand Géo André. Micheline ne l'apprendra que beaucoup plus tard, mais que de parallèles entre son destin et celui d'André !

André a gagné une médaille d'argent en saut en hauteur aux Jeux Olympiques de Londres en 1908, quarante ans exactement avant Micheline. Il a pratiqué comme elle, outre l'athlétisme, un sport d'équipe, le rugby, devenant international en 1913. Reconnu comme la grande figure de l'Olympisme français lors des Jeux de Paris en 1924, il prête serment au nom de tous les participants. A cinquante-quatre ans, il rejoint la Première Brigade de la France Libre du général Koenig à Bir-Hakeim en Lybie ; il est tué en mai 1943 au cours des derniers combats pour la libération de la Tunisie, quelques jours avant la reddition des troupes du général von Arnim.

L'A.S.F. accueille Micheline à bras ouverts ; de son côté, elle est heureuse de s'adonner à un sport d'équipe avec une organisation comprenant entraîneur, terrain, maillot, heures d'entraînement, nombreuses camarades, championnat, record, médaille, véritable deuxième vie partagée avec celle du piano.

Le stade comporte une grande piste pour la course à pied encerclant une vaste pelouse avec terrain de basket, aire de lancer et de saut et tout ce qu'il faut pour pratiquer les différentes disciplines de l'athlétisme. Micheline découvre le monde sportif tel qu'il est organisé et dirigé par les professeurs d'éducation physique. Son activité principale sera le basket plus des séances d'échauffement en trottinant autour de la pelouse.

2 - Un bon médecin

Le Président du Club est un médecin, le Docteur Barsotti. En bon praticien, le docteur aime interrompre de temps en temps l'activité de ses joueurs pour les soumettre à des contrôles de routine : pouls, tension, auscultation des voies respiratoires. Et c'est ainsi qu'il fait une découverte qui sera capitale pour l'avenir sportif de Micheline.

Après une course de deux cents mètres, il constate que son cœur, deux heures après la course, bat encore à plus de cent quarante pulsations à la minute, alors qu'il aurait dû revenir à son rythme normal de quatre-vingt-quatre. Plusieurs contrôles successifs confirment cette trop lente récupération de son système cardio-vasculaire. Le verdict, fort sage, que dresse le bon docteur Barsotti est de lui interdire tout effort prolongé au-delà de cent mètres. Il autorise les compétitions type lancement poids, disque, saut, course de haies (quatre-vingts mètres) ainsi que des sports d'équipe comme le basket.

La vie sportive de Micheline épouse désormais ces sages conseils. Toute l'année 1940, sa première au club, sera consacrée à l'apprentissage du jeu de basket, sa théorie et sa pratique.

Parallèlement, avec un autre entraîneur, Micheline s'initie aux techniques, oh ! combien pointues, du lancement de poids et du saut en hauteur. Ses progrès, très rapides, étonnent instantanément son professeur, peu de jeunes filles s'intéressant à ces disciplines.

3 - La défaite de juin 1940

La défaite de l'armée française en mai 1940 et l'occupation du pays arrête pendant quelques mois toute activité. La colonie française de Tunis est frappée d'horreur et de stupeur. Comment peut-elle imaginer que désormais des troupes allemandes défilent tous les jours sur les Champs-Elysées ?

En attendant que se rétablissent les communications, chacun n'a qu'un souci : recevoir des nouvelles des siens restés en métropole et particulièrement des soldats mobilisés. Et la liste des prisonniers s'allonge tous les jours, auxquels s'ajoutent bientôt les blessés et les morts.

La situation politique demeure floue. Les forces armées stationnées en Tunisie et les fonctionnaires de l'administration française se rallient au gouvernement de Vichy présidé par le maréchal Pétain en qui chacun veut voir, malgré tout, un rempart contre les Allemands.

Il faudra longtemps pour que l'influence du mouvement gaulliste pénètre les esprits et fasse naître un esprit de résistance.

Les Potasses d'Alsace, dont le siège est à Mulhouse en Alsace, province annexée par Hitler et incorporée au Grand Reich, sont déclarées biens allemands. Les bureaux d'Afrique du Nord sont brutalement fermés, son personnel licencié sans préavis ni compensation. Henri Ostermeyer devra attendre jusqu'à 1950 pour obtenir le versement de sa retraite. Il trouve, heureusement, un poste d'inspecteur au service du ravitaillement de Tunis mais avec une forte diminution de revenus. Courageusement, Odette reprend avec vigueur ses leçons de piano pour aider, une fois de plus, aux besoins du ménage.

Micheline reste deux ans au lycée Armand-Fallières et passe son premier baccalauréat en juin 1941.

4 - Bachelière et championne

Elle prépare ce bachot dans des conditions acrobatiques, ayant accepté de partager avec une violoniste un concert trois semaines avant l'examen.

Il ne va pas lui rester beaucoup de temps pour réviser. Grâce à Henri qui l'avait bien initiée aux mathématiques et aux sciences et Odette au français et à l'histoire, elle est reçue en tête de liste.

Mais ce mois de juin 1941 n'est pas encore terminé. Huit jours après le bac, son club l'inscrit pour le représenter aux championnats d'athlétisme de Tunisie. Pas question qu'elle s'y dérobe malgré la fatigue, car elle est un des grands espoirs de l'A.S.F. Effectivement, elle enlève cinq titres : sprint de soixante mètres, saut en hauteur (encore pratiqué suivant la vieille méthode du ciseau simple), poids, disque (pratiquement sans entraînement), et saut en longueur. Il faut dire que, côté féminin, la compétition n'est pas très relevée. En particulier, il n'y a aucune fille d'origine arabe.

Outre la joie que lui cause ses victoires en athlétisme, Micheline va garder, malgré la guerre, de merveilleux souvenirs de cet été 1941. Son père vient d'acheter au Bordj Cedria donnant sur le golfe de Tunis une jolie petite maison qui ressemble à un bateau : fenêtres en hublot, lits superposés, escaliers en colimaçon où toute la famille va passer juillet et août. Malheureusement, ses camarades préfèrent la plage d'Amilcar à trente kilomètres de l'autre côté du golfe où ils se livrent pendant des heures à de frénétiques parties de water-polo. Micheline adore ce jeu même si cela la force à faire soixante kilomètres aller et retour pour les rejoindre à bicyclette.

5 - Pianiste à Radio-Tunis

A peine remise de ce printemps et de cet été 1941 bien occupés, Micheline, âgée de dix-huit ans, est engagée par Radio-Tunis. C'est le vrai début de sa carrière de pianiste professionnelle.

Elle joue trente minutes par semaine en séance de sonates avec le premier violon de l'orchestre de la radio, Madame Gazon-Kanter.

La préparation de chacune de ces demi-heures d'émission demande un très grand travail pendant les sept jours qui les séparent car la plupart de ces sonates sont inconnues de Micheline qui doit fournir un gros effort de déchiffrage. Parmi les œuvres sélectionnées, elle découvre des compositions de Bach, Beethoven, Honneger, Pierné, Samazeuilh, Mozart, Fauré, Lekeu, Franck et Saint-Saëns.

Unique répétition chez la violoniste tous les lundis matins et émission, en direct, le soir même vers vingt heures. C'est Madame Ostermeyer qui tourne les pages pour sa fille. Ces dames arrivent à bicyclette à Radio-Tunis, les voitures particulières étant interdites en raison d'un très sévère rationnement d'essence.

En revanche, la nourriture est moins rare qu'en France ; après l'émission, Odette et Micheline se reposent un instant en dégustant quelques-uns des délicieux gâteaux du célèbre pâtissier Garza dont la boutique est située à deux pas des studios.

En travaillant, Micheline se rappelle les heures de déchiffrage passées grâce à l'abonnement de l'éditeur Max Eschig que lui avait fait connaître sa camarade Agnelle Bundervoët lors de leur dernière année de Conservatoire de Paris, juste avant guerre. La lecture de ces centaines de pages leur ont donné une dextérité hors pair dans l'art difficile du déchiffrage éclair.

Cependant, certains morceaux demandent plus de travail que d'autres. Ainsi, une certaine sonate de Bréville écrite sur quatre portées et d'une durée de trente cinq minutes, manque de peu de finir en catastrophe. Il faut toute la science de la maman-tourneuse de pages pour guider la pianiste, perdue dans ses arpèges et éviter une catastrophe devant le micro.

La guerre se rapproche dangereusement de la Tunisie restée à l'écart du conflit. Le général anglais Montgomery a mis en déroute les troupes allemandes de l'Afrika Korps du général Rommel à El-Alamein en Egypte et les Américains débarquent le 8 novembre 1942 en Algérie pour contrôler la côte africaine.

En représailles, le 11 novembre l'armée allemande envahit la zone sud de la France dite "libre". La flotte se saborde à Toulon pour ne pas tomber aux mains ennemies.

6 - Tunis occupée

La Tunisie est, à son tour, occupée par les Allemands qui vont y rester jusqu'en mai 1943.

Pendant ces dix mois d'occupation, la vie s'écoule au ralenti sans manifestation sportive. L'aviation anglaise bombarde l'aéroport El Aouina de Tunis et très souvent le port et les quartiers avoisinants. Micheline échappe de peu à la mort lors d'un bombardement à quelques mètres de la maison de la Radio où elle répétait avec orchestre. Toutes les vitres éclatent et les musiciens ont juste le temps de sortir pour voir les premiers morts et les blessés emmenés par les équipes de secours.

Micheline s'engage dans un bureau d'aide sociale où elle servira dans une crèche pour nouveaux-nés près du port.

Une partie de la maison Ostermeyer est réquisitionnée pour y loger des sous-officiers de l'Afrika Corps. Le 7 mai 1943, les Allemands de Tunisie commandés par le général von Arnim sont mis en déroute et capturés par les troupes anglaises de Montgomery venant du nord et françaises de Leclerc et Koenig venant du sud.

Les soldats français sont particulièrement fêtés par toute la population car leur victoire est une des premières obtenues par une unité des Forces Françaises Libres depuis la défaite de juin 1940.

7 - Libérée par les Français

Ce sont eux qui, il y a un an à Bir Hakeim en Lybie, du 27 mai au 11 juin 1942, ont barré la route aux Allemands du général Rommel pour permettre aux troupes anglaises de se rétablir sur de nouvelles positions et se sortir d'une situation très périlleuse.

Les Ostermeyer sont loin de se douter que parmi eux se trouve le lieutenant Claude Renault, beau-frère de Lucienne Legros, la propre fille de Yane Laroche. Sa première visite en ville sera pour la belle villa de ses cousins qu'il parcourt au pas de course pour être sûr que le portrait du maréchal Pétain n'y figure pas ! Il y revient souvent et le patio devient le théâtre de nombreux bals où toutes les amies de Micheline dansent avec les jeunes vainqueurs. Il faut rappeler que Gilbert Renault, le frère aîné de Claude, n'est autre que le célèbre colonel Rémy qui a dirigé avec le colonel Passy pendant les années de guerre à Londres les services secrets du général de Gaulle, le fameux B.C.R.A. (bureau de contre-espionnage, renseignements et action). Le troisième des frères Renault, Philippe, déporté en Allemagne, y mourra sous un bombardement.

Quant à Henri Ostermeyer, le voici mobilisé pour la troisième fois, avec le grade de commandant. On lui confie la garde de mille cinq cents prisonniers de guerre allemands et mille italiens. Il faut les loger dans un camp à construire de toutes pièces à soixante kilomètres au sud de Tunis, ce qui n'est pas une mince affaire.

Claude Renault en mission au Cap Bon, saute sur une mine. Heureusement, ses blessures ne sont pas trop graves et il passe sa convalescence chez ses cousins à Tunis. Une jeune voisine et amie de Micheline, Claudie Colson, se porte volontaire pour lui servir d'infirmière ; cette rencontre finira par un mariage à la paroisse des Ostermeyer, Sainte-Jeanne d'Arc, la bien nommée.

En mai 1943, après la libération de la Tunisie qui précède de quinze longs mois celle de la métropole, Micheline a vingt ans.

La plupart de ses entraîneurs de l'A.S.F. se sont engagés dans l'armée française qui va combattre en Italie en attendant le débarquement en Provence le 15 août 1944, et le club est en sommeil.

8 - Rencontre avec Antoine Olivieri

C'est à la piscine du Belvédère pendant cet été qu'elle rencontre Antoine Olivieri, le dirigeant de l'Orientale, l'autre grand club sportif de Tunis. Monsieur Olivieri, que tout Tunis appelle Antoine, né en Corse en 1900, est un redoutable chasseur de jeunes talents. Il a repéré Micheline depuis son retour de France mais tant qu'elle s'entraînait à l'A.S.F., il s'est refusé à l'approcher. Maintenant qu'elle doit changer de club, tout est possible. Micheline est vivement impressionnée par son côté tonique, communicatif, rayonnant, enthousiaste. Jusqu'alors, elle a eu affaire à des professeurs de gymnastique. Désormais, elle va être prise en main par un véritable créateur de champions.

Henry Cayre, qui devint, grâce à Olivieri, champion junior du lancement de poids en 1934, en a laissé un étonnant témoignage :

"Je le revois le dimanche avenue Jules-Ferry, accomplissant un va-et-vient riche en rencontres, serrant la main aux uns, interpellant les autres, et tirant toujours avec lui une bande de jeunes souriants et heureux de l'accompagner.

Il m'avait dit : "Je me tiens généralement à l'angle de "La Dépêche", là où le tramway s'arrête car j'ai remarqué que, souvent, des voyageurs courent derrière et ceci m'a permis de détecter la foulée de futurs champions ! Quand je les ai bien photographiés (avec un Leica qui ne le quittait pas) je vais ensuite les voir pour leur recommander de faire de l'athlétisme et de venir à l'Orientale".

Edgard Pisani, l'ancien ministre du général de Gaulle, qui a vécu à Tunis jusqu'à l'âge de vingt ans, conserve pour son ancien entraîneur une grande admiration :

"C'est par l'athlétisme que je suis allé à l'Orientale. J'avais besoin de courir, de sauter. Insensiblement Antoine Olivieri est devenu pour moi un maître, un frère aîné, un compagnon indispensable, parfois un père-protecteur car j'étais très jeune.

Tous les jours de la semaine, il vient me prendre et me conduit sur la cendrée où il m'enseigne les gestes, le rythme, où il me communique la rage de gagner. Le jour de la compétition, il place un copain à la hauteur de chaque haie pour qu'il m'encourage. Je gagne. C'est beau !

Ce qu'Olivieri a fait pour Edgard Pisani, il le fera pour Micheline Ostermeyer. Lorsqu'il l'a connue, elle était déjà une athlète. Ce désir de gagner qu'elle possédait depuis longtemps, il va le transformer en rage de vaincre. Et c'est cette rage qui la poussera aux Jeux Olympiques de Londres sur la plus haute marche du podium, et par deux fois.

Mais la rage de vaincre n'est rien sans une solide technique. C'est lui qui va apprendre à Micheline tous les secrets du lancement de poids. Elle découvre avec lui le "rouleau californien" qui remplace le vieux ciseau dans le saut en hauteur.

Il s'agit de passer la barre sur le côté gauche alors que la jambe droite est lancée pour enlever lc corps en avant et en hauteur. Le pied gauche pousse le corps tandis que le genou gauche passe la barre et oriente le corps à l'horizontale.

L'épaule gauche doit alors s'effacer au passage de la barre et l'on retombe sur les deux mains. Moment difficile pour Micheline qui craint toujours pour ses poignets qu'elle a solidement bandés pour éviter une foulure.

Le lancement de poids se fait dehors avec les garçons, le saut à l'intérieur du petit gymnase, si petit que Micheline ne peut prendre que cinq foulées d'élan. Le tout deux fois par semaine en alternance avec le sacro-saint basket. Car, après le piano, le basket reste sa deuxième passion. Rapidement intégrée à l'équipe de l'Orientale, elle en devient l'avant-centre et permet à son club de devenir champion de Tunisie dès sa première année en 1944, comme de l'A.S.F. précédemment. Sa grande taille l'aide à marquer beaucoup de paniers et elle aime le côté imprévu et spontané propre à tout sport d'équipe opposé à l'activité solitaire et réfléchie du poids ou du saut.

9 - Premières tournées en Afrique du Nord

C'est en 1944 que Micheline va commencer sa grande carrière de concertiste virtuose : en douze mois, elle donne près de trente concerts.

Aujourd'hui, elle se souvient très bien de ce que fut pour elle le plus important tournant de sa vie :

"J'entends encore la réflexion de la répétitrice de Lazare Lévy lors de ma dernière année dans sa classe avant la guerre qui, me questionnant sur la vie musicale de Tunis, me déclara que je ne devrais pas rencontrer de difficulté à m'y faire une belle situation de professeur de conservatoire.

Ah ! non alors, c'est pas du tout la façon dont j'envisageais ma carrière. Pas question de rester coincée sur une chaise à côté des élèves dans ma province africaine, même agréable. Pour mon avenir, je me voyais faisant le tour du monde en donnant des concerts.

Le Tour du Monde... c'était une aspiration naturelle de jeunesse vers des grands horizons, la grande liberté, ne pas se sentir étriquée dans les manœuvres de la vie grâce à un métier indépendant, non soumis aux horaires sociaux habituels et à une quelconque autorité, hors de toute stagnation.

Donner des concerts parce que j'avais déjà perçu le lien entre le public et l'interprète et que vivre entourée de cette chaleur, cette recherche de communication au sein de cet amour passionné de la Musique me paraissait être l'avenir le plus épanouissant, ouvert à toutes les possibilités et non limité dans l'espace géographique. Des amis à trouver, à retrouver, le monde en était plein.

Quelques années plus tard, pendant l'occupation de Tunis, ma mère m'a demandé de l'aider en donnant des leçons à domicile, ce qu'elle a toujours refusé de faire elle-même. Je dois avouer que je trouvais cela mortellement ennuyeux.

Mon premier grand concert eut lieu le 13 février 1944 au Théâtre Municipal de Tunis en matinée.

J'avais vingt-et-un ans et une belle robe longue en satin et tulle blancs. La salle bien remplie, m'a permis de couvrir largement les dépenses engagées. Mon père Henri s'était chargé, comme pour tous les concerts que j'ai donnés par la suite en Tunisie, de toute l'organisation matérielle: location, publicité, affichage. Il a été mon plus fidèle et efficace impresario et j'ai toujours regretté de n'en avoir jamais trouvé un autre comme lui. C'est sans doute grâce à sa présence réconfortante que je n'ai ressenti aucune nervosité, restant parfaitement sereine du commencement jusqu'à la fin de mon récital.

Madame Mast, la femme du Résident Général et qui servait en quelque sorte de déléguée à la culture de son mari, m'a chaudement félicitée et promis de me faire jouer à nouveau.

Mon programme se composait de la Toccata en ré mineur de Bach-Busoni, la Quatrième Ballade et la Fantaisie en fa mineur de Chopin, Prélude, choral et fugue de César Franck. Après l'entr'acte, le Troisième nocturne en la bémol de Fauré, quatre préludes de Debussy pour finir sur la Méphisto-Valse de Liszt.

Je dois ajouter qu'à l'origine je devais également jouer la Toccata de Tito Aprea, mon maître italien d'avant-guerre qui m'avait fait jouer à l'âge de 12 ans à la Case Dante de Tunis dont il était le directeur.

Mais nous étions début 1944, l'Italie, toujours en guerre à côté des Allemands contre les Alliés, occupait encore Nice et une partie de la Provence. Madame Mast me convoqua pour me prier de ne pas jouer d'œuvre de compositeur mussolinien, Tito Aprea étant professeur au Conservatoire de Rome.

Je n'étais pas contente du tout, n'appréciant pas un tel chauvinisme mais j'ai dû m'incliner.

Malgré ce petit incident, Madame Mast tint parole et en avril me fit jouer lors d'un gala de bienfaisance organisé par la Régence. Mais elle me donna à peine trois jours pour me préparer à accompagner une célèbre danseuse, à l'époque, Marika de Rivera qui avait mis au point toute une série de danses exécutées sur de la belle musique pour piano seul. Le programme se composait de «Valses» de Chopin, d'œuvres de Debussy, de la «Pavane pour une Infante défunte» de Ravel, et la «Rhapsody in Blue» de George Gershwin. Pendant les changements de costumes, qui étaient superbes, j'occupais le temps avec des solos tels la «Bourrée Fantasque» de Chabrier et la «Toccata» de Ravel."

Ce spectacle remporte le plus vif succès et Micheline devient pour les mois de juillet et août 1944, la partenaire à plein temps de Marika, donnant près de vingt représentations en Algérie et au Maroc. De nombreux militaires français, anglais et américains contribuent à remplir les salles avec l'enthousiasme que la libération en cours de la France communiquait.

Le spectacle se termine par un tableau où Marika apparait en héroïne de la Résistance, habillée d'un costume tricolore tandis que Micheline joue une vibrante Marseillaise que toute la salle debout, reprend en chœur.

La tournée se termine le 25 août 1944 à Casablanca, le jour de la libération de Paris dans la folle ambiance que l'on peut imaginer. Non seulement ce voyage fait découvrir à Micheline le reste de l'Afrique du Nord, car jusqu'alors elle ne connaissait que la Tunisie, mais elle lui donne un avant-goût de ce qu'allait être sa vie d'artiste itinérante. Ainsi ses rêves d'enfant sont sur le point de se réaliser.

Il faut ajouter que lors de ce déplacement, elle ne cesse de rencontrer des amis de Tunis maintenant sous les drapeaux dans l'attente de partir combattre en France, dont son frère Roland, engagé dans l'Armée de l'Air.

La presse locale ne manque pas d'applaudir les deux jeunes artistes. Un passage de la critique de la Vigie Marocaine du 19 juillet 1944 est typique de ce qu'écriront beaucoup d'autres journaux :

"Marika de Rivera et la concertiste Micheline Ostermeyer.

Un bon spectacle d'art.

Madame Marika de Rivera a un pur visage, un corps élégant dont elle sait mettre en valeur toutes les harmonies, des bras souples, des mains délicates. Ses danses sont expressives. Elles relèvent de l'esthétique dont Isadora Duncan fut l'initiatrice. C'est de la diction chorégraphique.

En jeune Roi Soleil, en héroïne à la Watteau des Fêtes Galantes, en blanche valseuse romantique, en Parisienne de 1900, puis dans la deuxième partie, en Infante parée d'une robe à paniers comme en peignait Velasquez, en France affligée puis renaissante, Marika de Rivera fut justement applaudie.

Le public qui s'est montré connaisseur, a réservé des marques de vive satisfaction à Mademoiselle Micheline Ostermeyer. Sur un piano un peu lointain durant les danses, puis en virtuose concertante pendant les intermèdes, elle nous a fait goûter un talent sûr, brillant et personnel."

10 - Retour à Paris

Le débarquement allié en Normandie du 6 juin 1944 et les combats qui vont durer jusqu'à la prise de Paris le 25 août sont suivis avec passion par les Français de Tunisie, ayant de la famille en France et dont ils sont sans nouvelles. Ceci est particulièrement vrai pour les Ostermeyer, mais bientôt ils apprennent avec soulagement que tous leurs parents immédiats sont sortis indemnes de la tourmente. Micheline ne rêve que de reprendre ses cours au Conservatoire de Paris avec son maître Lazare Lévy. Des amis envoyés aux renseignements rue de Madrid la rassurent sur le sort de ce dernier dont la classe doit reprendre d'ici peu. Le secrétariat de l'école confirme à Michcline qu'elle a été mise en congé pour cause de guerre depuis 1939 et qu'elle est autorisée à réintégrer ses cours dès qu'elle le pourra. On lui conseille de reprendre sa chambre au Foyer des Jeunes Filles Chrétiennes, l'institution qu'elle avait déjà fréquentée avant guerre où les élèves musiciennes ont le droit et la possibilité de pratiquer leur instrument. Située rue de Naples, ses locaux sont à quelques minutes à pied du Conservatoire, proximité indispensable en ces temps de restrictions où les transports en commun ne fonctionnent que quelques heures par jour.

Micheline arrive à Paris début mars 1945 après un long voyage qui lui montre une France bien triste, avec fort peu de chauffage et de lumière, et aux magasins vides. C'est avec émotion qu'elle attend cette première classe avec Lazare dont elle a gardé un tel souvenir de ses années d'avant-guerre. Il avait cinquante-sept ans lorsqu'elle l'avait quitté en 1939 ; il n'a que soixante-trois ans aujourd'hui, mais l'aurait-elle reconnu dans la rue ?

Ses cheveux sont tout blancs, il marche lentement, lui qui autrefois donnait l'impression de toujours courir ; son œil vif et rieur semble regarder ailleurs.

Il s'anime en reconnaissant "sa grande élève" comme il n'a cessé de l'appeler. Il l'installe tout de suite au piano et constate avec plaisir qu'elle a fait d'immenses progrès pendant ces cinq années qu'il lui fait raconter. En la présentant à la classe, il s'écrit : "Mes enfants, nous avons enfin une pianiste parmi nous !". C'est gentil pour Micheline mais un peu moins pour les camarades. Il faut dire que Micheline a maintenant vingt-deux ans, soit deux à trois ans de plus que la moyenne des autres élèves et que ses nombreux concerts et auditions à la radio de Tunis lui ont donné une véritable expérience professionnelle, ce que Lazare Lévy n'a pas manqué de remarquer.

Elle apprend bientôt ce qui est arrivé à son maître pendant les années de l'occupation. Frappé de plein fouet par les lois antijuives de Vichy, Lazare Levy s'est réfugié en zone libre avec son épouse à Villeneuve-sur-Lot. Il y vivotera en donnant des leçons de piano et en composant. Son fils aîné Léon, né en 1906, marié et père d'un enfant, rejoindra le maquis du Vercors où il échappera aux tueries qui mirent fin à ce soulèvement. Son deuxième fils Philippe, étudiant en médecine à la déclaration de guerre, sera mobilisé comme brancardier. Démobilisé en 1940, il entrera dans le réseau de renseignement et de résistance "Combat" où il remplira d'importantes et dangereuses fonctions dans la région de Lyon.

Travaillant ensuite dans la plus totale clandestinité à Paris à l'impression et la diffusion du journal "Combat", il sera arrêté en janvier 1944 après la dénonciation de son groupe par un traître français infiltré par la Gestapo. Torturé à Drancy par le sadique commandant S.S. Brunner, il quitta le vendredi 13 avril l'horreur de ses caves pour Auschwitz-Birkenau. Il est probable qu'à son arrivée il fut conduit directement de son wagon aux chambres à gaz.

Lorsque Micheline retrouve Lazare Lévy en mars 1945, ce dernier sait que son fils a été arrêté et il vit à la fois dans une immense inquiétude mais aussi avec un tout petit espoir de le voir un jour revenir vivant. Lors du retour des déportés à partir de mai et juin 1945, après la libération des camps et la reddition de l'Allemagne, il apprendra les circonstances atroces de son arrestation. Il témoignera d'un profond courage en continuant ses cours rue de Madrid puis en sillonnant le monde donnant des concerts, particulièrement au Japon.

Chapitre 4 - Sources

Henri Charpentier - Médaillés Olympiques Français - Robert Laffont 1992

Œuvre collective dédiée à Antoine Olivieri 1900-1981 - Editions SEDA Février 1992

Chronique de la France et des Français - Larousse 1987

Entretiens avec Mesdames Colette Lurcel, belle-fille de Lazare Lévy et Myriam David, sa nièce qui fut déportée en même temps que son fils Philippe.

CHAPITRE 5

Championne de France de lancer de poids et Premier Prix de Piano

1945-1946

1 - Entraînement au Stade des Vallées à Saint Mandé
2 - Championne de France du poids au "Bordeaux Etudiant Club" (BEC)
3 - "Paris Université Club" (PUC) et Sébastien Charléty
4 - Du "rouleau californien" au "rouleau ventral"
5 - Premier Prix de Piano du Conservatoire de Paris : Juillet 1946
6 - Championnat d'Europe d'Athlétisme à Oslo - Août 1946
7 - Micheline et ses lunettes
8 - Le Poids des Femmes
9 - Premier récital à Paris - Décembre 1946

1 - Entraînement au Stade des Vallées à Saint Mandé

En mars 1945, Micheline a donc quitté à nouveau sa famille pour Paris et le Conservatoire de la rue de Madrid. Sur les conseils de son entraîneur Antoine Olivieri, elle rend visite à la Fédération Française d'Athlétisme 32 boulevard Haussmann. Elle y rencontre René Mourlon, directeur technique, ancien champion de France du 100 et 200 mètres ainsi que Roger Debaye, entraîneur national. Ces messieurs la reçoivent dans un bureau assez pauvret en haut d'un escalier qu'elle monte à pied, l'ascenseur, comme beaucoup d'autres dans ce Paris d'après-guerre étant en panne par manque de pièces détachées.

Elle se présente comme étudiante pianiste en classe supérieure du Conservatoire National de Musique de Paris. Elle cite ses performances à Tunis, à commencer par le lancer de poids où elle a battu le record de France, ce qu'ils ignoraient. Elle énumère ensuite ses résultats en saut en hauteur, égalant les meilleures performances nationales. Mourlon et Debaye sont très étonnés de rencontrer une musicienne possédant un tel palmarès, une vraie première lui confient-ils. Mais ce qui les étonne encore plus, ce sont les niveaux atteints à la fois en poids et le saut, deux spécialités généralement contradictoires, les lanceuses devant être solidement charpentées tandis que les sauteuses sont plutôt longilignes. Devant les sourires sceptiques qu'elle voit se dessiner sur les visages de ses interlocuteurs, elle ne leur parle pas de ses succès en sprint court sur 60 mètres.

Ce qui est indéniable, c'est le physique de Micheline, son 1,79 mètre et sa connaissance du monde athlétique, ainsi que la rareté des candidates à cette époque. Aussi Roger Debaye décide sur le champ d'accepter Micheline dans son équipe ; il la convoque quelques jours plus tard pour une première séance d'entraînement en saut et poids au Stade des Vallées à Saint-Mandé.

En partant, Micheline regrette de n'avoir pas plus insisté sur ses performances au sprint de 60 mètres, à l'époque son activité favorite. Elle aime par dessus tout la compétition directe avec des concurrents et connaître "les joies de la victoire, l'ivresse d'un centimètre gagné ou d'un dixième de seconde ", comme l'écrira plus tard Edgard Pisani. Outre l'effort solitaire que représente le lancer ou le saut, elle adore lutter à plusieurs et gagner, côte à côte, l'œil à la fois rivé sur la ligne d'arrivée et sur la fille la plus proche. Mais la Fédération Française d'Athlétisme (la F.F.A.) a ses règles et n'aime pas voir les sportifs trop se disperser. Voilà Micheline classée parmi les adeptes des sports de concours tels le lancer et le saut.

Adieu les sprints, mais l'avenir prouvera que c'est une sage décision, le 60 mètres devant être bientôt supprimé, (sauf en stade couvert).

A partir d'avril 1945, Micheline prend le métro deux fois par semaine pour se rendre au stade des Vallées, station Saint-Mandé Tourelles.

C'est un petit terrain de sport composé d'une maigre pelouse entourée d'une piste en mâchefer comprenant quelques aires de lancements et de saut. Une grande baraque abrite vestiaires et réserve de matériel. Il n'y a pas de gradins. C'est encore le temps des grandes restrictions : aucun chauffage ni eau chaude dans les douches éclairées par de faibles ampoules de quarante watts. Le tout sera démoli dans les années soixante pour faire place au périphérique.

Ah ! que Micheline regrette la douceur de sa Tunisie, son bon soleil et sa bicyclette, tous deux remplacés par un ciel gris et pluvieux et un vieux et bruyant métro.

Heureusement, elle n'est pas la seule fille courageuse à venir s'entraîner, les jambes vite couvertes de poussière noire.

Elle y rencontre Renée Maury avec qui elle demeure liée. Elles s'encouragent, se soutiennent dans cet environnement déprimant. Renée n'a d'autre passion que le sport. Elle deviendra professeur d'éducation physique, officielle de la F.F.A. et dirigera avec succès de nombreuses équipes d'athlètes féminines, ce qui ne l'empêchera pas, chaque fois qu'elle le peut, d'assister aux concerts parisiens de Micheline. Elle sera présente aux Jeux Olympiques de Londres, l'été 1948.

Quant à Roger Debaye (aujourd'hui disparu), c'est un bon entraîneur qui sait donner confiance. Exigeant, certes, mais toujours avec une pointe d'humour. Il fera une belle carrière de journaliste sportif au "**Parisien Libéré**" (qui s'appellera par la suite le "**Parisien**"). Ses spécialités sont l'athlétisme puis le ski, sur lesquels il écrira plusieurs livres.

Debaye ouvre la séance d'entraînement en faisant trottiner "ses filles", comme il les appelait, cinq à dix minutes sur la piste, suivi de mouvements de gymnastique. Ces mouvements, Micheline doit les pratiquer tous les jours dans sa chambre, seule. L'étroitesse du lieu encombré par le piano à queue de sa tante Yane ne lui permet pas de grands gestes. Micheline n'a jamais apprécié ces séances d'échauffement dans ce triste stade des Vallées. A Tunis, son entraîneur Olivieri les remplaçait par le basket que son élève pratiquait à outrance. Les choses sérieuses commencent par le lancer du poids, une boule de fonte de quatre kilos (sept kilos deux cent cinquante pour les hommes). Il faut jongler avec, l'envoyant d'une main à l'autre, le buste droit, la recevant bien au milieu de la paume. Micheline fait particulièrement attention de ne pas s'abîmer les doigts qui, dans quelques heures, vont courir le long de son clavier. Plus tard, elle s'entraînera avec de lourds punching-balls, mais il n'y en a pas encore en 1945.

On s'exerce aussi à lancer la fonte le plus haut possible de la main droite, la laissant retomber sur la terre. Puis les filles se mettant face à face, jambes écartées, dos plié, elles s'expédient le poids des deux mains avec un grand balancement du corps, répétant le mouvement une vingtaine de fois.

2 - Championne du poids au Bordeaux Etudiant Club

Debaye est suffisamment satisfait des progrès de Micheline pour l'inscrire aux épreuves de sélection qui vont la mener à son premier championnat de France d'athlétisme en juillet 1945 à Bordeaux dans le stade du B.E.C., le Bordeaux Etudiant Club.

Ce club sera bientôt dirigé par une grande figure de l'Olympisme français, Nelson Paillou.

Pour l'occasion, Antoine Olivieri est venu de Tunis encourager Micheline ; il assiste aux compétitions en tant que chronométreur. Le voyage se passe en train, Micheline et Antoine partagent un compartiment avec quatre entraîneurs au milieu d'une joyeuse et franche gaieté qui laisse peu de place au sommeil. Après un rapide détour par l'hôtel pour se changer, tout le monde se retrouve sur le stade. On commence par le saut en hauteur et en attendant son tour, Micheline somnole au soleil pour rattraper les heures de repos perdues.

Elle a demandé qu'on l'avertisse quand la barre sera placée à 1,40 mètre, hauteur qu'elle franchit facilement.

Une meute de photographes l'entoure dans l'espoir de la voir sauter au-dessus de 1,45 mètre, la rumeur laissant entendre que Micheline Ostermeyer va tenter de battre le record de France, alors d'1,58 mètre.

Son premier essai n'est pas bon et elle fait tomber la barre posée à 1,45 mètre. Alourdie par son manque de sommeil, ses foulées ont été longues et elle arrive trop près de la barre lors de l'impulsion, la technique employée étant celle du rouleau californien.

Un juge, malgré l'interdiction formelle de parler aux participants, lui souffle : "Recule ta marque". Par ces mots, il lui conseille de partir d'un peu plus loin. Malgré tout, Micheline rate son deuxième, puis son troisième et dernier essai. Et c'est profondément déçue qu'elle regagne l'aire de repos.

Puis c'est l'épreuve du lancer. Son entraîneur Roger Debaye qui voit qu'elle manque de nerf, la secoue de la voix et du geste. Micheline, dans un sursaut d'orgueil, réussit au cinquième essai un superbe jet de 11,49 mètres. La voilà Championne de France du poids féminin ! Et en même temps, elle a battu son record de France qui était de 11,45 mètres. Cette fois-ci les journalistes ne sont pas venus pour rien.

Les éclairs de magnésium fusent (les flashes électriques n'existent pas encore), les interviews se multiplient et tous les officiels, dont un certain chronométreur venu de Tunis, la félicitent et l'embrassent.

La fin de l'année voit Micheline en famille à Tunis. Puis, elle est demandée pour un concert à Alger et un autre à Casa, deux villes où elle s'est fait connaître depuis sa tournée avec Marika de Rivera.

3 - "Paris Université Club" (P.U.C.) et Sébastien Charléty

Au printemps 1946, Debaye fait entrer Micheline au P.U.C., le Paris Université Club. Et voilà Micheline "puciste" pour un an.

Le P.U.C. est le plus extraordinaire des clubs sportifs français dont l'histoire est un véritable roman. Il a été fondé vers 1906 par les étudiants de l'Université de Paris. Jusqu'alors chacune des facultés, Médecine, Pharmacie, Droit, etc., avait sa propre organisation mais l'union faisant la force, elles décident de s'unir sous une bannière unique, celle du P.U.C.. Pas question à l'époque d'avoir son propre stade les rencontres ayant lieu sur un terrain de manœuvre à Vincennes, à Saint-Gratien, ou à la Croix de Berny. Le P.U.C. compte mille membres en 1914. Deux cents seront tués pendant la guerre dont Alain-Fournier et Charles Péguy. Mais l'idée d'un Parc des Sports pour étudiants renaît bientôt. Appelé "Stade Jean Petitjean", le nom de son Président et animateur, il est inauguré en mai 1932 pour les Premiers Jeux Mondiaux Universitaires.

Situées dans le douzième arrondissement, près de la Porte Dorée, les installations permettent d'y pratiquer toutes les spécialités de l'athlétisme sous les yeux de quinze mille spectateurs. Elles se trouvent à l'emplacement des anciennes fortifications. Bientôt des milliers d'étudiants sportifs de Paris vont les utiliser journellement dans une ambiance de gaieté et de fraternité qui resteront, à ce jour, les caractéristiques du P.U.C. Une fois puciste, on le reste pour la vie et cet esprit permettra au Club de surmonter les énormes problèmes financiers et administratifs qu'il verra se dresser continuellement sur son chemin. Très grave sera la décision gouvernementale de créer pour 1931 la célèbre

Exposition Coloniale dans le Bois de Vincennes, sur le terrain même du P.U.C. Malgré les promesses de relogement, il faudra attendre 1938 pour voir poser la première pierre d'un nouveau stade Porte de Gentilly, bordant le boulevard Kellermann, près de la Cité Universitaire.

Ce n'est qu'en septembre 1957, avec les Jeux Mondiaux Universitaires, que le stade du P.U.C. sera définitivement ouvert au public et surtout à ses membres. Il aura reçu le nom du Recteur de l'Université de Paris qui se sera dépensé sans compter pour le voir sortir enfin de terre, le savoyard Sébastien Charléty né à Chambéry en 1867, mort en 1945.

Le stade est loin d'être luxueux : les vestiaires sont installés dans des abris en bois, le club-house ressemble à une baraque de chantier, le terrain de football se transforme en fondrière après chaque averse, les pistes de course ne seront jamais stabilisées, l'éclairage employé pour les fréquentes nocturnes tient du miracle, et les tribunes, même celle baptisée d'honneur, ne sont protégées ni de la pluie, ni du soleil. Mais tous les pucistes adorent leur stade, éternel lieu de rencontre entre copains aussi bien que théâtre de nombreux exploits sportifs et "mondains".

Le stade Charléty fera son entrée dans l'histoire le 27 mai 1968 lorsqu'il accueillera 50.000 personnes pour une des dernières grandes manifestations du turbulent mois de Mai 1968.[1]

---

1. Construit de bric et de broc avec des matériaux mal adaptés, Charléty vieillit mal. La Ville de Paris en est consciente et, sous l'impulsion, de son maire Jacques Chirac, accepte de prendre en charge son remplacement par un stade vraiment moderne de 20.000 places. Le PUC obtient que le nouveau stade garde son nom et qu'il puisse partager l'usage de ses installations. Une superbe fête dans le style "cirque romain", bien dans l'esprit puciste, sera la dernière manifestation organisée sur l'ancienne pelouse. 1994 verra enfin l'inauguration du nouveau Charléty, un stade à la hauteur de la Ville de Paris, en même temps que la toute voisine Maison du Sport Français.

Le baptême de l'avenue qui la borde et porte le nom du fondateur de l'olympisme moderne, Pierre de Coubertin, a lieu la même année.

4 - Du "rouleau californien" au "rouleau ventral"

C'est en saut en hauteur que Micheline doit faire le plus de progrès et Debaye va s'y consacrer. La technique de cette discipline est en constante modification.

En 1946, grâce au "rouleau californien", Micheline est une des deux meilleures Françaises et quatrième mondiale pour l'année 1946.

Le changement de règlement autorisant le passage de la tête avant le corps a rendu possible ces nouvelles performances ainsi que les très épais coussins en caoutchouc utilisés à la réception. Micheline, particulièrement, avait toujours peur de se fracturer un poignet, lorsqu'elle se laissait retomber sur du sable.

Micheline pense en 1950 à remplacer le rouleau californien par le rouleau ventral qui s'avère plus efficace. Avec cette nouvelle technique, on ne se reçoit plus sur la jambe d'appel qui avait déjà fait un gros effort pour élever tout le corps au moment du saut. D'autant plus que Micheline commence à souffrir d'une douleur au genou et doit sérieusement économiser ses forces.

5 - Premier Prix de Piano du Conservatoire de Paris : Juillet 1946

L'année 1946 est pour Micheline l'année de tous les concours, athlétiques et pianistiques. Début juillet, elle se présente à l'examen qui va clore ses années d'étude au Conservatoire de Musique de Paris si elle obtient le Premier Prix de Piano.

Les auditions ont lieu dans la jolie salle de concerts de l'Ancien Conservatoire aux tentures pourpres et aux boiseries dorées.

L'acoustique est excellente et en plus elle dispose d'un premier balcon avec loges, où aime à s'installer le jury constitué de douze musiciens choisis en dehors du corps des professeurs du Conservatoire mais sous la présidence du directeur Claude Delvincourt. Les femmes ont un programme différent des hommes et elles ne jouent pas la même semaine. Ce règlement défavorise Micheline qui excelle dans les morceaux "robustes" réservés plutôt à ses camarades masculins. Il faudra attendre quelques années pour que cette séparation des sexes, là comme ailleurs, soit abolie.

Les huit cents sièges que contient la salle sont pris d'assaut par les familles et les amis, sur présentation d'un billet difficilement obtenu.

Sans délaisser son entraînement à Charléty deux fois par semaine, la préparation de ce célèbre concours va occuper Micheline tout au long du printemps 1946 sous la direction de son cher maître Lazare Lévy. Ce dernier lui a conseillé de travailler aussi avec la pianiste Lélia Gousseau que Micheline avait souvent rencontrée à Tunis lorsque cette dernière y était en tournée.

Le concours se compose de deux œuvres sélectionnées par le jury communiquées aux candidats par affichage trois semaines auparavant. Il s'agit du premier mouvement de la Sonate Appassionata de Ludwig van Beethoven (1770-1827) et de la 23ème Etude de Chopin (1810-1849).

Chaque morceau de quatre à cinq minutes est joué entièrement par chaque élève. Une épreuve de lecture à vue de deux pages manuscrites d'un auteur contemporain complète le programme. L'ordre de passage est tiré au sort et Micheline doit se présenter le troisième jour, un jeudi, à neuf heures du matin.

Odette, la mère de Micheline, est venue spécialement de Tunis et c'est son premier séjour à Paris depuis la fin de la guerre. Sa présence est d'un grand réconfort pour Micheline qui, d'autre part est très satisfaite du programme. La sonate de Beethoven convient bien à son tempérament fougueux.

Certaines œuvres de Beethoven pour piano seul rappellent ses grandes symphonies d'orchestre qui ont fait sa réputation mondiale ; de fait, ce sont de véritables réductions d'orchestre tant est puissant le souffle qui les anime.

Au contraire, Chopin a peu écrit pour orchestre afin de se consacrer au piano. Assez proche de certaines "polonaises" et de sa 12ème Etude où Chopin lance une sorte d'appel à la révolte, sa 23ème Etude exprime la souffrance du peuple polonais face à l'occupation russe. Techniquement, cette étude est écrite pour "électriser" les deux mains à la fois : la droite crée le tonnerre en descendant le long du clavier qu'elle remonte ensuite par vagues, tandis que la déclamation du thème par la main gauche entretient une atmosphère tendue et dramatique.

L'épreuve de lecture est un jeu d'enfant grâce aux heures d'entraînement conseillées par sa mère Odette et à l'abonnement de l'éditeur Max Eschig qui lui a permis de déchiffrer des centaines de pages de manuscrits inédits.

Micheline réussit parfaitement son parcours et a la grande joie de lire son nom parmi les lauréats titulaires du Premier Prix. Lazare Lévy n'avait-il pas écrit, deux mois auparavant sur son rapport de professeur en face du nom Ostermeyer : "Pianiste de premier ordre remarquable à tous points de vue".

Agée maintenant de vingt-trois ans et demi, Micheline Ostermeyer est enfin Premier Prix. Elle aurait pu l'être en 1940 mais la guerre lui a fait perdre cinq ans.

Elle souhaite désormais donner un grand récital à Paris. Il sera organisé pour la fin de l'année 1946 par le Bureau des Concerts Maurice Dandelot, un frère de Maurice ayant souvent rencontré Micheline sur les stades.

6 - Championnat d'Europe d'Athlétisme : Oslo août 1946

Mais avant de revenir à son piano, Micheline a des rendez-vous importants avec le monde sportif. Son diplôme en poche le jeudi 13 juillet 1946 à 23 heures, elle prend le train avec sa mère Odette pour Bordeaux dès le samedi 15 au matin où se déroulent à nouveau les championnats de France d'athlétisme. Les épreuves de sélection ont eu lieu trois semaines auparavant au cours des championnats de Paris au stade Jean Bouin. Le matin au piano, l'après-midi au stade, ce rythme endiablé ne l'a pas empêchée d'être sélectionnée dans deux disciplines : le poids et le saut.

Mais ce qui n'était pas prévu, c'est que les organisateurs à Bordeaux programment ces deux spécialités le même jour, à la même heure. A leur décharge, il faut dire que très rarement les mêmes athlètes pratiquent ces deux disciplines à la fois. Petite compensation : les aires de lancer et de saut sont l'une à côté de l'autre. Pendant deux heures, on voit une Micheline, déchaînée, après avoir lancé le poids courir sur l'aire de saut et vice-versa !!!

On comprend que dans ces conditions, elle gagne le poids mais perd le saut, à un essai près.

Grâce à ses performances de Bordeaux, Micheline obtient sa sélection aux premiers championnats d'Europe d'athlétisme d'après-guerre (il n'existe pas encore de compétition mondiale) qui vont se tenir à Oslo, Norvège, en août 1946.

L'équipe de France est forte de trente garçons et six filles.

En plus de Micheline, elle compte Anne-Marie Colchen, championne de saut en hauteur et quatre sprinteuses du 100 et 200 mètres.

Deux avions spéciaux emportent le groupe qui est agréablement logé dans un village type olympique, situé en pleine nature sur une colline boisée avec une superbe vue sur la baie d'Oslo qui rappelle à Micheline son cher Morbihan, en plus dégagée.

L'atmosphère est très joyeuse, en compagnie d'athlètes sympathiques plein de tonus tels René Valmy, le capitaine de l'équipe, champion des 100 et 200 mètres, Jacques Maloubier champion du 400 mètres haies, peintre de profession et chanteur à ses heures, sans oublier le sprinteur et mime amateur Agathon Lepève. La nourriture, style buffet nordique, est délicieuse. Lait frais à volonté, bifteck de baleine, petits pains de toutes formes et de toutes couleurs. Un magnifique voyage en bateau dans les fjords sera organisé à la fin des épreuves. De tous les déplacements de Micheline à l'étranger, Oslo est celui qui lui laisse le meilleur souvenir. On peut même dire que c'est grâce à Oslo que Micheline acceptera de participer à ce genre de déplacements qui l'amèneront aux journées de Londres et d'ailleurs.

Et pourtant, tout ne commence pas pour le mieux. Le saut en hauteur est la première épreuve, dès la fin de la cérémonie d'ouverture qui a lieu avec deux heures de retard. Micheline n'a pas réalisé que le jour tombe vite dans les pays du grand nord et elle n'a pris avec elle que ses lunettes de soleil, laissant ses verres ordinaires dans sa chambre. Et c'est à la tombée de la nuit, dans un stade mal éclairé, ses lunettes noires la rendant presqu'aveugle, qu'elle va tenter l'impossible ... pour échouer à 1,60 mètre.

Heureusement pour l'équipe de France, sa camarade Anne-Marie Colchen réussit, en s'y reprenant à trois fois, à passer 1,60 mètre, devenant championne d'Europe et recordwoman de France.

7 - Micheline et ses lunettes

On pourrait écrire un roman sur Micheline et ses lunettes. Vers sept ans, elle s'est aperçue qu'elle avait un problème de vue au deuxième balcon du Théâtre municipal de Tunis. Prenant le face-à-main de sa mère, elle constate une nette amélioration de sa vision. Une deuxième alerte survient en classe lors d'une composition de calcul qui demande une lecture au tableau d'une série de chiffres. Les lisant mal du fond de la classe, Micheline reçoit une mauvaise note alors qu'elle est habituellement dans les premières. La cause est entendue et rendez-vous pris chez l'oculiste qui détecte une véritable myopie due à une malformation du globe oculaire.

Désormais, il faut que Micheline porte toujours des lunettes. Pour le piano, elle doit corriger sa vision même pour lire une partition posée sur le pupitre, son insuffisance frisant la moitié de la normale.

Quant au sport, les lunettes sont obligatoires pour tout : saut, course, basket, poids, disque. Par coquetterie, Micheline les enlève, dès la compétition terminée, pendant les prises de photos.

Les photos d'elle en train de lancer sans lunettes, n'ont pas été prises pendant l'action mais posées pour les photographes.

L'emploi des lunettes est particulièrement hasardeux dans les matches de basket. Après quelques verres cassés, l'expérience lui a appris à les attacher avec un élastique afin qu'elles ne soient pas emportées par le geste d'une autre joueuse, quand ce n'est pas par le ballon lui-même.

8 - Le poids des femmes

Les épreuves du lancer de poids ont lieu le deuxième jour à Oslo, et cette fois en pleine lumière. Revenue de sa déconvenue de la veille, après une bonne nuit de sommeil et un repas composé d'un plat qu'elle découvre, le saumon fumé norvégien, gonflée à bloc par le souvenir tout proche de son Premier Prix de piano, Micheline se présente sur l'aire de lancer dans les meilleures conditions.

Plusieurs techniques peuvent être utilisées : soit un lancer comprenant un seul pas en avant, ou un lancer comprenant en plus du pas, une demi rotation. C'est la méthode employée par Micheline que lui a apprise Antoine Olivieri au club de l'Orientale à Tunis.

A Oslo, elle est médaille d'argent, battue par la Soviétique Sevriukova qui deviendra d'ailleurs recordwoman du monde en 1948, forte femme issue de la nouvelle école dont les méthodes feront appel au dopage.

Le voyage Oslo-Paris sera des plus mouvementés, un des deux moteurs tombant en panne au-dessus de l'Allemagne.

L'avion effectue un atterrissage d'urgence à Brême et les voyageurs passent la nuit à l'aéroport. Ils ont pu voir de loin la ville qui offre, un an après la fin de la guerre, une vision apocalyptique de quartiers entiers démolis par les bombes.

A l'arrivée au Bourget, la délégation française est accueillie par Madame Vienot, sous-secrétaire d'Etat aux sports qui invite tout le monde à déjeuner. Parmi les journalistes, Micheline reconnait Marie-Thérèse Eyquem qui publiera quelques années plus tard un magnifique livre chez Calmann-Lévy : "Pierre de Coubertin - L'Epopée Olympique".

Quant à son club, le PUC pour qui elle avait déjà battu le record de France du lancer de poids à Oslo, il lui offre un cadeau original. L'ayant entendue se plaindre des longues stations debout qu'elle subit dans les trains Paris-Marseille-Paris retour de Tunisie, c'est une solide valise en bois sur laquelle elle pourra s'asseoir qui l'attend.

C'est ensuite le retour au petit studio du Foyer de l'Union Chrétienne de Jeunes Filles, rue de Naples à deux minutes du Conservatoire de la rue de Madrid

Micheline a récupéré le Pleyel à queue de sa tante Yane sur lequel elle va préparer son premier grand récital à Paris, Salle de l'Ancien Conservatoire, en décembre 1946.

Au Foyer, elle rencontre une jeune fille qui, comme elle, vient de Tunis, Colette Zérah. Colette, de cinq ans plus jeune qu'elle, suit aussi les cours de Lazare Lévy depuis Novembre 1946. Leurs familles se connaissent bien, leurs mères étant toutes deux professeurs de piano et Tito Aprea a été son premier maître.

Colette connaîtra une brillante carrière de pianiste et de professeur. Elle épousera le compositeur Pierre Jansen dont elle jouera très souvent les œuvres. Elle restera pour Micheline la plus fidèle des amies.

9 - Premier récital à Paris : décembre 1946

Maurice Dandelot a réservé la salle de l'Ancien Conservatoire pour le samedi 7 décembre 1946 à 21 heures.

La publicité signale que ce premier récital parisien sera présidé par Madame Vienot, Sous-secrétaire d'Etat à la Jeunesse et aux Sports.

Certains dirigeants de la Fédération Française d'Athlétisme murmureront qu'en invitant Madame Vienot, Micheline se sert de son statut de sportive à des buts commerciaux, portant ainsi atteinte à son statut d'amateur !!.

Autre signe des temps : il est également mentionné que la salle est chauffée ! Il ne faut pas oublier que deux ans après la Libération, la France vit sous un sévère système de rationnement en tous genres : électricité, charbon, nourriture, vêtements, essence, matériaux de construction, etc..

Le premier souci de Micheline est de choisir son programme.

Problème toujours difficile où les goûts personnels de la musicienne doivent tenir compte de son état de préparation, du temps accordé, des engouements du public et des conseils de son professeur.

Mais en dernier ressort, c'est l'artiste qui doit en décider ; c'est ce qu'elle préfère qu'elle jouera le mieux, et ce qu'elle joue le mieux, c'est ce qui plaira le plus aux auditeurs.

Ce choix établi, il faut déterminer l'ordre de présentation.

Le premier morceau sera la "Toccata pour orgue en ut majeur" de Bach, transcrite pour piano par Busoni. Les pianistes aiment souvent commencer par du Bach. Sa sérénité, son équilibre, sa vie jaillissante mettent l'artiste en confiance et en joie.

Suit "Thème et Variations" de Gabriel Fauré. Il faut voir ici un clin d'œil de Micheline à sa mère Odette dont c'était le compositeur favori et à son grand-père Lucien Laroche, camarade de classe de Fauré à l'Ecole de Musique Niedermeyer à Paris, dans les années 1870. C'est d'autant plus méritoire de la part de Micheline que Fauré est passé de mode dans ces années d'immédiate après-guerre. Le petit monde musical, né vers 1920 et qui fait la pluie et le beau temps dans l'opinion publique, considère Fauré comme un compositeur plein de charme, certes, mais en dehors des grands mouvements novateurs de notre siècle. Comparé à des artistes comme Stockhausen ou Boulez, son image est bien pâlotte. Et comme, par dessus le marché, il faut se donner beaucoup de mal pour bien le jouer, certains sont trop contents de le rayer de leur répertoire aussi bien à l'étranger qu'en France où il n'est plus défendu que par quelques professeurs de conservatoire férus du "génie français". Parmi les grands exécutants, on ne peut plus citer que le chanteur Gérard Souzay et le chef Charles Munch pour l'imposer encore sur leur programme. A ces deux noms prestigieux, Micheline peut être fière d'avoir su ajouter le sien.

Et voilà qu'à l'occasion du centième anniversaire de la naissance de Fauré (12 mai 1845 à Pamiers, Ariège), on le redécouvre par la voix et les doigts des plus grandes vedettes mondiales tel le pianiste Horowitz.

Les "Trois Préludes" de Debussy, intercalés entre les deux pièces de Fauré, apportent un brin de fantaisie et de gaieté, le 6ème Nocturne de Fauré qui suit étant une œuvre particulièrement dense et épurée.

"La Bourrée Fantasque" de Chabrier annonce l'entr'acte qui sera suivi de la pièce maîtresse du récital : la grandiose "Sonate en si mineur" de Franz Liszt, dédiée à Robert Schumann. C'est un triomphe et Micheline l'inscrira désormais à de nombreux concerts. Le thème fulgurant, éclate dès les premières notes et happe le public par sa violence. Il est suivi par un déferlement haletant sur un rythme heurté : la main droite martèle le thème tandis que la gauche saute des basses vers le milieu du clavier, les doigts arrachant les touches dans un tourbillon frénétique. Puis, les deux mains remontent progressivement le long du piano et s'épanouissent en jouant enfin ensemble le grand thème initial en une suite d'octaves crépitantes. Pendant vingt-cinq minutes, l'assistance est ballottée entre une tempête de notes et de grandes phrases lyriques au milieu desquelles surgissent des myriades d'étincelles musicales.

Deux bis clôtureront ce beau concert : Le "Clair de Lune" de Debussy et "La Danse du Feu" de Manuel de Falla, dont les dernières notes sont couvertes par un tonnerre d'applaudissements.

Un petit incident a marqué le début du concert : au moment où Micheline s'est levée dans sa grande et belle robe rouge sombre après avoir joué le Bach-Busoni, un spectateur a crié "La chaise grince !". Ce dont Micheline, toute emportée par sa musique ne s'était pas aperçue. Un appariteur s'est empressé de la lui changer.

Lazare Lévy est l'un des premiers à féliciter "sa grande élève" suivi par tante Yane, représentant la famille restée à Tunis.

La presse parisienne aura un thème de critique tout trouvé en comparant les qualités sportives avec les qualités musicales de "l'étoile de l'athlétisme français" (et l'on est encore à deux ans de ses médailles d'or olympiques).

Un article signé Y.L. le résume bien :

"*Si les qualités sportives de Mademoiselle Micheline Ostermeyer lui permettent d'attaquer ses "forte" avec une grande puissance, elle sait atteindre à une légèreté et une douceur infinies dans les pianissimo. Son interprétation de Fauré (Thème et variations et 6ème nocturne en ré bémol) et de Debussy (trois préludes) fut excellente - venant après la "Toccata" de Bach-Busoni où l'on sentait encore l'élève... Sachons gré à cette jeune artiste d'avoir fort opportunément ajouté à son programme la "Danse du Feu" de Manuel de Falla. Elle y a trouvé la maîtrise qui lui valut en juillet dernier son premier prix du Conservatoire.*"

Un autre journaliste ajoute :

"*Ce n'était pas sans inquiétude tant pour le piano que pour nos oreilles, que l'on s'était rendu à ce concert : on s'attendait même à voir la salle remplie de sportifs enthousiastes. Micheline Ostermeyer n'est-elle pas championne de lancement de poids et de saut en hauteur ? Il n'en fut rien, fort heureusement, car nous assistâmes à des traductions équilibrées, certes, mais d'une qualité exceptionnelle. Loin d'être violentés, Debussy et Fauré furent l'objet de soins attentifs et même délicats.*

Auparavant, notre sportive virtuose avait affirmé l'ampleur de ses conceptions dans la noble "Toccata en ut majeur" de Bach.

Réjouissons-nous de voir réalisée, grâce à une belle jeune fille aussi modeste qu'ardente, cette idéale fusion, que nous n'avons cessé de préconiser, entre l'art et le sport.

Chapitre 5 - Sources

Archives sur le Stade des Vallées : Mairie de Saint-Mandé

Comprendre l'Athlétisme : Jean-Louis Hubiche, Michel Pradet, édition INSEP 1993.

Archives du Conservatoire National de Musique : Archives Nationales au CARAN, dossier AJ 37.

Charléty, La mémoire d'un stade : Claude-Louis Gallien, éditions Revue E.P.S., 1994, Editeur Jean Vivés

Revue de presse de l'époque collectionnée par Henri Ostermeyer

Entretiens avec Renée Maury, janvier 1995

CHAPITRE 6

Années du meilleur et du pire

1947-1948

1 - Son piano seul gagne-pain
2 - Récitals à Paris, Province et Tunis
3 - Découverte du Disque
4 - L'été infernal
5 - Le Concours de Genève
6 - Sauvée par Tunis
7 - L'Approche des Jeux de Londres
8 - Double Championne Olympique
9 - Concert en Sorbonne
10 - Triomphe à Constantine

1 - Son piano seul gagne-pain

Micheline Ostermeyer va vivre les années 1947 et 1948 dans un fantastique tourbillon où se mêlent prouesses sportives (culminant avec ses médailles d'or aux Jeux Olympiques de Londres) et tournées pianistiques en France et à l'étranger. Agée de vingt-quatre ans, elle est au sommet de sa forme, aussi bien artistique que physique. Voyageant constamment de Paris à Londres, d'Alger à Genève, de Constantine à Rabat, de France en Tunisie où réside sa famille, elle traverse la Méditerranée plus de vingt fois, et le plus souvent en bateau, les billets d'avion étant encore difficiles à obtenir. De plus, souffrant du mal de mer au moindre mauvais temps, c'est couchée sur une chaise longue sur le pont qu'elle passe les trente-six heures du voyage.

Malgré cette activité effrénée, sa situation matérielle n'est pas florissante. Son père ne retrouvera jamais sa belle situation d'avant-guerre aux Potasses d'Alsace. La diminution de ses revenus ne lui permet plus d'aider sa fille comme il le voudrait et surtout elle empêche sa femme Odette de l'accompagner. Même le voyage Tunis-Wembley pour assister aux Jeux sera considéré comme trop onéreux.

Micheline doit se battre seule pour organiser ses tournées de concert, son unique source de revenus. Il peut sembler étrange aujourd'hui que les impresarios de l'époque ne se soient pas précipités pour la prendre sous contrat : son talent de pianiste appuyé par son Premier Prix de Paris est reconnu de tous et ses succès sur les stades auraient dû la faire connaître d'un très vaste public à travers le monde. Mais la situation des années 1946-1948 est très différente de celle d'aujourd'hui. Les ravages causés par la Deuxième Guerre Mondiale sont loin d'être effacés, et la priorité de chacun est de se nourrir, se loger et de s'habiller.

La télévision est encore balbutiante et c'est elle qui, dans les années à venir, fera des athlètes de véritables vedettes.

Enfin, le sport féminin n'a pas encore gagné l'estime dans laquelle il est tenu maintenant. De son côté, Micheline n'imagine pas que la gloire gagnée sur les stades puisse l'aider à remplir ses salles de concert. Pour elle le sport est un merveilleux dérivatif mais son métier est et devra toujours rester le piano.

A l'extrême plaisir qu'elle ressent chaque fois qu'elle pénètre sur un terrain de compétition pour lancer, courir ou sauter, l'idée qu'elle pourrait en être rémunérée la choque profondément. Elle n'oubliera jamais la proposition qu'on lui fit un jour, après une de ses victoires, de donner le nom d'Ostermeyer à une marque de chaussures à pointe !

"Mais, c'est totalement impossible" s'exclama-t-elle. *"Vous voulez que je brade mon identité, ma personne même, en permettant à des milliers de personnes de marcher sur mon nom, mon symbole qui serait ainsi souillé dans la boue. Mon nom est unique, je dois le garder propre et pour moi seule".*

2 - Récitals à Paris, Province, Tunis

Après le succès de son récital parisien du 7 décembre 1946, Micheline reçoit de nombreuses invitations pour venir jouer en France et à l'étranger. Elle passe des matinées entières à répondre, découvrant du même coup le monde du spectacle qui n'a pas encore pris le nom de show-biz. Hélas ! les écoles de musique n'apprenaient pas à leurs élèves comment rédiger ce genre de correspondance. Le font-elles aujourd'hui ?

Le bon sens inné de Micheline lui fait vite comprendre qu'il n'est pas bon d'être payé au pourcentage plutôt qu'au fixe, et que les frais de publicité, location de salle, etc, incombent à l'organisateur et non à l'artiste.

D'instinct, elle donne priorité aux relations de sa famille et c'est pourquoi son premier déplacement fin décembre 1946 sera pour Saumur. Fils d'une violoniste amie de sa mère Odette, le compositeur et capitaine de cavalerie Henri Dillon sera responsable de la vie musicale dans cette capitale de l'équitation française, (avant d'être tué en Indochine). La salle est pleine, le piano bon et l'intendance a suivi.

Naturellement, Tunis la réclame et elle y donnera son premier concert avec orchestre. En raison des pénuries, le programme doit être décidé en fonction des partitions en stock. Micheline choisit le Concerto de Grieg et Rhapsody in Blue de George Gershwin. Elle fera un "tabac" avec cette œuvre moderne où l'on distingue de nombreuses harmonies de l'école de jazz de la Nouvelle Orléans. Micheline mettra par la suite à son répertoire la version pour piano seul que Gershwin a lui-même composée.

L'orchestre qui l'accompagne est dirigé par Louis Gava qui eut Micheline comme élève lorsqu'il était directeur du Conservatoire de la Ville, et leur entente est parfaite.

Le huit mars 1947, à la demande générale, Micheline donne dans la même salle du Théâtre Municipal qu'elle connaît si bien, un récital avec la plupart de ses succès de Paris.

La famille Ostermeyer occupe la grande loge de face. On y trouve son père Henri, un peu vieilli par les épreuves des cinq dernières années et son frère Roland, un beau jeune homme de vingt ans, au physique bien forci par ses années passées dans l'armée où il s'est engagé à l'âge de dix-sept ans ; il est maintenant stagiaire dans un atelier d'architecture.

En attendant que le rideau se lève, des coulisses Micheline contemple longtemps sa mère Odette à qui elle doit tant. Elle se revoit, encore petite fille, répondant à ses questions sur les grands principes du solfège.

"Qu'est-ce qu'une harmonie" lui demandait Odette ?

Et Micheline de répondre : *"C'est un groupe de notes joué dans le même instant"*.

"Qu'est-ce qu'une ligne mélodique par rapport à une harmonie" continuait sa mère.

"C'est une phrase musicale faite de notes successives, alors que les harmonies sont composées de notes regroupées" était la réponse.

Dans quelques minutes, Micheline va jouer plusieurs œuvres de Gabriel Fauré, le compositeur fétiche de la famille Laroche du temps où Lucien, le père d'Odette, était le directeur-fondateur de l'Ecole de Musique de Vannes en Bretagne. Odette a communiqué à sa fille son amour pour la musique du beau Gabriel dont elle tournait les pages à dix-huit ans lorsqu'il venait jouer dans les années 1910 à l'invitation de son ancien camarade de classe Lucien Laroche, le grand-père de Micheline.

Odette aime toute la musique pour piano seul de Fauré : les nocturnes, les barcarolles, thème et variations, les impromptus, où l'on reconnaît les fameuses harmonies à la modulation et au raffinement sans pareil. Chaque compositeur a sa façon personnelle de réussir ces regroupements et l'on reconnaît tout de suite ceux de Fauré à la subtilité et l'émotion qui s'en échappent.

Quand Micheline joue les deux nocturnes favoris d'Odette, à savoir les 6ème et 7ème, elle ressent tantôt un émerveillement, tantôt une joie profonde, en somme le bonheur. Il faut le crépitement des applaudissement pour sortir Micheline de cette béatitude et lui rappeler qu'elle doit se lever, lentement et gracieusement en s'appuyant sur le piano, pour saluer le public et regarder sa mère avant de disparaître quelques minutes dans les coulisses.

Micheline ne s'est pas contentée d'aimer la musique pour piano de Fauré. Elle adore sa musique de chambre : les deux sonates pour piano et violon, les quatuors et les quintettes avec piano. Un instant elle a même été tentée par ses mélodies pour chant et piano après qu'elle se soit découvert une belle tonalité de contralto. N'a-t-elle pas chanté un duo de Fauré ici à Tunis lors du mariage en 1943 de son cousin Claude Renault lorsqu'il a épousé Claudie Colson, leur jolie voisine ?

3 - Découverte du Disque

Mais il lui tarde de se retrouver sur un stade. Le printemps à Tunis est la saison idéale pour reprendre l'athlétisme en plein air et Micheline est heureuse de revoir son cher entraîneur Antoine Olivieri et son club l'Orientale. Elle est immédiatement incorporée dans l'équipe de basket au poste de pivot avec des matches presque tous les dimanches. Habitant la belle maison de ses parents, débarrassée des problèmes de la vie quotidienne, Micheline s'inscrit pour représenter son club aux championnats d'athlétisme de Tunisie qui ont lieu à la mi-mai 1947.

Dès la première matinée du championnat, Micheline réussit un superbe jet au poids de 12,96 mètres, nouveau record de France. C'est le moment que choisit Antoine Olivieri pour s'approcher d'elle et dire en lui tendant un disque : "Tiens, Michèle (c'est comme cela qu'il l'appelait), essaye de lancer çà".

Sans la prévenir, il l'a inscrite dans cette discipline qu'elle n'a jamais réellement pratiquée pour une raison bien simple : le petit terrain de l'Orientale ne pouvant contenir les quarante mètres minimum que nécessite son aire de lancement ! Certes, elle avait beaucoup observé durant les compétitions sur les grands stades, ses camarades qui s'y exerçaient. Elle a constaté à quel point la technique en est fort différente de celle du poids. Si le poids féminin pèse quatre kilos, le disque ne pèse qu'un kilo. Alors que le poids doit être poussé par tout le corps après une demi-rotation, le disque est fait pour voler dans l'air. Le placement du bras, après une rotation complète du corps, joue un rôle primordial pour donner au disque, non seulement la vitesse, mais aussi la bonne trajectoire pour qu'il atterrisse le plus loin possible. Surprise d'avoir à lancer un disque pour la première fois devant mille personnes, prise d'angoisse à l'idée de mal diriger l'engin et de l'envoyer dans les tribunes ou sur les juges, mais encouragée par le sourire complice d'Antoine qui lui crie ses dernières recommandations, elle prend instinctivement la bonne position en revoyant la célèbre statue du discobole grec qui figure sur tous les livres traitant de l'athlétisme. Micheline réussit un jet de 31 mètres, le record de France étant de 39 mètres. Olivieri en a les larmes aux yeux. Jamais il n'aurait cru que sa Michèle pouvait réussir du premier coup une aussi bonne performance.

Mais de là à penser qu'un an plus tard Micheline ferait partie de l'équipe nationale sélectionnée pour les Jeux Olympiques de Londres de 1948 et, encore plus extraordinaire, qu'elle allait y gagner la première médaille d'or pour la France, c'était purement et simplement inimaginable !

L'après-midi et la journée du lendemain sont consacrés au pentathlon. Comme son nom l'indique, c'est une suite de cinq épreuves : une course de 100 mètres, un lancement de poids, un lancement de javelot, un saut en hauteur et un saut en longueur. Cet ensemble a été modifié en 1950 quand le 80 mètres haies remplacera le 100 mètres et le javelot supprimé au profit du 200 mètres. Micheline adore le pentathlon, véritable bain d'athlétisme où elle peut donner libre cours à tous ses élans.

Son bon classement dans ses spécialités habituelles, saut et lancer, la sélectionne pour représenter la Tunisie aux Championnats d'Afrique du Nord qui ont lieu cette année 1947 à Tunis même. La douceur du climat et l'atmosphère familiale mettent Micheline en superforme. Elle bat à nouveau le record de France du lancer de poids avec un jet de 13,35 mètres et réalise au disque un jet de 35,51 mètres, accompagné d'une bonne performance au saut en hauteur et au sprint de 60 mètres. Elle gagne sa place aux championnats de France qui se tiennent à Paris en août.

4 - L'été infernal

Mi-juillet Micheline quitte Tunis pour Paris et s'installe à la Cité Universitaire tout près du stade Charléty pour le stage préparatoire aux Jeux Universitaires Mondiaux qui ont lieu à Paris la semaine du 25 août 1947. Commence alors trois mois d'activité pianistico-sportive absolument déments. Entre fin juillet et le 20 septembre 1947, non seulement elle va participer à trois importants championnats mais elle prépare le Concours International de Piano de Genève.

C'est un des grands concours mondialement reconnu qui permet aux pianistes déjà entrés dans la vie professionnelle de se faire un nom pour être recherchés des organisateurs de concerts et du grand public.

Les épreuves commencent le 22 septembre, mais les morceaux à présenter devant un jury composé de grands critiques, de directeurs de conservatoires et de virtuoses ont été communiqués aux concurrents des mois à l'avance.

En 1947, les femmes jouent encore un programme différent de celui des hommes et cette sélection convient mal à Micheline.

Ses compositions favorites telles l'Appassionata de Beethoven, le Carnaval de Schumann, les concertos de Tchaïkovsky ou de Rachmaninoff sont réservés aux candidats masculins. Dans deux des cinq épreuves réservées aux "dames", elle a tout de même trouvé des œuvres qui mettent en évidence ses principales qualités. Il s'agit d'une Fantaisie orientale de Balakirev, pièce de huit minutes qui brûle autant le clavier que la Danse du Feu de Manuel de Falla, et les célèbres Kreisleriana de Schumann, un grand classique de 25 minutes.

Quant à l'athlétisme, il commence par un France-Hollande à Strasbourg le 10 août où Micheline s'impose au poids mais se foule la cheville ... en descendant un escalier, réveillant ainsi une ancienne et grave entorse subie lors d'un match de basket à Tunis en décembre 1945. Elle est présente cependant aux Jeux Universitaires Mondiaux disputés pour la première fois à Paris la semaine du 25 août : elle remporte l'épreuve du poids et aussi le saut en hauteur, après qu'une piqûre de novocaïne ait atténué sa douleur au pied. Elle termine par France-Angleterre le 7 septembre et une victoire au poids à nouveau.

Dès la mi-juillet, pour mieux se préparer au Concours de Genève, elle a loué dans la Maison des Provinces de France, à la Cité Universitaire, une chambre avec un piano où elle peut jouer sans déranger personne. Sa vie se résume à trois heures d'entraînement le matin et cinq heures de piano l'après-midi.

Tout au long de cette année 1947, la vie quotidienne est de plus en plus difficile en raison de très nombreuses grèves. Commencées chez Renault, poursuivies par les mineurs de charbon du Pas-de-Calais, continuées par les cheminots, puis les employés de banque, les vendeuses des grands magasins et les transports parisiens, ces mouvements sociaux deviennent violents après la rupture du gouvernement Ramadier d'avec les ministres communistes. La ration quotidienne de pain tombe de 250 à 200 grammes ce qui donne au président du conseil Ramadier, le surnom de Ramadiète.

Le 1er septembre, le stage universitaire est terminé.

Micheline qui ne reçoit plus rien de ses parents, ni argent, ni ravitaillement, en est réduite à un seul repas par jour, mais elle a pu garder sa chambre.

Il faut rappeler que si elle avait été bien nourrie durant les cinq semaines du stage des Jeux Universitaires, elle n'a plus maintenant droit qu'aux misérables tickets d'alimentation, son manque d'argent lui interdisant tout recours au marché noir.

5 - Le Concours de Genève

Elle travaille son piano sept heures par jour avec un déjeuner à midi dans un petit restaurant bon marché pour étudiant. Une lettre d'elle à une amie décrit bien ces moments qui restent pour Micheline parmi les plus durs de sa vie parisienne.

"Il y avait les heures de travail du matin, puis un déjeuner dans le quartier. Chaque après-midi, je repartais pour le studio, armée de mon bol de café au lait et de ma grappe de raisin, ou d'une pêche. Et alors, c'était de nouveau l'application acharnée jusqu'à 22 heures. Toujours je finissais dans les studios déserts de la Maison des Provinces Françaises avec Schumann et ses Kreisleriana. Dans la nuit s'élevaient les notes du songe éveillé, l'improvisation évanescente ou fulgurante, le désespoir qui se tape aux murs, l'interrogation suave du repli, la danse délicate des lucioles, tout le monde imaginaire du musicien fou habité par Schumann. Et moi, à ma septième heure de musique, j'étais dans un monde second, la sensibilité à vif, hors de moi-même, comme une lyre que le vent fait chanter. J'étais loin, loin... Le flux du génie disparu coulait à flot dans mes veines. Sa vie s'insufflait en moi et me remplissait de reconnaissance et d'amour.

Puis j'allais me coucher."

Micheline arrive à Genève la veille du concours. Une bourse des autorités tunisiennes lui permet de bénéficier d'un hôtel confortable et de meilleurs repas pendant les deux semaines de son séjour. Mais l'atmosphère des coulisses n'est guère plaisante. Beaucoup de candidats sont accompagnés de parents et même de professeurs qui semblent tous connaître des membres du jury avec lesquels ils échangent de curieux apartés quand ce ne sont pas des enveloppes... tandis que Micheline ne connaît absolument personne.

Il semble que le jury soit particulièrement sévère cette année 1947, tout au moins pour les femmes à qui aucun premier prix n'est attribué ; Micheline figure cependant parmi les neufs finalistes sur un total de cent sept concurrentes. Elle sera quatrième nommée, ce qui est honorable, mais pour elle très décevant.

Découragée, épuisée, elle rentre à Paris pour réintégrer son triste foyer des Jeunes Filles Chrétiennes, rue de Naples.

6 - Sauvée par Tunis

Elle partage la chambre de Colette Zérah, son amie de Tunis. Cette dernière remarque rapidement que Micheline n'est pas dans son état normal. Elle généralement toujours gaie et pleine d'entrain ne parle presque plus, restant de longues heures immobile couchée sur son lit.

Le matin, elle se plaint de ne pas avoir fermé l'œil de la nuit. Inquiète, Colette prévient une amie des Ostermeyer, Madame E. qui habite avenue Kléber et qui sert de correspondante amicale aux parents de Micheline. Elle a fait venir Micheline chez elle et mande un docteur. Ce dernier ne diagnostique rien de très grave sinon une immense fatigue, ce qui n'est pas étonnant, vu la vie qu'a menée Micheline ces six derniers mois.

Ce médecin conseille une longue période de repos et de suralimentation, ce que Micheline pourra facilement retrouver à Tunis. Grâce à Monsieur E., colonel d'aviation dans les troupes coloniales, un billet Marseille-Tunis est rapidement trouvé et quelques jours plus tard, Henri et Odette sont heureux de réceptionner leur fille à l'aéroport.

Douze heures de repos et trois bons repas par jour, plus le soleil et l'amour maternel vont peu à peu faire oublier à Micheline, fatigue et angoisse. Mais il faudra attendre les beaux jours, qui heureusement en Tunisie arrivent vite, pour que Micheline retrouve enfin un sommeil normal.

1948, l'année qui sera celle de tous les succès, commence pour Micheline dans une chaise longue. Mais le bon docteur de famille qui la connait depuis son enfance, après avoir observé la remontée de sa tension, l'autorise à revenir progressivement sur les stades.

Elle a déjà repris le piano avec Odette pour préparer le magnifique et tonique concerto pour piano et orchestre de Tchaïkovsky, que Radio-Tunis lui a demandé de jouer à son antenne, lors d'un concert public.

Antoine Olivieri vient souvent bavarder avec elle dans le beau patio de la maison paternelle où elle achève sa convalescence.

7 - L'approche des Jeux de Londres

C'est par le basket qu'elle reprend en février son entraînement et participe aux matches du dimanche matin qui se déroulent dans les communes avoisinantes. Puis vient la pratique sérieuse et méthodique de ses spécialités en athlétisme : le saut, le poids, mais toujours pas le disque, le terrain de son club l'Orientale étant trop petit pour permettre ce lancer. Ce disque qu'elle a découvert l'année dernière seulement et où elle a tout à apprendre ! En aura-t-elle le temps avant les Jeux Olympiques à Londres de cet été et dont on commence à beaucoup parler. Elle espère être sélectionnée pour le poids et le saut en hauteur. Quant au disque, elle n'ose y croire.

L'usage veut que ces sélections se fassent trois semaines avant les J.O., c'est-à-dire lors des championnats de France d'athlétisme qui s'échelonnent du 4 au 11 juillet 1948 sur le stade de Colombes, alors que le départ pour Londres a lieu le 26 juillet, les Jeux commençant le lendemain de l'ouverture officielle, le 30 juillet.

Il y a quelque chose de cruel à faire attendre des centaines de filles et de garçons qui se sont entraînés des mois, sinon des années, dans l'attente de cette quinzaine olympique, en ne confirmant leur engagement que dix jours avant l'embarquement.

Mais telle est la règle pour tous les pays.

Pour accéder aux championnats de France, il faut avoir été sélectionné lors des rencontres de région, soit l'Afrique du Nord, en ce qui concerne Micheline. Et pour participer aux épreuves de région, il faut passer le barrage des épreuves par département, soit la Tunisie pour Micheline, ce qui n'a pas posé de problème.

Les uns et les autres ont lieu respectivement le 9 mai pour la Tunisie (avec un lancer de poids de 13,79 m, un record de France qui restera des années la propriété de Micheline) et les 26 et 27 juin pour la région Afrique du Nord qui se dérouleront à Rabat au Maroc.

Micheline y remporte les titres en hauteur, poids, disque avec un jet de 33,39 m, et le 60 mètres.

Micheline va, de plus, intercaler entre Tunis et Rabat, un France-Hollande à Amsterdam le 13 juin où elle enlève le poids et le saut en hauteur.

Ce France-Hollande va donner lieu à une sérieuse explication entre Micheline et la Fédération Française d'Athlétisme. Elle a la nette impression qu'elle n'est pas prise au sérieux par les autorités sportives parce que d'une part, elle réside en Tunisie, et qu'aucun grand dirigeant ne la soutient à Paris et d'autre part que son métier de pianiste la laisse en dehors du sérail.

C'est un étrange paradoxe de clamer que seuls les vrais amateurs peuvent participer aux Jeux Olympiques, mais de constater que les meilleures places sont réservées à des hommes et des femmes pour qui le sport deviendra leur métier tout au long de leur vie : entraîneurs, professeurs d'éducation physique, fonctionnaires du ministère des Sports, militaires, journalistes spécialisés, dirigeants des stades et piscines.

C'est ainsi que la Fédération a "oublié" de l'inviter à un stage d'oxygénation de quinze jours à Chamonix pendant les vacances de Pâques 1948. Elle qui n'a encore jamais vu la neige, et à qui un séjour en altitude, après ses problèmes de santé, aurait fait le plus grand bien !

Aussi, lorsque la Fédération la supplie de participer à ce France-Hollande, afin que l'équipe nationale y fasse bonne figure, elle dit tout haut ce qu'elle a sur le cœur et exige qu'on lui paye son voyage en avion Tunis-Amsterdam et retour, ce qui est fait.

8 - Double Championne Olympique

Début juillet 1948, retour en France avec une chambre à l'Institut National des Sports à Vincennes. Son billet pour les jeux de Londres en poche, après ses bonnes performances aux Championnats de France (37,38 m. au disque mais à la 3ème place seulement !), Micheline va être prise en main pendant les dix jours qui la séparent de son départ pour Wembley par les quatre entraîneurs nationaux spécialistes du disque, sport où la France dispose de peu de bonnes lanceuses.

Ces messieurs ont été stupéfaits de ses rapides progrès et voient tout à coup en elle, une possible médaille de bronze et, qui sait, d'argent.

L'un va lui améliorer sa rotation du corps, l'autre, la prise du disque dans la main, le troisième, le balancement du bras et le quatrième, la position des jambes et des pieds.

Jamais une future championne olympique n'aura appris aussi rapidement une discipline aussi complexe pour monter aussi haut sur le podium. On peut imaginer leur joie et leur surprise quand leur jeune disciple fait retentir la Marseillaise pour la première fois à Londres !

Et une deuxième fois au lancement du poids, pour devenir la seule femme française à obtenir deux médailles d'or, aux mêmes Jeux. Sans oublier sa troisième médaille, de bronze cette fois-ci, au saut en hauteur.

Les Jeux terminés, les médaillés français seront chaleureusement fêtés à leur retour

Mais sa famille manque à Micheline. Elle s'échappe pour la Bretagne et retrouve les E. sur la plage de Beg-Meil, pour les remercier de tout ce qu'ils ont fait lors de sa dépression des mois passés. Puis elle part pour Rennes, embrasser sa grand-mère Henriette, la mère de son père Henri. Pour la vieille dame âgée de quatre-vingt-trois ans, c'est une immense joie de retrouver sa petite fille dont elle lit tous les jours le nom dans les journaux.

Puis, elle prend l'avion pour Alger, afin d'organiser, avec le bureau de concert Chaix, la tournée qu'elle effectuera à l'automne. Et enfin, c'est l'arrivée à El Aouina, l'aéroport de Tunis. L'adjoint au maire, Monsieur Bénazet a tenu à offrir lui-même le bouquet de bienvenue à Micheline, entourée de ses parents, de nombreux journalistes de la **Dépêche de Tunis**, sans oublier le pilote et le co-pilote d'Air-France.

De nombreuses réceptions suivront à la Résidence Générale, la Mairie, l'Ecole de Musique, Radio-Tunis. Mais hélas, pas de retour à son club : l'Orientale vient de supprimer les sections féminines d'athlétisme.

Toutes les sociétés musicales veulent entendre l'enfant du pays, promue vedette internationale, mais Micheline ne peut tout accepter. Voilà trois mois qu'elle n'a pas travaillé son piano : elle doit s'y remettre sérieusement avant de monter en scène.

9 - Concert en Sorbonne

Sa première apparition musicale à Paris après Wembley aura lieu le 16 octobre 1948 dans le grand amphithéâtre de la Sorbonne, lieu symbolique pour une médaillée olympique puisque c'est dans cette salle que Pierre de Coubertin annonça en juin 1894 la rénovation des Jeux créés par les Grecs mille cinq cents ans auparavant.

La presse en donne quelques jours plus tard une excellente critique sous la plume de Pierre Leroi, dans le journal *"Opéra"*.

"La Sorbonne abritait l'autre soir une manifestation d'un intérêt et d'un pittoresque qui ne manquait pas d'imprévu. Ce n'étaient point d'austères savants ni de graves professeurs qui s'étaient réunis pour disserter. On y célébrait, en effet, l'épanouissement corporel à l'occasion du ***Jubilé du Football Français****. Malgré tout, les discours ne manquèrent point et ceux du ministre André Maurice et d'André Maurois furent très goûtés.*

Mais le succès - ou plutôt le triomphe - de la soirée fut pour Micheline Ostermeyer, toute auréolée de ses victoires olympiques. Avec le concours précieux de l'orchestre de la Radio, dirigé par Eugène Bigot, elle s'en vint, par le truchement du ***Concerto en mi bémol****, évoquer l'âme "olympienne" du superchampion pianistique Liszt. Son jeu, loin d'être empreint de virilité, garde toute la grâce et le charme féminin : il est celui d'une jeune femme ardente certes, mais toute pénétrée de musique, qu'elle sert avec autant de sensibilité et de goût, réalisant même un harmonieux équilibre qu'elle doit certainement à la pratique et aux disciplines sportives. D'autre part, le programme, qui comportait* ***les Danses du Prince Igor*** *et la* ***Fête polonaise du roi malgré lui****, marquait bien le désir, dont nous ne saurions trop les louer, des organisateurs, d'associer étroitement la musique et le sport en cette circonstance solennelle."*

10 - Triomphe à Constantine

La fin de 1948 ne sera qu'une succession de voyages, concerts et réceptions où se bousculent l'hommage au talent de la pianiste, les félicitations des autorités et des admirateurs sportifs.

Typique de cette atmosphère chaleureuse mais épuisante sera l'accueil qui lui est réservé les 8 et 9 novembre 1948 à Constantine.

Alors chef-lieu du département algérien du même nom, Constantine est une ville de plus de 200.000 habitants. Construite sur et autour d'un énorme éperon rocheux dominant une vaste plaine, c'était un grand centre artisanal et le siège d'industries agricoles liées à la culture du blé. Située à l'intérieur des terres, elle est desservie par le port de Philippeville, aujourd'hui Skikda. Fondée par les Carthaginois, puis ruinée par une insurrection, elle fut reconstruite en 311 par l'empereur romain Constantin dont elle pris le nom. Occupée par la France depuis 1837, c'est à Constantine que le Général de Gaulle le 12 décembre 1943 annonce les premières actions d'intégration de la population musulmane à la conduite des affaires en lui attribuant un nombre significatif de sièges dans les différentes Assemblées régionales.

Mais ces mesures supposées favoriser l'intégration des populations arabes et européennes resteront lettre morte. Dans les foules qui vont applaudir Micheline, elle rencontrera fort peu d'indigènes.

Six ans sépare ce novembre 1948 au novembre 1954 qui verra le début de la guerre d'Algérie.

Micheline arrive de Tunis le 8 novembre au soir. Les avions étant une fois de plus en grève, il aura fallu un jour et une nuit à un véritable tortillard pour franchir à moins de cinquante kilomètres à l'heure cet arrière pays très montagneux.

Le directeur du conservatoire, Monsieur Espanet qui a organisé son séjour avec le concours du *Rayonnement Français*, l'attend sur le quai de la gare. Au moment où il lui tend un superbe bouquet de fleurs multicolores, une chorale se met à chanter, accompagnée d'un petit orchestre. Micheline se retourne pour chercher la personnalité ayant voyagé dans son train, ne pouvant imaginer que c'est elle l'héroïne de la fête.

LUCIEN LAROCHE 1855-1912

Grand-père maternel de Micheline. Né d'un père breton déjà professeur de musique, il fait de brillantes études de piano et de composition à l'École Niedermeyer à Paris avec comme professeur Camille Saint-Saëns et comme camarade Gabriel Fauré.
Installé à Vannes (Morbihan), il fonde en 1908 le Conservatoire de Musique de la Ville.

GEORGES OSTERMEYER 1861-1926

Grand-père paternel de Micheline. Un vrai Ostermeyer avec ses cent deux kilos, 1,90 m et 1,20 m de tour de poitrine. Officier artilleur d'active, le voici près du Mans commandant sa batterie lors des dernières manœuvres précédant la guerre de 1914.

HENRI OSTERMEYER 1889-1985

Père de Micheline. Né à Fontainebleau lorsque son père Georges termine ses classes à l'École de Guerre. Ingénieur agronome, le voici à 24 ans en uniforme de lieutenant de réserve en 1914.

L'ÎLE
AUX MOINES
EN 1912

A gauche Odette Laroche (1894-1987), future mère de Micheline avec sa sœur Yane portant le deuil de leur père Lucien, et une amie.
C'est en 1912 qu'Henri Ostermeyer tombe amoureux fou d'Odette qu'il épouse six ans plus tard.

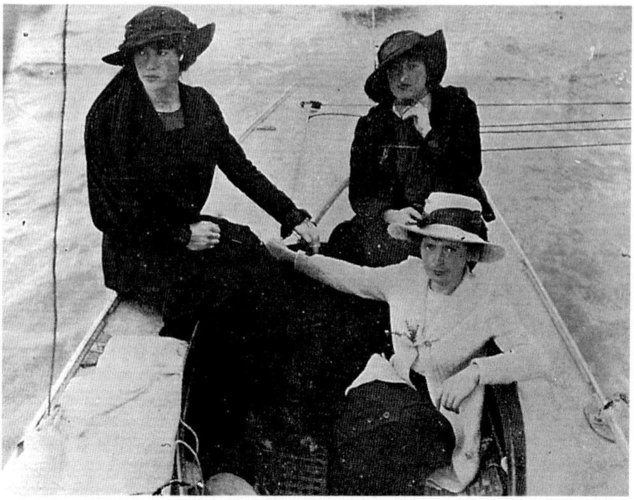

TUNIS 1933

Micheline 11 ans avec son frère Roland 7 ans, et leur gouvernante Naja devant la belle villa où la famille habitera jusqu'en 1963.

HENRI OSTERMEYER TUNIS 1936

Henri, le père de Micheline, seul à Tunis devant la belle villa hispano-mauresque qu'il a lui-même dessinée.
Sa femme est à Paris avec Micheline qui vient d'entrer au Conservatoire et il supporte très mal cette séparation.

MICHELINE A DOUZE ANS

Le 12 juin 1935, Micheline donne à Tunis son premier grand récital public devant quatre cents spectateurs.
Cette belle photo sera reprise des dizaines de fois dans les articles de presse retraçant sa vie.

CLASSE DE LAZARE LEVY 1938-1939

Conservatoire National Supérieur de Musique, rue de Madrid (Paris). Micheline, à gauche, est assise entre Madame Giraud-Latarse, la répétitrice et, debout, son amie Agnelle Bundervoët. Elle a quinze ans et la guerre va bientôt la forcer à rentrer chez ses parents à Tunis. Elle ne retrouvera son maître qu'en 1945.

CLASSE DE LAZARE LEVY 1945-1946

La perte de son fils en déportation a terriblement marqué le visage du Maître. A l'extrême-droite, Micheline Ostermeyer : elle a maintenant 23 ans, la plus âgée de la classe et la seule déjà engagée dans une vie professionnelle.
A côté d'elle, une main tenant le piano, le regard lointain, Pâquerette Hurel qui deviendra l'épouse de l'auteur : elle fera une belle carrière de professeur et de concertiste.
Debout à gauche, Élisabeth Saglier : elle accompagnera des années le violoniste Salvatore Accardo et les cours de chant de Lotte Schöne et de Pierre Bernac avant d'épouser le compositeur de musique de film et d'opéra Antoine Duhamel dont elle jouera de nombreuses œuvres à la scène et à l'écran.
Près d'elle, Franck Theuveny, le seul garçon de la classe, qui reprendra le cabinet d'orthodontie familial mais sans jamais oublier la musique, particulièrement celle de Jean-Sébastien Bach, dont il jouera en novembre 1992 à la Salle Pleyel le Concerto en Fa Mineur pour piano et orchestre, présenté par Ève Ruggieri.
Entre Élisabeth et Franck on aperçoit la répétitrice en titre de Lazare Levy, Louise Clavius-Marius, épouse du compositeur et chef d'orchestre Tony Aubin.
Juste au-dessus du Maître, le souriant visage de Bernadette Pellerin : son mari le professeur de droit fiscal Gilbert Tixier a dit que c'est en l'entendant jouer « Rêve d'Amour » de Liszt qu'il tomba amoureux d'elle.

CHAMPIONNAT D'EUROPE
D'ATHLÉTISME
Août 1946 Oslo (Norvège)

Un mois après son Premier Prix de Piano, Micheline participe aux premiers championnats d'après-guerre à Oslo.
La voici sur la deuxième marche du podium : elle vient de gagner une médaille d'argent en lançant le poids à 12,84 m, derrière les 14,16 m de la Soviétique et devant les 12,21 m de l'Italienne.

STADE MUNICIPAL DE TUNIS
Été 1946

Micheline Ostermeyer à côté du grand entraîneur Antoine Olivieri, l'homme qui va faire d'elle la championne qu'elle est devenue.

JUILLET 1948

Micheline à l'entraînement du saut en hauteur avec Roger Debaye, du Paris Université Club (PUC), quelques semaines avant le départ pour les Jeux Olympiques de Londres.
La méthode employée est celle du rouleau californien.
Il faut remarquer ses poignets bandés pour éviter de blesser ses bras de pianiste.

STADE DE WEMBLEY
Londres 29 juillet 1948

Photo souvenir des filles de la délégation française entrant dans le stade pour la cérémonie d'ouverture des Premiers Jeux d'après-guerre. Micheline au premier rang avec lunettes noires.

MICHELINE OSTERMEYER
LANÇANT LE DISQUE
Londres 30 juillet 1948

Voici la photo que toute la presse publiera au lendemain de sa victoire sous une débauche de titres :
« Alliant comme les Grecs, les vertus de la force et de l'esprit, Micheline Ostermeyer a donné à la France sa première victoire olympique. »
« Celle que les spécialistes n'attendaient pas, Micheline Ostermeyer, première française championne olympique. »
Personne ne sait que cette photo a été prise APRÈS le concours : myope, Micheline est incapable de lancer sans lunette.

JEUX DE LONDRES
JUILLET 1948
Le Podium du Disque

Championne olympique : Micheline Ostermeyer, France.
Médaille d'argent : Codiale Gentile, Italie.
Médaille de bronze : Jacqueline Mazéas, France.
C'est le premier podium des Jeux d'après-guerre : l'orchestre joue *La Marseillaise,* deux drapeaux français flottent au vent.

MICHELINE LANÇANT LE POIDS
Londres 1948

Encore une photo pour photographe !
Non seulement Micheline n'a pas ses lunettes (et elle ne peut pas lancer sans elles), mais elle a gardé son chandail et les juges ne la regardent pas. Ceci dit, c'est avec un geste similaire qu'elle va lancer dans quelques minutes le poids à 13,75 m pour une deuxième médaille d'or après sa victoire au disque.

L'ÉLYSÉE APRÈS LES JEUX OCTOBRE 1948

Réception par le président Vincent Auriol et le ministre Yvan Delbos des champions français sur le perron de l'Élysée.
Le seul cadeau de la République reconnaissante à Micheline sera... un vase de Sèvres.
En 1992, de Barcelone elle aurait rapporté un chèque de 580 000 francs.

SIDI BEL-ABBÈS
16 NOVEMBRE 1948

Reçue par le colonel Gaultier, commandant le Ier Régiment de la Légion Étrangère, Micheline donne le soir même un superbe concert. Ce séjour à Bel-Abbès s'inscrit dans une importante tournée en Algérie passant par Constantine, Oran, Tlemecen, Bougie et Philippeville.

TROIS CONCERTI SALLE GAVEAU

Le samedi 2 février 1949 Micheline donne à Paris un grand concert avec orchestre jouant, ce qui est rare, trois concerti.
Sous la direction d'Eugène Bigot, les Cadets du Conservatoire vont brillamment l'accompagner dans le concerto de Brahms en Ré Mineur, les Variations Symphoniques de César Franck pour terminer par le concerto en Mi Bémol de Liszt.
On voit à son sourire radieux et à ceux des musiciens de l'orchestre que la soirée fut un très grand succès.

2-3 JUILLET 1950 STADE JEAN BOUIN. Championnat de Paris

Entraînée par André Gardien, Micheline se passionne pour une nouvelle discipline, le 80 mètres haies.
C'est lors de ces championnats de Paris qu'elle remporte cinq titres : pentathlon, relais quatre fois cent mètres, saut en hauteur, poids et son cher 80 mètres haies.

14 JUILLET 1950. Rencontre avec Fanny Blankers-Kœn, la Hollandaise Volante

Lors d'un France-Hollande disputé à Carcassonne, Micheline retrouve sa camarade des Jeux de Londres.
Toutes deux sont capitaines de leur équipe. Le point vainqueur par équipe est enlevé par Micheline lors d'une lutte acharnée au 80 mètres haies.

VENISE AOÛT 1952

Micheline contemple d'un air mélancolique le Grand Canal du haut du balcon de la Ca' d'Oro. De retour d'un long voyage en Italie, elle attend avec impatience de retrouver son fiancé à Marseille pour le présenter à ses parents avant de partir pour Beyrouth et l'épouser.

RENÉ GAZAR GHAZARIAN
1922-1965

Né à Antioche (Syrie) d'une famille arménienne ayant fui la Turquie pendant les massacres de 1915.
Après des études de psycho-pédagogie infantile à l'Université de Beyrouth (Liban), accompagne son frère à l'I.N.S. à Paris où il rencontre Micheline qu'il épousera à Beyrouth en 1952.
Retourne faire des études à l'école de kinésithérapie de Rennes dont il sort major de sa promotion en 1960.
Emporté brutalement par un cancer du pancréas en mai 1965 au moment où il ouvrait son cabinet de kinésithérapie à Versailles.

LYCÉE SPORTIF DE FONT-ROMEU
1971

Alain a 14 ans et Micheline espère que la vie en plein air et l'entraînement sportif le guérira de ses insomnies. Le voici remportant l'épreuve des 5 000 mètres.

VERSAILLES 1971

Joëlle âgée de 18 ans termine bientôt son lycée.

MICHELINE OSTERMEYER EN 1992, L'ANNÉE DE SES 70 ANS

Micheline est invitée le 6 octobre 1992 par le Comité Olympique International à donner un grand concert salle Paderewsky à Lausanne. Ici, elle s'apprête à jouer la première partie de son récital entièrement dédié à Chopin ; elle le terminera par la *Rhapsody in Blue de George Gershwin.* Elle sera ainsi montée sur scène plus de six fois en cette année anniversaire avant de s'envoler, début 1993, pour une tournée à l'Île de la Réunion à l'occasion de la Journée Mondiale de la Femme. Infatigable Micheline !

Entourée des nombreux amis venus l'accueillir, elle prend place dans une superbe limousine qui la conduit au Cirta, le palace de l'endroit, qui porte le vieux nom carthaginois de la ville. Enfin couchée juste avant minuit, elle demande à être réveillée à 8 heures car son premier rendez-vous est à la préfecture, à 9 heures 30. La femme du Préfet qui a beaucoup entendu parler d'elle veut lui souhaiter personnellement le meilleur séjour possible.

Une demi-heure plus tard, nouvelle réception à la *Dépêche de Constantine*, le grand journal local dont les journalistes et les photographes ne vont plus la quitter.

Champagne et petits fours, avec ces Messieurs tous plus gais et plus gentils les uns que les autres. Puis le Maire de Constantine lui-même la dirige vers son superbe Hôtel de Ville, auquel on accède par un monumental escalier en marbre de quarante marches.

Les Constantinois en sont très fiers et prétendent même que le leur est plus beau que celui de la Capitale.

Sur chacune des marches se tient une belle jeune fille toute droite, habillée d'une chlamyde blanche, ce manteau court et fendu sur le côté, d'origine grecque, tenu sur l'épaule par une agrafe dorée.

Micheline apprend que ces demoiselles sont membres d'une société de gymnastique mais sur le moment, comme à la gare, elle n'ose croire que c'est pour elle seule qu'une telle cérémonie a été organisée.

Tout le cortège prend ensuite place dans le grand salon d'honneur autour d'une vaste table en fer à cheval, devant de nombreux apéritifs. Le maire fait asseoir Micheline à sa droite et plusieurs discours retraçant sa vie partagée entre la musique et le sport sont prononcés.

Le jeune et sémillant adjoint assis à côté d'elle lui souffle à l'oreille que tout à l'heure il lui faudra répondre et lui suggère qu'elle s'y prépare dès maintenant.

Heureusement, Micheline a déjà eu l'occasion de prendre la parole en public et elle a découvert qu'elle savait le faire avec grâce et humour. Elle saura trouver les mots qu'il faut, un bon muscat lui ayant délié langue et esprit.

Suit un délicieux déjeuner à la Préfecture où elle retrouve la gentille préfète entourée d'une douzaine de convives dont le directeur du Conservatoire devenu maintenant un ami. Il l'informe qu'il a demandé au principal magasin de piano de la ville de lui réserver un studio pour l'après-midi afin qu'elle puisse répéter le récital qui doit commencer à 18 heures.

A peine assise devant un petit piano droit de travail, Micheline se rend compte que quelque chose ne va pas. Elle est incapable de jouer trois accords de suite, ses mains tremblent et sa tête tourne. La fatigue du voyage, l'exaltation de l'accueil, combinées aux trop nombreuses coupes de champagne et verres d'apéritif lui ont coupé ses moyens.

Il lui faudra deux heures pour reprendre ses esprits et le contrôle de ses doigts. Elle a tout juste le temps de revêtir sa grande robe de concert et de passer quelques minutes chez la coiffeuse avant de monter sur scène.

Heureusement, le centre de Constantine est petit et il faut à peine cinq minutes en voiture pour aller d'un endroit à l'autre. Mais elle n'est pas encore au bout de ses épreuves extra-musicales. Ce n'est pas un tabouret de piano qui l'attend sur scène, mais un superbe fauteuil Louis XV où on la fait asseoir pour écouter le petit discours que lui adresse le directeur du Conservatoire, à la fin duquel, il lui remet un énorme et superbe volume "La Peinture Française" ainsi qu'un parchemin enroulé et lié d'un ruban rouge, plus un beau bouquet de fleurs. Elle demande qu'on lui envoie le livre à Tunis car elle a encore une tournée à faire avant de rentrer. Ce livre figure toujours en bonne place dans sa bibliothèque.

Enfin, le concert commence ; heureusement, le Bach du début permet à Micheline de se reprendre en main, mais les Fauré seront difficiles à bien jouer. L'entr'acte arrive à temps pour lui accorder un quart d'heure de repos et la sonate de Liszt remportera son habituel triomphe.

On ne lui laisse jouer qu'un seul bis car le train pour Alger part à 21 heures. Une nuée de jeunes enthousiastes l'attend à la porte de son wagon pour lui faire signer des programmes, ce qu'ils n'ont pu obtenir à la sortie de la salle. Avant de s'assoupir, elle a le temps de passer en revue tous les moments de cette extraordinaire journée et de penser que la vie d'une pianiste est plus agitée que celle d'une lanceuse de disque.

A son arrivée à Alger dès sept heures du matin, une pléiade de journalistes l'attend avec photographes, jeunes filles et bouquets de fleurs. Dans la bousculade qui s'ensuit, Micheline va oublier dans le train les fleurs de Constantine, mais plus grave encore, elle y laisse le beau parchemin et son ruban rouge. C'était un beau cadeau et elle ne saura jamais ce qu'il comportait.

La lecture de la presse constantinoise du lendemain va la consoler quelque peu de ses déboires :

"Présentée par ***le Rayonnement Français****, Micheline Ostermeyer était attendue avec curiosité par un nombreux public. Disons tout de suite qu'elle n'a pas déçu. L'artiste, dans un programme ardu, a fait preuve d'excellentes qualités qui augurent bien de son avenir. Mademoiselle Ostermeyer conjugue en effet deux qualités rares chez une pianiste : la vigueur masculine et une sensibilité aux images bien féminines. Au programme, aucune concession n'était faite à la facilité puisqu'il allait de Bach à Ravel en passant par Chopin, Liszt, Fauré et Debussy.*

Nous citerons ce qui à notre avis fut le meilleur moment de la soirée "Reflets dans l'eau" de Debussy où Mademoiselle Ostermeyer a su parfaitement dominer une œuvre difficile en la rendant picturale. Jouée hors programme, la "Danse du Feu" si pittoresque de Manuel de Falla, a été interprétée avec brio et une fois de plus avec couleur. Si nous en rapprochons le premier mouvement de la Sonatine de Ravel dont le charme velouté a été rendu particulièrement sensible, nous penserons que c'est dans ce genre descriptif qu'excelle Mademoiselle Ostermeyer, plus sans doute que dans cette sonate de Liszt, longue, compliquée et un peu échevelée où l'artiste a cependant mit tout son cœur".

CHAPITRE 7

Treize mois exemplaires d'une vie de pianiste championne

Novembre 1948-Décembre 1949

1 - La Légion à Sidi Bel Abbès
2 - Nouvelles tournées en Afrique du Nord
3 - L'Orchestre des Cadets du Conservatoire
4 - Les Cadets de la Libération
5 - Trois concerti à Gaveau
6 - Brillantes critiques
7 - Tournées en Province
8 - Athènes et Tel-Aviv

1 - La Légion à Sidi-Bel Abbès

Dès son arrivée mouvementée mais chaleureuse à Alger le 12 novembre 1948, Micheline est conduite à l'Hôtel Aletti où elle va séjourner trois jours. Situé dans le bas de la ville, avec vue sur le port, c'est avec le Saint Georges, perché lui sur les hauteurs, l'un des deux grands hôtels d'Alger.

De style moderne, sans charme particulier, sa position centrale en fait le grand lieu de rendez-vous des Algérois en fin d'après-midi.

Ils aiment particulièrement se rencontrer autour de son célèbre Bar qui deviendra pendant les dernières années de la guerre d'Algérie un véritable centre d'information où l'on croisera tout ceux qui comptent en ville. L'hôtel a été construit et géré par la grande famille d'hôteliers les Aletti, qui abandonneront leurs biens, comme tous les autres pieds-noirs lors de l'indépendance de l'Algérie, pour se replier en métropole.

Micheline donne le lendemain un grand récital Salle Bordes, où plus de mille personnes applaudissent son programme de Paris. Le matin même elle a été brillamment fêtée dans les locaux de *"La Dépêche d'Alger"*. Et le lendemain départ en train pour Sidi-Bel-Abbès, la ville de garnison de la Légion Etrangère et plus particulièrement de son Premier Régiment.

Lors de sa création sur la route d'Oran en 1843, Sidi-Bel-Abbès n'est qu'un camp retranché. Erigée en ville dès 1848, elle compte plus de 5.000 habitants en 1859, pour dépasser 100.000 aujourd'hui. Mais sa raison d'être et son centre d'activité restera, jusqu'à l'indépendance de l'Algérie en 1962, la Légion dont les bâtiments occupent la moitié de sa surface.

Véritable ville dans la ville, la garnison comprenait outre de vastes casernes à trois étages construites en briques et pierre, de nombreux ateliers, les légionnaires ayant mis un point d'honneur à tout fabriquer eux-mêmes : imprimeries, forges, menuiseries, mécaniques, moteurs électriques, plomberie, etc.

Prise en charge par de jeunes lieutenants dès la gare, où elle a droit à un détachement de képis blancs qui lui rend les honneurs, Micheline va ensuite visiter le fameux quartier Viénot et son monument aux Morts. Ce dernier sera démonté et reconstruit pierre par pierre à Aubagne (Bouches-du-Rhône), le nouveau siège de l'état major de la Légion à partir d'octobre 1962.

Après un délicieux déjeuner avec le colonel Gaultier, ses hôtes lui présentent les hommes de troupe, leurs sous-officiers qui, en soirée vont tous venir l'écouter dans la salle de concert. La musique a toujours conservé une place de choix à la Légion. Composée de vingt-sept musiciens à sa création, elle passera à quarante pendant le Second Empire sous les ordres du célèbre chef Wilhem, créateur de son hymne le "Boudin". De 1887 à 1940, son orchestre à cordes donnera de nombreux concerts sur la Place Carnot, le centre mondain de Bel-Abbès. Naturellement, Micheline visite le véritable conservatoire où sont formés les légionnaires musiciens. Elle assiste à une démonstration des trois particularités de la Batterie-fanfare : le tambour de marche porté très bas à la hauteur du genou pour faciliter la cadence lente unique à la Légion, le chapeau-chinois, avec ses clochettes d'origine turque, les fifres introduits en France par les volontaires suisses de l'Ancien Régime et que seule la Légion a conservés.

La musique principale est forte aujourd'hui de cent exécutants : au cours de ses nombreux déplacements, elle fait connaître les chants et marches des "Képis blancs".

Lorsque Micheline signe le livre d'or, elle remarquera que son paraphe vient tout de suite après celui du champion de boxe Marcel Cerdan, né à Sidi-Bel-Abbès 31 ans auparavant. Il devait trouver la mort le 28 octobre 1949 en compagnie de la violoniste Ginette Neveu quand leur avion s'écrasa sur une île des Açores.

Lors d'un ultime verre de vin rouge (dans lequel elle ne fait que tremper ses lèvres pour ne pas retrouver les difficultés rencontrées à Constantine), Micheline est faite "Pianiste et Discobole d'Honneur de la Légion Etrangère". Elle reçoit un superbe diplôme qui retrace tous les uniformes du Régiment depuis sa création sous le Roi Louis Philippe en 1831 jusqu'à aujourd'hui.

Ce diplôme lui rappelle celui qu'elle avait reçu à Gabès en Tunisie lors d'une de ses tournées en 1943, juste après la reddition des Allemands. Elle avait alors été promue "Spahie d'honneur du Quatrième Spahi". Mais elle n'oubliera jamais le concert qu'elle y donna. Essayant le piano (droit) une heure avant le début de son récital, elle s'aperçut que plus de la moitié des marteaux ne remontaient pas... Averti d'urgence, le colonel vint se rendre compte par lui-même de l'étendue du désastre. Micheline, soulevant le couvercle, lui montra les marteaux qui restent obstinément couchés sur les cordes.

"Ne vous inquiétez pas" lui dit-il, "je vais vous envoyer un de mes petits gars. Il se placera derrière le piano et il vous les remontera vos marteaux". Aussitôt dit, aussitôt fait. Heureusement que le "petit gars" avait le bras long et la main fine. Micheline joua deux fois plus lentement que d'habitude et à eux deux ils réussirent à donner une "impression" de la moitié du programme !

Rien de tout à fait pareil à Sidi-Bel-Abbès, sinon que le piano lui aussi était droit et qu'il fallut, non seulement ouvrir le couvercle mais déclouer les planches du bas pour que la Sonate de Liszt résonne avec son ardeur coutumière.

2 - Nouvelles tournées en Afrique du Nord

Après son concert à Sidi-Bel-Abbès le 16 novembre 1948, Micheline donnera encore cinq récitals en Algérie : le 18 à Oran, le 20 à Tlemcen, le 23 à Bougie et le 27 à Philippeville, et toujours avec le même succès et le même enthousiasme qu'à Constantine.

De retour à Bône pour prendre enfin l'avion pour Tunis et quelques jours de repos au sein de sa famille, les organisateurs du voyage lui ont réservé encore une surprise. Ils la font descendre du train pour la conduire, non pas directement à l'aéroport, mais sur le stade de la ville où doit se dérouler un important match de football entre les deux grands clubs locaux : le J.S.D. et l'A.S.B. (association sportive bonoise). Toute la population est réunie pour voir Micheline donner le coup d'envoi. Elle qui n'a jamais donné de coup de pied dans un ballon s'y prendra à deux fois pour bien l'envoyer droit sur le centre du terrain au milieu d'un tonnerre d'applaudissements et de rires.

Micheline passe les fêtes de fin d'année 1948 à Tunis mais elle n'a guère le temps de savourer ses succès olympiques du mois d'août, tant elle est surchargée de demandes de concerts. Elle essaye de répondre favorablement à toutes, ce qui l'empêche parfois de s'assurer de leur bonne organisation, d'où un certain nombre d'incidents tragi-comiques.

A Tunis, évidemment, tout se passe bien, et c'est par un superbe récital donné au Théâtre de la Ville qu'elle termine en beauté cette magnifique année.

Elle est déjà retenue pour trois concerts sur la Côte d'Azur : deux à Nice les 27 janvier et 8 février et un à Cannes le 3 février. Mais avant de retourner en France, elle accepte de faire encore une tournée en Algérie et au Maroc en janvier 1949.

Le 13 janvier elle joue le Concerto de Liszt avec l'Orchestre de Radio-Alger. Le 16, elle donne un récital à Affreville, (une sous-préfecture des environs d'Alger) et un autre à Oran le 19 janvier.

Le 23 janvier elle arrive vers 22 heures à Casablanca où elle a rendez-vous le lendemain avec l'Orchestre de Radio-Maroc pour jouer le Concerto de Schumann. Personne ne l'attend à l'aérogare où rien n'a été préparé.

Heureusement, une gentille hôtesse d'Air France accepte de la dépanner. Elle passe la nuit sur un lit de fortune dans une chambre réservée au personnel, où elle sera réveillée à deux heures du matin par l'arrivée d'une autre voyageuse, également en perdition. Toujours sans nouvelle des organisateurs, Micheline fait une timide apparition le lendemain matin vers dix heures au Théâtre Municipal où elle aimerait bien répéter son concerto sur le piano qu'elle utilisera le soir. La scène est occupée par l'orchestre et rien n'est prévu pour qu'elle puisse travailler. Ce n'est qu'au début de l'après-midi, après avoir avalé un méchant sandwich, qu'on lui montre enfin son piano. A sa grande surprise, elle constate qu'il est disposé au milieu des musiciens, alors que normalement la soliste doit se trouver devant le chef et l'orchestre. Les deux heures de répétition qui lui sont octroyées ne sont pas de trop pour qu'elle s'habitue à cette acoustique imprévue, car il n'est pas question d'en changer la disposition.

A seize heures, elle court à l'autre bout de la ville pour y retrouver les studios de Radio-Casa où elle enregistre une émission pour Radio-Rabat. Elle a tout juste le temps de retourner à l'hôtel (dont on lui a donné enfin l'adresse et fait déposer ses valises) pour se changer et apparaître sur scène à dix-huit heures.

Totalement épuisée, elle écoute en coulisse le début du concert, une symphonie brillamment exécutée par l'orchestre mais au milieu de laquelle elle s'endort. Revenue à elle quelques minutes avant d'attaquer son Concerto de Schumann, Micheline retrouve un peu de force et se tire bien du premier mouvement. Elle jouera le deuxième et troisième en luttant désespérément contre un envahissant sommeil à tel point que ce seront les applaudissements du public qui la réveilleront...

Micheline a souvent pensé à cette extraordinaire performance, se demandant comment elle a pu jouer, et bien jouer, sa partie, heureusement soutenue par l'orchestre, tout en ayant presque perdu conscience. Elle en a conclu que seule la merveilleuse musicalité de Schumann qui transcende la technique, lui a permis de franchir ces moments où, pendant quelques instants elle vécut dans un autre monde. Mais une fois réveillée, elle récupère en un éclair tous ses esprits et c'est euphorique qu'elle saura faire face à une horde de jeunes quémandeurs d'autographe pour ensuite faire honneur à un délicieux dîner chez des amis de Tunis, discuter longuement "affaires" avec un éventuel impresario avant de retrouver, enfin sa chambre d'hôtel à une heure du matin.

Réveillée à cinq heures pour attraper l'avion d'Alger, Micheline y passera la journée à travailler le récital qu'elle doit donner à Nice deux jours plus tard. Après un arrêt à Marseille, elle arrive enfin à Nice en fin de matinée. Heureux changement, elle y est merveilleusement reçue par toutes les autorités avec bouquets de fleurs, voiture, émission à la radio pour annoncer son concert du soir au Casino qui sera un véritable triomphe. Voici ce qu'en dira J. Stan, le critique du journal *L'Eclair*, le le lendemain 28 janvier 1949 :

"L'interprétation de la Sonate de Liszt par Micheline Ostermeyer la classe d'emblée parmi les plus grands pianistes

internationaux. Ajoutons qu'elle possède la plus riche palette de sentiments, traduisant avec le même bonheur le mysticisme de Bach et l'humour de Debussy, en passant par la poésie fluide d'un Fauré."

A Cannes avec, le concerto de Liszt avec orchestre, puis un deuxième récital à Nice où elle jouera le 8 février la Sonate Appassionata de Beethoven, les Kreisleriana de Schumann et la Mephisto-Valse de Liszt concluront ce beau trio de concerts au bord de la Méditerranée.

Et c'est encouragée par ses succès que Micheline remonte sur Paris avec beaucoup de projets.

3 - L'Orchestre des Cadets du Conservatoire

Depuis quelque temps Micheline sent qu'elle doit frapper un grand coup à Paris où elle n'est pas assez connue. Pour cela elle veut donner un concert accompagnée par un grand orchestre parisien avec, si possible, trois concerti, ce qui ne manquerait pas d'attirer les critiques parisiens, cette idée étant rarement réalisée. Evidemment elle n'a pas encore la notoriété pour être engagée ferme, aussi elle décide de financer une telle soirée, quitte à y consacrer les économies réalisées lors de sa récente tournée en Afrique du Nord. Ses amis E. sont prêts à la recevoir chez eux avenue Kléber à Paris et Madame E. se propose de l'aider à organiser cet ambitieux programme. En attendant l'arrivée de Micheline, Madame E. a fait le tour des formations musicales de la capitale et des salles disponibles. Elle a déjà pris une option sur la salle Gaveau pour le 2 avril 1949, ce qui donnerait deux mois à Micheline et à l'orchestre pour se préparer. Mais quel orchestre et avec combien de musiciens ? Très vite Madame E. s'aperçoit que les devis fournis par les musiciens dépassent, et de beaucoup, le budget prévu ; avec regret, elle barre de sa liste Lamoureux, Colonne, la Radio, Pasdeloup.

Il reste l'orchestre des Cadets du Conservatoire dont elle a souvent entendu parler, et dont les tarifs sont, parait-il, fort raisonnables. Il est composé des meilleurs éléments du Conservatoire de la rue de Madrid, se destinant à devenir des musiciens d'orchestre et ayant tous une solide expérience. De très grands chefs d'orchestre tels Charles Munch n'ont pas rechigné à les diriger à la satisfaction générale.

Madame E. prend rendez-vous avec la secrétaire du Directeur du Conservatoire, Claude Delvincourt, qui lui raconte l'extraordinaire histoire de cette formation.

Son origine remonte aux années noires de l'Occupation. Le 16 février 1943, le gouvernement de Vichy institue le Service du Travail Obligatoire, vite connu par ses initiales S.T.O. Il oblige tous les jeunes français nés entre le 1er octobre 1919 et le 31 décembre 1922 à participer à l'effort de guerre de l'Allemagne en partant y travailler.

Jusqu'en septembre 1943, les étudiants obtiennent facilement des sursis leur permettant de terminer leurs études et c'est le cas pour les élèves du Conservatoire qui ont entre 21 et 23 ans. Mais le durcissement des combats rend les Allemands plus exigeants et les sursis sont annulés dès septembre 1943. Claude Delvincourt, le directeur depuis 1941, âgé de 55 ans, grand patriote qui fut grièvement blessé en Argonne le 31 décembre 1915 (perte de l'œil droit, multiples fractures aux jambes, huit perforations de l'intestin), veut tout faire pour éviter à ses jeunes ce qu'il a connu.

Plusieurs de ses élèves dont Georges Jouvin, qui deviendra un brillant trompettiste et chef d'orchestre, et Gérard Calvi, futur compositeur et président de la S.A.C.E.M. lui font part de leurs craintes à ce sujet.

En accord avec le Commissariat Général de la Main-d'Œuvre (organisme français), il décide de créer un orchestre composé uniquement des sursitaires et qui en décembre 1943 prend le nom de "Orchestre des Cadets du Conservatoire", (qu'il conservera jusqu'à sa dissolution par le même Delvincourt en 1953).

Un premier concert a lieu avec quatre-vingts exécutants sous la direction de Roger Desormières. Des tournées en provinces sont organisées en accord avec les Jeunesses Musicales. Mais, en février 1944, les Allemands exigent un plus grand contrôle sur ces jeunes gens qui semblent leur échapper et demandent qu'ils soient regroupés à la caserne Kellermann, porte d'Italie. Les Cadets reçoivent un uniforme en laine très proche de celui des Chantiers de Jeunesse : vareuse, pantalon serré à la cheville, large béret, bottines. Surveillés jour et nuit par des cadres issus aussi des Chantiers de Jeunesse, ils couchent à trente dans des grands dortoirs, mal éclairés et mal chauffés, nourris de rations militaires. Pour sortir, une autorisation individuelle doit être montrée au poste de garde. Les déplacements pour se rendre au Conservatoire se font en groupe.

4 - Les Cadets et la Libération

Après le débarquement allié du 6 juin 1944, la situation se tend et des rumeurs de transfert des Cadets à Berlin sont de plus en plus persistantes. Un jour, les Cadets reçoivent de Monsieur Delvincourt par l'intermédiaire de l'un des leurs, l'avis que leur arrestation est imminente et qu'il leur donne l'ordre de "faire le mur" le soir même, avec valise et instrument, et de se réfugier où ils pourront. Ce fut fait dans une grande bousculade des gardes qui, cependant, n'appelèrent pas de renforts. Des cartes d'identité et des cartes de rationnement furent distribuées par Delvincourt lui-même afin de permettre aux évadés de subsister et pour certains de rejoindre le maquis.

Paris ayant été libéré quelques semaines plus tard le 25 août 1944, tout le monde se retrouva à l'ouverture des classes en octobre et l'Orchestre des Cadets reprit son activité. Mais pas sans mal. Les "bonnes habitudes" ne devant pas se perdre, quelqu'un dans les bureaux de l'armée française, s'avisa que ces jeunes gens n'avaient pas fait leur service militaire, et exigea qu'ils fissent leur temps.

C'est ainsi que les Cadets furent mobilisés début 1945 dans la "Musique de la Place de Paris" toujours en uniforme des Chantiers de Jeunesse et enfermés pour six mois à la caserne Lourcine, boulevard de Port-Royal.

On donna des tubas aux violoncellistes, des trompettes aux violonistes et des tambours aux altistes pour qu'ils puissent accueillir dignement à la gare de l'Est les trains qui ramenaient à partir d'avril les prisonniers français enfin libérés après cinq ans de captivité. Churchill et Eisenhower eurent droit au même accueil.

C'est tout juste si on n'alla pas leur reprocher d'avoir déserté lorsqu'ils s'enfuirent de la caserne Kellermann !

Claude Delvincourt fut ulcéré du traitement infligé à ses Cadets. Il donna à chacun d'entre eux un certificat, daté du 29 octobre 1945 qui déclarait : "*Je, soussigné, Claude Delvincourt certifie que, aussitôt l'ordre de départ pour l'Allemagne des élèves musiciens fut-il reçu au Centre Kellermann, ceux-ci s'évadèrent tous simultanément, sur ordre, pourvus de faux papiers ; ils gagnèrent le maquis ou des organisations de résistance armée, jusqu'au moment où la Libération intervint. Les élèves du Conservatoire appartenant à cette catégorie doivent donc être considérés comme réfractaires au S.T.O. depuis le jour de leur incorporation au Centre Kellermann jusqu'à la Libération. Ils doivent de ce fait bénéficier des avantages prévus par l'Ordonnance n° 45 du 8 septembre 1945 en faveur des jeunes gens ayant réussi à se soustraire au Service du Travail Obligatoire, (un des avantages en question étant la dispense de service militaire).*"

Rien à faire, les cadets restèrent six mois à la caserne Lourcine. Après leur démobilisation de la "Musique de la Place de Paris", les joueurs de tuba, de trompette et de tambour retrouvèrent avec joie leurs chers violoncelles, violons et altos. Sans caserne mais souvent en uniforme, ils vont participer pendant des années à des tournées de concert à travers l'Europe, y compris la zone française d'occupation en Allemagne, Berlin et l'Autriche. En 1947, ils participent aux festivités marquant le dixième anniversaire de la mort de Ravel en jouant, outre l'incontournable Boléro, la Deuxième suite d'orchestre du troisième tableau de Daphnis et Chloé, et le Concerto en sol avec Marguerite Long comme soliste, sous la direction de Paul Paray.

En 1948, avec Charles Munch, ils reprennent du service pour célébrer les dix ans de la mort de Roussel en jouant ses plus célèbres compositions telles la Deuxième Suite d'Orchestre du ballet Bacchus et Ariane, la Suite en la et enfin la Suite pour Orchestre du Festin de l'Araignée.

La même année, l'Orchestre des Cadets est choisi pour débuter le Festival d'Aix-en-Provence, entièrement consacré au génie de Mozart. Les Cadets accompagneront l'Opéra Cosi Fan

Tutte ("Ainsi elles le font toutes"), sous la baguette du chef allemand Hans Rosbaud qui tenait le clavecin pendant les récitatifs. Les quatre dernières symphonies de Mozart, dont la célébrissime Jupiter, furent jouées en concert .

L'orchestre comptait une quarantaine de musiciens, la moitié de la formation au complet, soit huit premiers violons, six seconds violons, cinq altos, quatre violoncelles, deux contrebasses, deux flûtes, deux hautbois, deux clarinettes, deux bassons, deux cors, deux trompettes et deux percussionnistes.

Pour célébrer la fin du festival, les jeunes musiciens s'élancèrent sur le Cours Mirabeau en une joyeuse farandole qui pour certains se termina par un plongeon dans les fontaines. L'orchestre donna ensuite une sérénade impromptue sous les fenêtres de l'hôtel où se tenait une grande réception en l'honneur des deux chefs. Tout le monde s'était bien amusé mais, hélas, la formation ne fut pas réengagée l'année suivante, ayant été accusée de tapage nocturne...

5 - Trois concerti à Gaveau

La belle histoire des Cadets a beaucoup plu à Madame E. Aussi c'est avec joie qu'elle les choisit pour accompagner Micheline à la Salle Gaveau le samedi 2 avril 1949 en soirée.

Leur chef Eugène Bigot qui a déjà dirigé Micheline lors de son concert à la Sorbonne en garde un très bon souvenir.

C'est lui qui suggéra de donner le concert au profit de la cantine du Conservatoire pour réduire les frais. Il ne restait plus qu'à choisir le programme.

Le concert doit naturellement commencer par une partition pour orchestre seul et Eugène Bigot conseille le Carnaval Romain de Berlioz. C'est l'ouverture idéale : huit minutes de musique très tonique dont raffolent les Cadets qui l'ont souvent joué en débuts de concert et qui met bien en relief leur entrain et leur jeunesse.

Quant à la suite, Eugène Bigot en laisse l'entière responsabilité à sa pianiste dont, disait-il, il approuve les choix d'avance.

Micheline savait qu'elle terminerait par le Concerto en mi bémol de Franz Liszt, comme elle terminait beaucoup de ses récitals par la grande sonate en si mineur du même compositeur qui avait clos sa première apparition à Paris en décembre 1946, l'année de son prix.

Mais par quoi débuter ? Elle a longtemps pensé au Concerto de Schumann, dont le style romantique lui convient bien, mais il était tellement joué. Alors, pourquoi pas Brahms et ses quarante minutes en ré mineur ?

C'est un des grands concerti en trois mouvements pour orchestre et piano du répertoire.

Pendant ses heures de réflexion, combien de fois l'a-t-elle entendu !

L'orchestre débute par un long exposé, très dramatique du premier thème qui permet à la pianiste de se laisser envahir par la musique symphonique à laquelle elle ne participe pas encore. Observée par mille spectateurs, assise dans sa belle robe gris perle à longs plis, le cou cerné d'un collier de corail rose, mains sur les genoux, la tête baissée, Micheline guette la phrase où l'orchestre ralentira pour lui donner la parole. Doit-elle regarder le chef ou se laisser guider uniquement par le son ? Par coquetterie, elle a décidé de ne pas porter de lunettes et craint de ne pas saisir le coup d'œil de Bigot. Le moment approche : elle place lentement ses deux longues mains au-dessus du clavier, puis, note par note, elle s'entend pénétrer dans la belle phrase tourmentée qui marque le début de sa partition de soliste par l'interprétation du thème que l'orchestre a déjà esquissé. Le premier mouvement est une succession de phrases dramatiques ou très chantées, allant jusqu'au récitatif lors de l'apparition du deuxième thème déclamé par le piano seul.

Le deuxième mouvement, très lent, très recueilli, est un vrai dialogue entre elle et l'orchestre, animé de ci, de là, par quelques phrases jouées à tour de rôle par une clarinette, une trompette, un hautbois ou une flûte.

Le troisième et dernier mouvement est en forme de rondo, pièce brillante servant de final avec le thème principal en refrain, tandis que les autres thèmes s'intercalent comme les couplets d'un sonnet.

Pour Micheline, le concerto finit en une explosion de joie par une succession de grandes trilles à deux mains, tout l'orchestre se déchaînant pour conclure. Sa décision est prise : elle débutera par Brahms.

Les douze minutes des Variations Symphoniques de César Franck viendront en second. Elles sont écrites autour d'un thème unique, assez long, et repris environ cinq fois, tantôt en solo par la pianiste, plus souvent en un dialogue piano-orchestre.

Comme prévu, Micheline terminera par Liszt. Il faut d'ailleurs être bien en doigts pour ne pas trahir le compositeur et ses acrobaties en octaves six fois répétées à toute vitesse, qui débute ce concerto de haute virtuosité.

La salle, électrisée, rappellera sept fois Micheline. Elle baigne dans le bonheur. Tout s'est parfaitement déroulé : pas la moindre anicroche, accord parfait avec l'orchestre et le public qui l'a écoutée dans un silence magique. Que cette Salle Gaveau est belle, toute éclairée, maintenant que Micheline est soulagée de tout sentiment d'angoisse.

Elle en serait bien restée là, mais Eugène Bigot lui fait signe qu'elle doit absolument exécuter un bis, sinon les applaudissements vont continuer...

Elle en a préparé deux : un "Impromptu" de Fauré et les "Reflets dans l'eau" de Debussy, s'étant promis de choisir à la dernière minute selon l'atmosphère ambiante.

En contraste avec le flot des harmonies libérées par les quatre-vingts Cadets à la fin du Liszt, Micheline a envie de retrouver un peu de calme en jouant le Debussy, une pièce où chaque note semble remonter des profondeurs du piano tout en retentissant de son éclairage particulier, et elle a eu raison.

6 - Brillantes critiques

Il n'aura fallu que trois répétitions pour mettre au point un tel programme, les deux premières rue de Madrid, et la dernière à Gaveau.

La première personne à l'embrasser est sa mère Odette, venue spécialement de Tunis et qui a assisté à toutes les répétitions, accompagnée de son frère Oncle Aven, sa sœur Tante Yane et son mari. Beaucoup de camarades du Conservatoire, dont Colette

Zérah, sont également présents. Parmi les sportifs, Micheline a été particulièrement touchée par la présence de Jacques Maloubier avec qui elle avait fait le voyage à Oslo. Parmi les personnalités, le professeur Pasteur Vallery-Radot l'a chaudement félicitée.

Les éloges du chef Eugène Bigot, toujours si gentil et affectueux (après huit jours de travail, il appelait Micheline "mon petit poulot") lui font particulièrement chaud au cœur.

Cette soirée restera unique : c'est la seule, au cours de sa longue carrière, où Micheline aura joué trois concerti.

La presse parisienne ne tarit pas d'éloges sur la "pianiste championne". Le grand critique Maurice Imbert lui consacre un long article dans *"Images Musicales"* qui reflète bien l'opinion de l'ensemble de ses confrères :

"Au cours d'un récital organisé au bénéfice de la cantine du Conservatoire, d'éminentes personnalités du monde musical ont pu applaudir le Maître Eugène Bigot et Micheline Ostermeyer : au programme le Concerto en ré mineur de Brahms, le Concerto en mi bémol de Liszt et les Variations Symphoniques de Franck.

Si l'on songe à ce que ces œuvres éloignées de forme et d'inspiration représentent de puissance, on aura un aperçu de l'extraordinaire variété de talent de Mademoiselle Ostermeyer ; le public difficile l'a bien compris qui lui prodigua des ovations répétées.

D'emblée, une entente spirituelle s'établit entre piano et auditeurs qui sourdra jusqu'à la fin, entretenant de mesure en mesure un courant de sympathie se déchaînant au point d'orgue en applaudissements ininterrompus...

Avec Brahms, dont elle sut exprimer intensément l'émotion contenue, l'auditoire était délibérément conquis ; du concerto de Liszt richement pianistique, coloré d'effets, sabré de traits, trop souvent considéré comme critérium de virtuosité, elle évita l'écueil du grandiloquent et mit surtout l'accent sur son ardente et diabolique fantaisie...

Le toucher n'est pas moins prodigieux, remarquable puissance d'attaque rivalisant avec un velouté, une douceur extrêmes particulièrement sensibles dans l'adagio de Brahms et "Reflets dans l'Eau" joué en bis, étrange poème d'impressionnisme intérieur qui fut restitué avec une fluidité quasi silencieuse respectant (difficulté marquée chez Debussy) l'équilibre des différentes masses sonores...

Notons enfin une science approfondie des sonorités qui dans les plus fantasques improvisations fait s'enchaîner les traits les uns aux autres avec souplesse, dosant chaque élément dans son intensité propre et portant l'ensemble à ce sommet impondérable des sons, à cette convergence des chromes exquise où il n'y a plus entre mains et ivoire que l'essence de la musique. Micheline Ostermeyer semble en possession des dons prestigieux et de la technique indispensable à un avenir international et, chose plus rare, la maîtrise et la maturité qui font les très grands artistes...

Sachons lui gré ainsi qu'à l'intelligente et minutieuse baguette du Maître Eugène Bigot d'avoir restitué avec tant de flamme et d'esprit ces grandes fresques sonores.

7 - Tournées en Province

Suivant les vœux de Micheline, une si brillante performance ne passe pas inaperçue et de nombreuses propositions de concerts et récitals vont bientôt affluer. C'est de Tunis où elle est partie se reposer en famille que Micheline va consacrer ses matinées à y répondre, n'ayant toujours pas choisi d'impresario.

Elle travaille son piano cinq heures par jour mais n'oublie pas son cher basket pour autant ; elle a repris son poste de pivot dans l'équipe de l'Association Sportive Française (A.S.F.).

Avec son club, elle participe aux championnats d'Afrique du Nord qui ont lieu à Casablanca les 18, 19 et 20 avril 1949.

Puis c'est le retour à Paris, en avion, à la mi-mai pour une tournée en Lorraine. Le samedi 21 mai elle joue à Metz avec orchestre le Concerto de Liszt qui a clôturé son concert à Gaveau en avril ; le lendemain dimanche, elle n'hésite pas à retourner sur le stade de la ville où était organisée, en son honneur la Journée de la Femme Sportive avec le concours de toutes les sociétés féminines de gymnastique et d'athlétisme du département de la Moselle. Entre son concert à Metz du samedi soir et celui qui l'attend à Homécourt le soir même, elle se mesure aux championnes locales dans le lancer du poids et du disque, et la course de 60 mètres. Elle évite le saut en hauteur, trop dangereux avant le concert.

Il faut aussi que Micheline trouve le temps de faire quelques heures de piano et d'être présente à la mairie pour recevoir la médaille de la ville, sans oublier la descente dans une mine de charbon (il y en avait encore en 1949), et de participer à une deuxième compétition sportive le lundi après-midi, juste avant de reprendre le train...

On croit rêver.

Après quelques heures à Paris, Micheline part pour Saumur où elle avait déjà joué début 1947. Les manchettes de la presse locale sont typiques et méritent d'être relatées :

"*Mademoiselle Micheline Ostermeyer, Championne olympique et pianiste de talent est dans nos murs.*"

"*Ambassadrice des Arts et des Sports, Micheline Ostermeyer reçue officiellement en notre ville où elle donne une audition ce soir.*"

De nombreuses photos la montrent, les bras chargés de fleurs, entourée des officiers instructeurs de la célèbre Ecole de Cavalerie, ou accueillie par le conseil municipal sur les marches de la Mairie.

Les comptes rendus de son récital sont enthousiastes. Ainsi cette critique des Kreisleriana :

"*En première partie, la pianiste a interprété les Kreisleriana de Schumann, œuvre trop rarement jouée, qui est une suite de déclarations d'amour de Schumann à sa fiancée Clara. De ces huit mouvements, Micheline Ostermeyer nous a offert la plus compréhensive traduction et aussi la plus sensible. Toute une poésie tantôt sauvage, tantôt romantique est incluse dans cette écriture sensible*". (La Nouvelle République, 27 mai 1949, signé R.-G. M.).

Après Saumur, retour à Tunis pour jouer dans la même semaine le Concerto de Liszt accompagné par l'orchestre de Radio-Tunis. Un récital l'attend à Vannes le 30 juin pour célébrer le centenaire de la mort de Chopin.

Le 5 juillet, concert à Deauville où Micheline constate avec plaisir qu'elle figure sur la même affiche que celle qui annonce le récital du grand Arthur Rubinstein. Mais son cachet n'est pas le même... A tel point que le coût de ses déplacements et ses frais de séjour lui laissent fort peu d'argent en fin de tournée, ce que peu de gens semblent savoir ! A commencer par les organisateurs de son déplacement qui la logent dans un des palaces de la côte où malgré une réduction du prix de la chambre (mais pas des repas), la note qui lui est présentée à son départ la laisse avec à peine la moitié de son cachet.

Dernier concert à Blois le 8 juillet avec, dans l'après-midi une démonstration du lancement du disque.

8 - Athènes et Tel-Aviv

Enfin arrivée à l'Ile-aux-Moines où l'attendent plus de cent lettres. L'une d'elles émane du Stade Français, un club parisien qui lui propose une rencontre amicale avec l'équipe de Grèce d'athlétisme à Athènes début octobre. Micheline qui a toujours rêvé de découvrir ce pays accepte avec joie et profite de l'occasion pour signaler sa venue à une organisation musicale qui l'avait déjà contactée l'année précédente.

La rencontre au stade se passe fort bien. Micheline en grande forme après quelques semaines de repos marin va même battre le record de France du disque avec un jet de 42,80 mètres. Il faut dire qu'elle se sera recueillie la veille devant la célèbre statue du discobole, l'emblème des Jeux Olympiques antiques et modernes.

Malheureusement, côté musique, l'organisation est des plus médiocres.

La salle est changée à la dernière minute et peu de spectateurs prennent la peine de traverser tout Athènes pour l'écouter dans le nouveau lieu !

Le matin même elle reçoit d'un jeune homme enthousiaste, Léo Attermann, professeur d'éducation physique et de géographie, (et imprésario à ses heures) à Tel-Aviv, l'offre d'un concert la semaine suivante.

L'Etat hébreu vient de célébrer la première année de son existence après sa victoire dans la guerre d'indépendance de 1948. Il règne dans le pays et parmi tous ses citoyens un esprit euphorique extraordinaire qu'Attermann communique à Micheline. Il est très fier de démontrer à tous ses élèves comment on peut être à la fois une artiste et une athlète et il saura remplir deux salles : celle de Ohel Shane à Tel-Aviv même et celle de son Université. Micheline joue aussi pour la soirée anniversaire du président Ben-Gourion. Micheline garde un souvenir ému de cette visite dans cet état où règne un grand sentiment de fraternité qui semble avoir aboli toute barrière sociale.

Elle serait bien restée quelques jours de plus dans le bel hôtel donnant sur la plage d'où elle peut contempler la mer, et ce, tous frais payés. Mais un important programme l'attend avec des concerts à Chaumont (invitée par Edgard Pisani, alors préfet de Haute-Marne), Nancy, Longwy, Metz à nouveau, Rennes, Angers, Saumur (pour la troisième fois) pour finir à Toulon le 28 et Nice le 29 décembre 1949.

La journée à Nancy est particulièrement réussie et les paroles de l'adjoint-délégué aux Sports le docteur Weber seront reproduites le lendemain par la presse locale :

"*La Grèce où vous venez de vous faire applaudir, Mademoiselle, comptait parmi ses divinités antiques Euterpe, déesse de la Musique. Il lui manquait une déesse des Sports. Vous eussiez mérité être celle-là !*"

C'est l'orchestre des Jeunes du Lycée de Nancy qui accompagne Micheline dans le Concerto de Schumann, ce qu'elle craignait quelque peu, mais une répétition suffit pour en faire le clou de la soirée.

Retour à Paris puis l'avion pour venir se reposer quelques jours à Tunis avant de reprendre en 1950 la trépidante vie de pianiste championne.

Chapitre 7 - Sources

La Légion - Pierre Sergent - Editions Graphiques Lafayette 1985.
Entretiens concernant l'histoire de l'Orchestre des Cadets du Conservatoire avec :
Marguerite Sablonnière, archiviste, chargé de mission auprès du Conservatoire National Supérieur de Paris.
Gérard Calvi, compositeur, 1er prix du Conservatoire National Supérieur de Paris, ancien cadet, président de la SACEM.
Georges Jouvin, 1er prix de trompette du Conservatoire National Supérieur de Paris, chef d'orchestre, ancien cadet.
Serge Hurel, violoniste, et Jean Bara, violoncelliste, tous deux anciens cadets et 1er prix du Conservatoire National Supérieur de Paris, Solistes de l'Orchestre Philharmonique de Radio-France.
Dossier de presse de Micheline Ostermeyer assemblé par son père Henri.

CHAPITRE 8

De 1950 à 1951 : Courses et Concerts

1 - Concerts à Chaillot et à Bordeaux
2 - Institut National des Sports à Vincennes
3 - Le Quatre-vingts mètres haies avec Fanny Blankers Koen
4 - Le Stade Français
5 - Retour à Pasdeloup
6 - Messe de minuit à Chateauroux
7 - Dix concerts en Février
8 - Footing à Tarbes avec René Valmy
9 - Une course de trop

1 - Concerts à Chaillot et à Bordeaux

L'année 1950 commence pour Micheline Ostermeyer par deux grands concerts, l'un à Paris et l'autre à Bordeaux.

Le premier a lieu le dimanche après-midi 5 février au Palais de Chaillot où Micheline accompagnée par l'Orchestre Pasdeloup, joue le Premier Concerto en si bémol de Tchaïkovsky sous la direction de Pierre Dervaux. C'est la première fois que Micheline est engagée par une des grandes formations symphoniques de la capitale. Son dernier concerto à Gaveau avec les Cadets du Conservatoire a été organisé à ses frais. Il faut ajouter qu'à Chaillot, si elle n'a rien déboursé, elle n'a pas été payée pour autant ! Bien étranges sont les mœurs et coutumes de cette profession... Micheline a horreur d'attendre, fiévreusement dans les coulisses. Le concerto devant débuter à 17 heures 30, elle se pointe devant Chaillot à 17 heures 20 pour découvrir une foule agitée et bruyante autour des guichets d'entrée.

Le journaliste du *Monde* va s'élever contre cette situation qu'il attribue autant à la réputation de Micheline qu'à la mauvaise organisation de la salle, comme il l'écrit dans son article du 8 février :

"*En milieu de l'après-midi, une cohue indescriptible se forme à l'entrée du Palais de Chaillot. Les murmures qui s'élèvent de la foule venue assister aux concerts Pasdeloup préludent peut-être à de gracieux menuets ou à des lieders tendres : mais ils se transforment très vite en allegro furioso. On s'écrase aux portes qui ne laissent pénétrer les mélomanes dans le vestibule qu'un par un... Les femmes ont des vapeurs, les hommes écument, les agents vocifèrent, le désordre est à son comble... Etait-ce parce que le programme des concerts Pasdeloup avait affiché le nom de la championne olympique, pianiste virtuose, Micheline Ostermeyer, que la mêlée dépassa en épique les plus forcenées empoignades du stade ? Il y eu cette fois des plaies, des bosses et le concert ne put commencer qu'à 18 heures 15".*

Le critique de *L'Epoque* sera plus galant lorsqu'il écrira : "*La foule assiégeait le Palais de Chaillot de manière inusitée...*

Quelle raison ? La pluie, l'attrait de musiques russes connues telles "Capriccio espagnol" ou "Chants Russes" de Liadov, "Nuit sur le Mont Chauve", "Danses du Prince Igor" ? Peut-être. Mais plus certainement, le plaisir d'entendre Micheline Ostermeyer, championne d'athlétisme et pianiste. Le Concerto de Tchaïkovsky qu'elle a joué (le premier en si bémol, le plus célèbre), a montré que le rude lancement du disque n'avait pas alourdi sa main virtuose.

Jamais Micheline n'a joué dans une salle aussi comble, avec trois mille places occupées. Le chemin des coulisses jusqu'à son piano lui a paru interminable mais le succès, les applaudissements lui font oublier ce court malaise. Elle va toutefois s'apercevoir, lorsqu'elle vient saluer, que le chef d'orchestre Pierre Dervaux ne l'a pas accompagnée. Elle saura plus tard qu'il n'aimait pas se montrer sur scène à côté de solistes qui le dépassait de plus d'une tête, ce qui était le cas avec Micheline !

Six jours plus tard Micheline est à Bordeaux, une ville qui lui rappelle bien des souvenirs. N'est-ce-pas sur le stade du B.E.C. (le Bordeaux Etudiant Club) qu'elle a remporté un de ses premiers succès d'après guerre lors des championnats de France d'athlétisme en 1945 ? Et comment oublier que c'est encore à Bordeaux en juillet 1946, trois jours après avoir remporté son premier prix de piano au Conservatoire de Paris, qu'elle gagne à nouveau l'épreuve du lancement de poids.

Le journal *Sud-Ouest* du 14 février 1950 dira d'elle :

"*C'est un signe des temps ; le nom auréolé de gloires sportives de Micheline Ostermeyer a réalisé ce que de très grands noms d'artistes parviennent rarement à faire : emplir la salle du Grand-Théâtre".*

Elle y joue le Concerto n° 1 de Brahms, la Bourrée Fantasque de Chabrier, deux impromptus de Fauré et pour conclure la Toccata (non de Maurice Ravel comme annoncée par erreur sur le programme) mais celle de Tito Après, son premier maître à Tunis.

Au journaliste venu l'interroger au Conservatoire de Bordeaux où elle se prépare à son concert, elle confie qu' :

"Elle plaçait la musique au-dessus de tout ; elle faisait dépendre son parfait équilibre physique et moral des forces acquises par le sport et qu'elle met ensuite au service de son art". Et elle ajoute : "L'exécution au piano d'une sonate exige une plus grande dépense physique et nerveuse qu'une de mes compétitions sportives".

Le maire de Bordeaux, Jacques Chaban-Delmas, lui-même un grand sportif (rugby puis tennis) donne un dîner à l'Hôtel de Ville en son honneur. Elle y sera la seule femme et présidera sa table.

2 - L'Institut National des Sports

Retour de Bordeaux, Micheline apprend que sa demande pour une chambre à l'Institut National des Sports (I.N.S.) a été acceptée. Voilà deux ans qu'elle "campe" chez Madame E. avenue Kléber et elle en était un peu gênée. Elle emménage dans une petite chambre, avec coin lavabo, les toilettes et douches dans le couloir, mais assez grande tout de même pour y loger un piano droit. Ses voisins sont des jeunes stagiaires, homme ou femme, français ou étranger, futurs cadres sportifs. Les uns sont des apprentis entraîneurs de club, venus se parfaire dans leur spécialité. D'autres se destinent à la carrière de maître et maîtresse en éducation physique : ils complètent leur éducation théorique dans les amphis et pratiquent leur sport sur les terrains.

L'Institut National des Sports, situé à Paris dans le Bois de Vincennes entre le Château et Joinville-le-Pont, est l'héritier de l'Ecole Normale de Gymnastique et d'Escrime de Joinville dont la fondation remonte à 1852. C'est au milieu du XIXème siècle que l'éducation physique est enfin considérée comme une branche à part entière de l'éducation tout court et que le sport fait son entrée dans les cursus de l'Education Nationale, connue alors sous le nom d'Instruction Publique (dépendant du Ministère de l'Instruction Publique, des Beaux Arts et des Cultes).

Les premiers professeurs de gymnastique de générations de jeunes Français furent les célèbres "moniteurs de Joinville" formés sur cette grande plaine de Vincennes. Si l'un d'eux devait revenir sur terre aujourd'hui, il aurait du mal à reconnaître son ancienne école, excepté pour la porte d'entrée dite de la Faisanderie, qui, en souvenir, a été reconstruite près du stade d'honneur.

Là où autrefois il n'y avait que quelques baraquements en bois, servant à la fois de dépôt de matériel et de vestiaires, et une pelouse cerclée d'une piste sablée, c'est une véritable ville qui a pris place sur trente quatre hectares.

950 athlètes de haut niveau, avec 170 entraîneurs fédéraux y pratiquent 34 disciplines différentes.

On peut y admirer, aujourd'hui, cinquante ans après sa création, un stade couvert réservé à l'athlétisme de 14.000 mètres carrés couverts, sans un seul pilier, un ensemble nautique composé de deux bassins intérieurs et un extérieur avec plongeoirs, de nombreuses salles de sport consacrées au combat, à l'haltérophilie, à la musculation, etc...

Sur les terrains de plein air, on remarque les courts de tennis, les aires de lancer (chères à Micheline) les terrains de rugby, de football et les stades spécialisés où l'on peut pratiquer toutes les formes d'athlétisme à l'aide d'équipements modernes.

Micheline connait l'endroit pour y avoir séjourné en juin 1948 dans l'attente de son départ pour les Jeux de Londres et s'y être entraînée in extremis au lancement du disque.

De la large baie qui lui sert de fenêtre, elle jouit d'une belle vue et de son troisième étage, elle voit le sommet des arbres de ce beau parc de Vincennes. Evidemment le lieu est un peu isolé, l'entrée des bâtiments étant à deux kilomètres du métro Château-de-Vincennes. Lorsqu'elle va au concert à Paris, elle rentre rarement avant une heure du matin et c'est toujours avec quelques craintes qu'elle surveille les sous-bois.

Un soir, elle aperçoit deux hommes qui semblent la suivre, accélérant lorsqu'elle accélère, ralentissant lorsqu'elle ralentit. Serrant son sac sous son bras, elle ne dut qu'à sa célèbre vitesse d'accélération de les semer avant de franchir le portail et de se réfugier dans le premier bâtiment venu.

3 - Les 80 mètres haies

Micheline a décidé de se perfectionner au disque et au 80 mètres haies. Son professeur est André Gardien, entraîneur national spécialisé en course. Il commence par la faire trottiner, en survêtement sur la piste pendant près de quarante minutes jusqu'à ce qu'elle sente ses jambes prêtes aux efforts brusques qui lui permettront d'atteindre les pointes de vitesse demandées. Gardien surveille plusieurs fois par séance le rythme cardiaque de son élève, connaissant son problème de récupération particulièrement lente.

Suit une séance de mouvements de gymnastique adaptée aux passages des haies où les deux jambes ne travaillent pas de la même façon : assouplissement des jambes et du torse, mouvements rapides des jambes seules.

Pour les courses de haies féminines, l'obstacle mesure 0,76 m. contre 1,06 m. pour les hommes. Cette hauteur relativement basse n'est pas faite pour déplaire à Micheline dont la jambe mesure 0,88 m. (de l'entrejambe au talon).

Mais si cette longueur de 0,88 m. facilite le saut des haies, elle est fort gênante dans la vie de tous les jours, les moyennes auxquelles se réfèrent les constructeurs de siège étant de 0,70 m.

Le pire est la station assise dans les salles de spectacle où l'espace entre deux rangées de fauteuils force Micheline à s'asseoir de côté. Particulièrement redoutées sont les travées du poulailler de l'Opéra de Paris.

Tous les pianos à queue, dont le clavier est situé plus bas que celui des pianos droits, posent problème. Les genoux de Micheline se coincent sous les bois, d'où la nécessité de jouer avec des talons ultra plats. Pour pallier cet inconvénient, Micheline a pris l'habitude de toujours voyager avec trois pieds de verre dans son sac, du type que l'on glisse sous les roulettes pour éviter les vibrations. Cela lui permet de faire soulever le piano des quelques centimètres qui libèrent ses genoux. Les incidents relatifs à l'emplacement des pianos n'ont pas manqué dans sa longue carrière. L'un des plus cocasses concerne le plancher d'une scène qui accusait une forte pente vers le public. Heureusement, elle s'en aperçoit lors de la répétition et demande aux machinistes de remettre le piano droit en mettant des cales appropriées sous les pieds du piano et ceux de la chaise. Le soir, après avoir salué, elle s'assoit devant le piano, enfin bien droit. Mais elle constate que la chaise en est un peu trop éloignée. Elle tente de s'en rapprocher mais pour caler la chaise, les machinistes l'ont clouée au sol ! Il ne lui reste plus qu'une chose à faire : saisir le piano par dessous le clavier et le rouler vers elle, ce qu'elle fait sous les applaudissements du public qui, depuis un moment suivait cette lutte épique.

Moralité de cette histoire : il est quelquefois utile pour une pianiste d'avoir la force d'une lanceuse de poids !!!

Mais que d'ennuis dans le métro et les autobus où le genou à genou contre son vis-à-vis peut prêter à confusion...

Pour revenir au sport, c'est Gardien qui va lui faire découvrir les finesses du réglage, oh ! combien délicat, des "starting-blocks", chaque coureur ayant ses propres mesures. Le départ du 80 mètres est crucial : un départ raté est souvent irrattrapable sur une si courte distance. L'organisation des foulées demande également une mise au point très pointue. Il faut prévoir huit foulées au départ et trois foulées entre chaque haie et choisir la jambe qui franchira la haie en premier : pour Micheline c'est la droite.

Micheline aime bien travailler avec Gardien qu'elle trouve très tonique, rien que dans sa façon de regarder et de marcher. Sa voix reste toujours calme mais son influx nerveux semble la pénétrer. La séance se termine vers 11 heures 30 par une douche bien chaude. Les repas sont pris à la cantine de l'INS, par table de six, recouverte de toile cirée de couleur.

Le petit déjeuner en semaine se compose de café au lait, pain, beurre et confiture. Le jeudi et le dimanche, il est remplacé par du chocolat, ce qui n'est pas l'idéal si on s'entraîne ce jour-là. Les repas ont lieu à heure fixe : midi-trente, dix-huit heures trente. Ils sont invariablement composés d'un hors d'œuvre, du plat du jour, fromage ou dessert, vin rouge à volonté, pain et eau. Il règne autour de la table une franche gaieté et le café est souvent pris entre amis dans les chambres. L'après-midi est consacré au piano pendant près de cinq heures. André Gardien aurait bien voulu que Micheline pense un peu plus à la musculation, cette nouvelle technique qui consiste, par des mouvements appropriés d'haltérophilie, à renforcer certains muscles. Dans le cas de Micheline et concernant plus particulièrement le disque, il s'agit des muscles du bras, des mains et des doigts, en conflit avec ce que demande le piano. Micheline a bien raison de se ménager car du piano, elle en fera toute sa vie, tandis que son avenir de sportive est forcément limité à quelques courtes années.

Les prochains Jeux Olympiques se tiendront à Helsinki en 1952 mais Micheline ne veut pas encore y penser, ces deux ans lui paraissant être des siècles. Pour l'heure, elle ne rêve qu'à cette nouvelle discipline qu'elle découvre un peu plus tous les jours : le 80 mètres haies. Au fond, elle se sent un peu frustrée dans cette catégorie dite "de concours", telles les lancers et le saut, où l'ont se bat en solitaire contre soi-même. Courir un œil sur la ligne d'arrivée et l'autre sur les concurrentes dans un côte à côte enivrant est une révélation oh ! combien excitante. Son but maintenant est de participer au plus grand nombre de rencontres possibles, allant de meetings amicaux inter-clubs aux championnats internationaux, de loin les plus passionnants, sans toutefois abandonner ses spécialités de base. Grâce à son entraînement régulier à l'I.N.S., elle est au sommet de sa forme et tout au long de l'été 1950, elle va remporter de nombreuses victoires.

Du 2 au 3 juillet, Micheline participe aux Championnats de Paris qui se tiennent au stade Jean-Bouin, à la porte d'Auteuil, où elle remporte six titres : pentathlon, relais quatre fois cent mètres, saut en hauteur, poids, disque et son cher 80 mètres haies.

Le 14 juillet, elle part pour Carcassonne où se déroule une rencontre France-Hollande sous le signe d'une farouche compétition entre les deux vedettes des deux équipes : Micheline et Fanny Blankers-Koen. Toutes deux en sont les capitaines et ravies de se retrouver après leurs succès aux Jeux Olympiques de Londres.

Les savants calculs des entraîneurs français montrent qu'une victoire est possible à un point près à condition que les deuxièmes et troisièmes places soient toutes prises par les tricolores dans les courses, Fanny étant imbattable dans les quatre épreuves où elle est engagée, et que Micheline enlève les deux lancers. Tout va dépendre du 80 mètres haies. La tactique est de laisser Fanny partir mais de s'adjuger les deux autres places gagnantes avec Micheline et une de ses co-équipières.

Hélas ! Micheline, encore novice dans cette spécialité, a mal réglé ses starting-blocks, et doit faire une foulée de plus avant la première haie qu'elle saute de la jambe gauche à la place de la droite. Elle prend ainsi plusieurs mètres de retard. Mais sa formidable volonté de vaincre va la faire bondir sur la ligne d'arrivée avant la deuxième hollandaise. Elle sera troisième, donnant à son équipe le point vainqueur indispensable pour s'assurer la victoire finale.

De retour à l'I.N.S. il ne lui reste qu'une courte semaine pour se préparer aux championnats de France à Colombes, les 24 et 25 juillet. Elle y remporte quatre titres : relais quatre fois cent mètres, poids, disque, et le 80 mètres haies.

Dix jours plus tard à Louveciennes, Micheline gagne le championnat de France de pentathlon. Malheureusement dans l'épreuve de saut en hauteur, elle se blesse au genou. Les médecins diagnostiquent un écrasement du plateau tibial. Si le nom est plus redoutable que le mal, il l'empêche de prendre part aux concours de saut en hauteur.

Par contre, elle continue, avec beaucoup de courage à courir le 80 mètres haies. Ce qu'elle fait mi-août à Bruxelles aux Championnats d'Europe où elle emporte deux médailles de bronze en poids et au 80 mètres haies, et ce malgré sa douleur. Mais elle est terriblement handicapée au disque et termine quatrième.

La saison d'été va se terminer avec un France-Angleterre début septembre. Elle gagne brillamment les épreuves du poids et du disque et elle est bien partie pour gagner le 80 mètres haies si le comportement de l'Anglaise voisine de couloir, ne l'en avait empêchée. En effet, à chaque saut cette dernière étend les bras en un mouvement rappelant la brasse du nageur, frappant violemment Micheline à l'estomac de la tranche de la main ! Micheline ainsi freinée, va heurter et briser la haie de son pied droit. Et ceci à quatre reprises, perdant chaque fois deux mètres. Un aimable mais tardif "I am sorry" la course terminée n'a pas consolé Micheline de cette injuste défaite que son caractère, toujours chevaleresque, lui interdit de contester.

4 - Le Stade Français

Micheline remporte toutes ces victoires sous les couleurs bleues et rouges du Stade Français et c'est toujours à ce club qu'elle appartient aujourd'hui. Comme le PUC (Paris Université Club) il a été fondé par des étudiants du Lycée Saint-Louis en 1880 pour prendre le nom de Stade Français en 1883. Le renouveau des Jeux Olympiques, l'influence des idées nouvelles venues d'Angleterre faisant du sport une discipline à part entière dans le cursus scolaire, sont les courants qui vont présider à la création des grandes sociétés sportives françaises. Après avoir erré dans la Région Parisienne pendant vingt ans, le Stade Français s'installe définitivement au Parc National de Saint-Cloud, au lieu dit "La Faisanderie de l'Empereur". De très nombreuses rencontres internationales y sont organisées en tennis, rugby, hockey sur gazon et dans toutes les disciplines de l'athlétisme. Le tennis est particulièrement mis en valeur avec le stade Roland-Garros (célèbre aviateur, membre du Stade Français, mort au combat en 1918).

Aujourd'hui le Stade Français dispose de quatre installations principales où il accueille ses 13.000 membres :

La Faisanderie au cœur du Domaine National de Saint-Cloud avec ses 36 courts de tennis, sa piscine, gymnase terrains spécialisés de toutes sortes et un plateau omnisport pour les enfants.

Le Centre Géo-André à côté du Parc des Princes abrite des services administratifs et des salles couvertes pouvant recevoir 1.500 personnes.

Sur la commune de Vaucresson, le Stade Français possède 27 hectares où sont installées trois sections de grands jeux collectifs : football, hockey sur gazon et rugby.

Depuis 1991, un superbe golf a été aménagé à Courson sur 110 hectares, dans l'Essonne.

Une des vocations du Stade Français est d'attirer des athlètes et joueurs de haut niveau telle Micheline Ostermeyer qui s'y retrouvent avec joie lors des différentes réunions regroupant toutes les gloires du sport français des cinq dernières années.

Si le sport a dominé ce printemps et cet été 1950, Micheline n'en a pas moins continué à sillonner la France en donnant des concerts, à Royat, à Saintes en mars, Calais et Lyon en mai.

Il faut rappeler que 1950 voit le début de la guerre de Corée au cours de laquelle les Etats-Unis font face à la Chine, soutenue par l'URSS dans une lutte sans merci. Ce conflit entre deux des trois plus grandes puissances mondiales remplit le monde d'effroi alors que le dernier affrontement date d'à peine cinq ans.

L'ombre de la bombe atomique n'a cessé de planer, tout au moins dans les premiers mois de guerre, ce qui a ralenti l'activité artistique un peu partout. Cela n'empêchera pas le grand hebdomadaire populaire *"Boléro, le Journal Pour Tous"* de choisir Micheline pour représenter "La Française Idéale 1950". Une page entière lui est consacrée avec photos de la pianiste et de la sportive. Une longue interview signée "Amilcar" rapporte ses propos glanés sur les pistes de l'I.N.S. alors qu'elle s'entraîne pour les Championnats d'Europe qui ont lieu à Bruxelles en août.

Malgré son emploi du temps fort chargé de l'été 1950, Micheline va trouver le moyen de "s'immortaliser" d'une autre façon.

Le filleul d'un ami de Radio-Alger, jeune sculpteur diplômé de l'Ecole des Beaux-Arts de Paris dirigé par Landowski, rêve de réaliser la statue d'une discobole moderne et de prendre Micheline comme modèle. Ce monument doit être le pendant, au féminin, du célèbre discobole antique qui trône dans toutes les académies et qui décore l'affiche des Jeux de Londres de 1948. Pendant toute une semaine, Micheline traverse Paris en métro de Vincennes à Boulogne pour retrouver Jacques Gestalder dans le studio qu'il a construit lui-même au milieu d'un petit jardin, déjà rempli de nombreuses statues en plâtre et en pierre. L'œuvre de Gestalder est typique du style des années 50 où l'artiste allie la rigueur académique des formes à une certaine rugosité dans les traitements des visages et autres surfaces.

Gestalder ne cherche pas la ressemblance mais veut symboliser le thème de "La Lanceuse de Disque". L'I.N.S. achète le modèle en plâtre, haut d'un mètre cinquante, et le fait couler en bronze chez le célèbre fondeur Susse. Il se trouve actuellement à l'INSEP, près du stade d'honneur mais ne porte pas (encore) le nom de Micheline puisque ce n'est pas à proprement parler son portrait.

Des œuvres du même artiste figurent dans de nombreux musées dont celui d'Art Moderne à Paris. Un "Hommage au Savoir", sorte de fresque composée de plusieurs personnages et s'étendant sur près de dix mètres, décore la cour du lycée de Saint Cloud.

Sa saison athlétique d'été terminée, au début du mois d'octobre 1950, Micheline retourne quelques semaines à Tunis à l'occasion du mariage de son frère Roland, âgé maintenant de 24 ans. C'est un beau et solide garçon, d'1,84 mètre. Après un long passage à l'armée, il est entré dans le cabinet d'un bureau d'architecte d'intérieur où il fait preuve d'un véritable talent aussi bien dans la conception que la réalisation de décoration d'appartements et de magasins. C'est à Paris qu'il travaille mais il n'a pas oublié la jolie jeune fille qu'il a connue à Tunis, et dont les parents sont des amis des Ostermeyer. Le mariage a lieu le 19 octobre 1950 à la paroisse Jeanne d'Arc, théâtre de la plupart des grands moments de l'histoire de la famille.

Malheureusement, la jeune épousée ne va pas supporter la vie de Paris et la séparation d'avec ses parents ; le couple divorcera quelques années plus tard.

Ce voyage à Tunis aura donné l'occasion à Micheline de passer quelque temps avec sa chère mère Odette qu'elle n'a pas vu depuis quelques mois. Son père Henri n'est pas au mieux de sa forme, ayant eu de gros soucis d'argent et de santé et la visite de sa fille chérie tombe à pic pour lui redonner courage. Mais Micheline ne peut pas rester aussi longtemps qu'elle l'aurait désiré : elle vient d'être engagée une deuxième fois par l'Orchestre Pasdeloup, et son piano l'attend dans son petit studio de l'I.N.S.

5 - Retour à Pasdeloup

Le 3 décembre 1950, Micheline joue une deuxième fois avec l'orchestre des Concerts Pasdeloup dans la grande salle du Palais de Chaillot. Elle y interprète à nouveau le concerto en ré mineur, opus 15 de Brahms qu'elle a joué à Bordeaux en février. Le chef cette fois-ci est un jeune anglais Stanley Pope. La critique parisienne trouve sa direction impeccable mais un peu trop british et manquant de chaleur. Ce qui permit à certains journalistes de porter Micheline aux nues, tels R. des Essards, dans le *Cri de Paris* :

"*Mr Stanley Pope semble animé des meilleures intentions mais ne paraît pas avoir réussi à exprimer au pupitre de l'orchestre Pasdeloup tout ce qu'il devait ressentir : ne parlons pas de sa suite en ré manquant par trop de relief ni de sa VIIème de Beethoven très correcte, sans plus, mais du concerto n° 1 de Brahms. Il s'agit là d'un plat magnifique, dirait mon confrère Savarin, qui ne devrait pas être consommé... à la sauce anglaise. Heureusement, au piano, c'était Micheline Ostermeyer dont le jeu a mûri comme un beau fruit, et dont on eut aimé l'entendre donner plus libre cours à son tempérament artistique..., sans une direction si sage, aussi peu romantique*".

Frédéric Tennog écrira après avoir rappelé que Brahms avait écrit ce concerto en souvenir de son ami Schumann mort fou quelques années auparavant :

"*Toutes ces images grandioses d'un passé combien amer, je les ai revues l'autre soir lorsque Micheline Ostermeyer s'avança sur l'immense scène du Palais de Chaillot. Elle a su rendre délicatement tout ce que ce Concerto exprime de sérieux, de sévère, de poignant. C'est le privilège des grands artistes. J'ai écouté Brahms avec toute mon âme et j'ai applaudi Micheline Ostermeyer avec tout mon cœur et ma reconnaissance.*

Le premier thème en ré mineur est véritablement l'éclat d'un profond désespoir. Le second en fa majeur tout embué de mélancolie nous est un bienheureux repos mais non une consolation. C'est sans doute dans le second mouvement que Brahms mit le plus de gravité, de réflexion, de résignation. Enfin le final, rondo en ré mineur, s'élance gaiement pour trouver une belle espérance. Hélas, l'amertume s'y mêle et peut-être, les effluves de l'Amour.

Micheline Ostermeyer, qu'elle me permette ce dernier éloge, possède incontestablement une merveilleuse virtuosité mais surtout, vertus rares, l'intelligence et la sobriété dans l'Amour de l'Art musical".

Quand on pense aux activités sportives du plus haut niveau qui n'ont cessé d'occuper Micheline tout au long de cet été, ces éloges prennent un relief extraordinaire.

6 - Messe de minuit à Chateauroux

Et c'est à Chateauroux, chef-lieu de l'Indre, que Micheline donne son ultime récital de l'année, le jour même de ses vingt-huit ans, le 23 décembre 1950. La critique locale s'élèvera contre le public castelroussin qui aurait dû venir plus nombreux. Il faut dire que la veille du réveillon n'est pas la date idéale pour remplir une salle de concert avec autre chose que des cantiques de Noël...

Pour Micheline ce concert à Chateauroux restera parmi ses meilleurs souvenirs de 1950 grâce à une rencontre imprévue. Parmi les personnes qui l'attendent pour la féliciter, l'une d'elles se présente sous le nom de Madame Cazala, pharmacienne. Et, ajoute-t-elle, "mes trois fils font leurs études au Lycée Français de Fulpmès".

Ce nom de Fulpmès fait sursauter Micheline. Depuis ses succès aux Jeux Olympiques de 1948, de nombreux établissement scolaires ont choisi de donner son nom à leur terrain de sport ou salle de jeu. Cela sera le cas pour les lycées de Lillebonne, Houilles, Longjumeau, Grand-Couronne, Cléon, etc. Mais c'est la première fois qu'elle est sollicitée pour donner son nom à tout un établissement. Dans le courant de l'année écoulée, elle a été très surprise et touchée de recevoir une lettre de Monsieur Jean Thibault-Chambault, proviseur du lycée de Fulpmès. Dans sa lettre, ce dernier informe Micheline qu'il s'agit d'un lycée créé en 1945 sur décision des autorités militaires de la zone d'occupation française en Autriche. Situé à 1.000 mètres d'altitude, en plein Tyrol, à 20 kilomètres de Innsbruck, et réservé en principe aux enfants des militaires de la Première Armée Française. Il compte 90 filles et 110 garçons, tous internes.

Dépendant administrativement de l'Académie de Strasbourg, il jouit d'une certaine autonomie quant à son organisation interne et cursus scolaire. Ainsi, la journée est divisée en quatre grands moments. Le matin de 8 heures 30 à 12 heures est réservé aux cours d'instruction générale. L'après-midi entre 13 heures 30 et 16 heures est consacrée au sport, ski en hiver, athlétisme, basket ball, escrime, boxe pendant les autres saisons. La fin de l'après-midi, après un copieux goûter, rassemble les élèves par classe où ils font leurs devoirs et apprennent leurs leçons sous la direction de répétiteurs. Enfin, pour les grands, le soir des pièces de théâtre, des petits concerts sont montés pour être présentés en fin de trimestre.

Le proviseur ajoute que le colonel Telinge, chef d'état-major du général Descourt, commandant le secteur Tyrol connaît bien la famille de Micheline. Ses enfants s'étaient liés avec les enfants Ostermeyer à Tunis lorsqu'il y commandait le 4ème Zouaves. C'est lui qui a suggéré que le profil intellectuel de Micheline, partagé entre la passion de l'art et celle du sport correspond bien à l'idéal du Lycée, sans oublier l'extraordinaire niveau d'excellence qu'elle a atteint dans ces deux activités, et que son nom sera digne de figurer sur son fronton.

Aussi, est-ce avec joie que Micheline a donné son accord en attendant de fixer une date pour le grand jour du baptême.

Tel était l'état du projet lorsque Madame Cazala rencontre Micheline ; elle l'invite à déjeuner pour le lendemain afin de lui présenter ses trois fils et futurs filleuls, Elie, Jean-François et Pierre.

Au cours de l'après-midi, qui se prolonge par une visite de la ville et se termine par la messe de minuit à la cathédrale, Madame Cazala explique à Micheline que son mari Roger était un grand résistant et qu'il est mort pour la France en déportation en 1945. C'est à ce titre que ses trois fils furent admis à Fulpmès où ils se plaisent énormément.

Toute la famille Cazala accompagne Micheline au train le lendemain matin en promettant de se retrouver bientôt en Autriche.

Hélas, quelques semaines plus tard, tombe la nouvelle que le Lycée de Fulpmès allait être supprimé et ses élèves répartis dans les autres établissements dépendants de l'Armée Française. Mais Micheline n'oublia jamais la famille Cazala et fut heureuse d'apprendre qu'elle habite toujours Chateauroux et qu'un de ses fils, Jean-François, docteur en médecine, est le fondateur de l'Association des anciens élèves du Lycée de Fulpmès.

7 - Dix concerts en février

De retour à l'I.N.S. pour le premier de l'an 1951, Micheline voit sa situation régularisée par le directeur, le très sympathique Docteur Jacquet, un des premiers médecins sportifs français.

En lui donnant le titre de surveillante (mais pas la fonction !), il lui permet, non seulement de garder sa chambre, de recevoir un petit pécule, mais surtout d'être désormais couverte par la Sécurité Sociale. Elle lui en sera toujours reconnaissante, car en tant qu'athlète de haut niveau, elle connaîtra pas mal de "plaies et bosses" en tout genre, certaines demandant des traitements longs et coûteux.

De nombreux engagements pianistiques attendant Micheline au mois de février, elle profite du calme sportif de janvier pour être à son clavier six heures par jour.

Sa tournée en France, qu'elle a entièrement organisée elle-même, n'ayant toujours pas trouvé d'impresario avec qui elle se sente en confiance, commence le 11 février à la Salle des Fêtes de Mâcon, suivi par un concerto avec orchestre à Saint-Etienne le 14 février. Elle continue par un récital à Angoulême le 17 février pour terminer avec l'orchestre de Brest le 20 février.

Elle y joue ses compositeurs favoris tels Fauré, Debussy, Ravel, la Méphisto-Valse de Liszt et les Variations Symphoniques de Franck avec orchestre.

Comme d'habitude, Micheline est partout accueillie à la fois par les autorités musicales et municipales de chaque ville mais également par les organisations sportives, toujours heureuses de la présenter à leurs sections féminines. Partout, son problème sera de trouver quelques heures par jour pour travailler son piano. Rares sont les organisateurs qui comprennent que même une musicienne de très haut niveau comme Micheline doit continuer, quoiqu'il arrive, à s'exercer journellement et longuement et sur un bon instrument. Les violonistes ou les flûtistes peuvent travailler dans leur chambre d'hôtel (et encore, pas trop tôt) tandis que le problème est beaucoup plus "encombrant" à résoudre pour les pianistes.

Les dix jours suivants sont consacrés à une tournée en Allemagne, plus particulièrement dans la zone d'occupation française de Rhénanie. Pour une fois, Micheline est prise en main par une organisation, ou plutôt par une organisatrice qui n'est autre que son amie Marie-Thérèse Eyquem, responsable du Sport Féminin à la Direction des Sports, rue de Châteaudun, ancêtre du Ministère du même nom. Marie-Thérèse a tenu une place importante dans la promotion du sport féminin d'après-guerre. Elle en a été un des plus ardents soutiens à un moment où il en avait bien besoin, le public traitant trop facilement les femmes comme des athlètes de deuxième zone. Partie, hélas !, trop tôt pour voir ses efforts aboutir, son rôle de pionnier a été reconnu lorsque le président Mitterrand en 1984 a donné son nom à un important complexe de salles consacré au judo et au basket à l'Institut National des Sports (I.N.S.)devenu depuis l'I.N.S.E.P. (L'Institut National des Sports et de l'Education Physique).

Au cours de cette tournée, Marie-Thérèse donne six causeries en sept jours consacrées à la poésie, chacune suivie d'une heure de piano avec Micheline.

Ludwigshaven le 27 février, Spire le 28, Heidelberg le 1er mars, Oberlingen le 2, Karlsruhe le 3 et en dernier Manheim le 5 , entendront dans des salles pleines ces deux ambassadrices de la culture française. Les trajets de ville à ville sont parcourus en voiture avec chauffeur, ce qui facilite grandement les déplacements. Naturellement, le programme est uniquement composé de musique française où l'on retrouvera la Bourrée Fantasque de Chabrier, le Sixième Nocturne, les Impromptus de Fauré, la Sonatine de Ravel, Prélude et l'Isle Joyeuse de Debussy.

Cette semaine en compagnie de Marie-Thérèse Eyquem restera longtemps pour Micheline un des meilleurs souvenirs de sa vie de concertiste.

8 - Footing à Tarbes avec René Valmy

En ce début 1951, la situation intérieure en France est dominée par les conflits sociaux causés par l'inflation et le constant besoin d'ajuster prix et salaire. La grève des transports parisiens du 26 février au 4 avril en sera l'une des conséquences les plus pénibles. Sur le plan international, deux grandes préoccupations :

la guerre froide contre l'URSS qui force les pays de l'Europe occidentale à renforcer leur défense commune avec l'installation du SHAPE (état-major des puissances alliées en Europe) à Roquencourt près de Paris, et les craquements dans les rapports avec les pays de la France d'Outremer : Indochine, Algérie, Maroc, Tunisie.

Pour Micheline tout au long de ce printemps 1951, la ronde des concerts et des apparitions sur les stades continue.

Le 30 avril, concert à Mulhouse, puis le 9 mai à Laon.

Le 12 mai, retour en Allemagne avec un concert au Conservatoire de Sarrebruck. Ce n'est pas sans une certaine appréhension que Micheline a accepté cette invitation. En effet, le grand pianiste allemand Walter Gieseking y donne très souvent des cours et il est réputé être le musicien allemand qui comprend et joue le mieux la musique française. Automatiquement, on va la comparer au maître. Mais tout se passe bien et le directeur félicite Micheline pour son programme français que lui et ses élèves ont pu apprécier particulièrement en raison de l'enseignement de Gieseking.

Le lendemain, grande réunion sur le stade de la Ville où Micheline se mesure à toutes les vedettes sportives de la Sarre dont beaucoup ont assisté avec émotion à son concert de la veille. En raison de son manque d'entraînement, il n'est pas question qu'elle puisse établir des records lors de ce genre de meetings. Cependant sa participation sera saluée par la presse locale car elle saura si bien tenir tête à la championne allemande du 80 mètres haies qu'elle la poussera à battre son propre record d'Allemagne !

Le 26 mai, descente dans le sud-ouest pour un concert à Tarbes et retrouvailles avec René Valmy, coureur et capitaine de l'équipe de France des inoubliables championnats d'Europe d'Oslo en 1946. Après quatre heures de piano le matin, Valmy entraîne Micheline faire un bon footing autour du stade. Pour Micheline, il n'y a pas de meilleur moyen de se décontracter avant de jouer la Quatrième Ballade de Chopin qu'une telle séance d'échauffement, et d'allier une fois de plus le Sport et la Musique. Quel dommage que les exigences des programmations lui en donne trop rarement l'occasion.

Début juin, retour en Allemagne pour trois concerts avec l'Orchestre du Palatinat et le Concerto de Schumann : le mercredi 6 à Ludwigshafen, le jeudi 7 à Manheim et le vendredi à Kaiserlautern.

9 - Une course de trop

Micheline a promis d'être de retour à Paris le dimanche 10 juin pour participer à une importante rencontre inter-club où le Stade Français l'a inscrite dans le 80 mètres haies, le lancement du poids et même un redoutable 4 fois 100 mètres. Depuis Tarbes et son footing matinal avec René Valmy, Micheline n'a pas mis les pieds sur un stade, tout son temps étant consacré à ses concerts et à leur préparation. Evidemment, elle pourrait se dépêcher de rentrer à l'I.N.S. et s'échauffer sérieusement le samedi après-midi.

Mais elle meurt d'envie de rester à Manheim et faire les magasins, ce qui lui arrive si rarement. D'autant que le sévère contrôle des changes qui existe encore entre la France et l'Allemagne lui interdit de ramener les marks qu'elle a gagnés et qu'elle doit dépenser sur place. Elle a également remarqué qu'en raison de son mètre quatre-vingt, il lui est plus facile en Allemagne de trouver robe à sa taille et chaussures à son pied que dans les boutiques parisiennes.

Elle attrape de justesse le dernier train de nuit pour Paris. Malgré sa couchette, elle arrive fatiguée à l'I.N.S., le dimanche matin à temps pour le petit-déjeuner. Elle qui est toujours si calme et optimiste, elle fait part de son inquiétude à ses camarades qui l'attendent pour partir à Jean-Bouin où les épreuves débutent vers 11 heures.

Micheline mesure les risques importants qu'elle est en train de prendre en s'engageant dans une compétition sérieuse sans s'être entraînée. En avalant son café au lait (ou est-ce encore le chocolat du dimanche matin), elle se confie à ses compagnons : "Ah !, c'est vraiment un jour comme aujourd'hui où je risque un accident !"

La première épreuve est le 80 mètres haies où elle perd une seconde sur son temps habituel. Elle se rattrape au lancement du poids qu'elle remporte sans difficulté. Le moral remonte : tous ses équipiers, connaissant ses doutes, l'entourent et l'encouragent.

Hélas ! il lui faut attendre plus d'une heure avant la troisième épreuve, celle du relais 4 fois cent mètres. Certes, elle a pu se reposer et se détendre mais elle n'a pas eu le courage de s'échauffer une deuxième fois et c'est avec des muscles refroidis qu'elle prend sa place pour le dernier relais. Ses trois équipières ont accumulé un certain retard et tout le monde compte sur Micheline pour le rattraper : c'est sous les cris de "Vas-y Micheline" qu'elle empoigne le dernier bâton.

Elle fonce comme seule elle sait le faire dans l'adversité, comblant un peu de retard à chaque foulée qu'elle allonge autant qu'elle peut. Mais en vue de l'arrivée, une foudroyante douleur à la cuisse gauche la jette à terre. Plus tard, elle dira qu'elle a eu l'impression que sa jambe s'était coupée en deux. Elle a encore la présence d'esprit de se projeter sur le gazon pour dégager la piste. Elle y reste immobile de longues minutes pour permettre au muscle meurtri de se détendre et à l'atroce douleur de diminuer, bientôt entourée de ses amis et entraîneurs du Stade Français et des équipes voisines. Le médecin de l'I.N.S. de service ne la verra que le lendemain matin sans pouvoir dire s'il s'agit d'une crampe qui ne demanderait que quelques jours de repos ou d'un claquage, beaucoup plus grave. Mais elle, sait que c'est un claquage !

En 1951, la médecine sportive, particulièrement féminine, en est à ses balbutiements. Le suivi médical n'existe pas : Micheline qui fait pourtant partie de l'élite du sport français, n'a jamais subi un examen physique complet. Les équipes masculines ont des masseurs qui leurs sont attachés, connaissant bien les besoins de chacun. Rien de tel chez les filles qu'on ne masse et ausculte jamais.

Les dirigeants de son club, ignorant tout de son état, l'inscrivent pour une rencontre le dimanche suivant 17 juin contre Le Mans. C'est une de ses co-équipières qui, dans les vestiaires, découvre un énorme hématome bleu-noir couvrant tout le haut de la cuisse, preuve certaine que c'est d'un claquage qu'elle souffre et non d'une crampe. Pas question qu'elle coure mais elle lance tout de même le poids prenant appui sur une seule jambe...

Par dévouement pour son club, elle accepte de se rendre à Avignon pour une réunion amicale le 7 juillet, bien qu'ayant un récital à donner à Aix-les-Bains le 6 juillet. Elle n'y lance que le poids mais elle sent que c'est encore de trop, ses douleurs la reprenant au moindre effort.

Heureusement, les choses ont bien changé depuis cinquante ans. En cette fin du XXème siècle, l'I.N.S.E.P. compte 39 médecins qui vont donner 22.200 consultations par an, aidés par 13 kinésithérapeutes et travaillant avec cinq laboratoires de recherche intégrés.

Mais en cet été 1951, personne ne peut conseiller Micheline qui hésite à annuler tous les engagements qu'elle a pris. Elle arrête les courses et le disque mais s'accroche au poids. Ne va-t-elle pas gagner, sous les couleurs du Stade Français, un ultime titre de championne de France à Colombes en juillet ?

Plus important encore est un match France-Italie qui doit se dérouler à Gênes début septembre. Elle seule est capable de triompher contre l'Italienne Amelia Piccinini, médaille d'argent à Londres en 1948 et qu'elle avait distancée de 65,5 cm.

Mais depuis quelque temps, elle souffre de la colonne vertébrale. Quelque peu inquiète de son état, la Fédération Française d'Athlétisme, co-organisatrice de cette rencontre, envoie Micheline consulter un grand spécialiste le professeur de Sèze. Bien dans le style de l'époque, ce dernier ne fait que la confier à un adjoint chiropracteur qui, au bout de trois séances de manipulations musclées, la laisse encore plus mal en point qu'avant. Elle part tout de même pour Gênes, mais sur le terrain, paralysée par des douleurs invalidantes et battue pour la première fois au poids, elle décide d'abandonner la compétition, avec le sentiment d'avoir tout fait, et au delà, pour son club, sa fédération et son pays.

Cette décision a été renforcée par la découverte fortuite, lors d'une visite chez un médecin d'Aix-les-Bains, mari d'une de ses amies, d'une déformation de la colonne vertébrale appelée sacralisation lombaire. D'origine souvent génétique, cette malformation concerne certaines vertèbres du bas du dos qui, à la place d'être libres, sont soudées l'une à l'autre. Il semblerait qu'Odette

Laroche, la mère de Micheline, ait souffert du même mal. En plus de l'arrêt de toute activité sportive de haut niveau, le remède consiste au port d'un corset médical appelé lombostat pendant des années pour soulager les vertèbres surmenées.

Comme dans toutes les périodes de crise qui ont marquées sa vie jusqu'alors, c'est pour Tunis que Micheline part en cet automne 1951 pour se soigner et vivre entourée de sa famille sa décision d'arrêter sa carrière sportive.

Après des moments de chagrin fort légitimes, Micheline surmonte sa déception. D'abord, se plaindre n'est pas dans son caractère. Ensuite, comme elle n'a jamais cessé de le répéter, son métier, sa passion, c'est d'abord et avant tout le piano. Tous les médecins consultés l'assurent qu'elle pourra poursuivre sa vie de virtuose sans crainte. Lors d'une interview que Micheline a donné à Londres pendant les Jeux en 1948 au journaliste Adalbert de Segonzac pour l'hebdomadaire féminin *ELLE*, n'avait-elle pas déclaré :

"*Si je me marie un jour - et je l'espère -, mais je ne l'ai pas envisagé encore, je veux un époux intelligent. Il faudra aussi qu'il soit grand. Mais je n'ai aucune idée préconçue sur son âge ni sur la couleur de ses cheveux. Le jour de mon mariage marquera la fin de ma carrière sportive, car je considère qu'il est impossible de mener de front la musique, le sport et un ménage. C'est donc pour moi le sport qui sera sacrifié.*"

Elle ne pouvait alors deviner que c'est le contraire qui arriverait. Sa carrière sportive allait se trouver arrêtée en premier, suite à un accident de santé, et dans les mois qui suivent, par la rencontre avec l'homme de sa vie.

Chapitre 8 - Sources

Ministère de la Jeunesse et des Sports : Brochure sur l'Institut National des Sports, imprimée à l'I.N.S. 1975

Le Figaro - lundi 15 Mai 1995 : "INSEP : 50 ans et plein de projets" : Cécile Soler

Stade Français : Annuaire 1994, Edition MM 31 rue Gambetta Suresnes 92150

Stade Français : L'Art de Vivre le Sport, 2, rue du Commandant Guilbaud, Paris

Stade Français : Dossier de Presse, Avril 1995

Dossier de Presse 1950 de Micheline Ostermeyer : archives de famille

Entretien avec le docteur Jean-François Cazala, de Châteauroux, ancien élève du lycée français de Fulpmès

CHAPITRE 9

1952-1963

1 - Adieu Helsinki !
2 - Rencontre à l'I.N.S.
3 - La Complainte de l'Arménie
4 - Mariage libanais
5 - En famille à Beyrouth
6 - Retour en France
7 - Le Concerto de Brahms en si bémol
8 - Professeur à Lorient

1 - Adieu Helsinki !

Micheline passe les trois derniers mois de l'année 1951 à Tunis pour se remettre de ses émotions, déceptions et fatigues.

Grâce à l'ordonnance très détaillée du médecin d'Aix-les-Bains, elle réussit à faire fabriquer par un habile artisan local, le lombostat qui va la soulager.

Elle le portera (de jour seulement) pendant près de deux ans et grâce à lui reprendra une vie normale, hormis l'athlétisme.

De retour à Paris début 1952, elle retrouve sa chambre à l'I.N.S. à laquelle lui donne droit son titre de "surveillante".

1952 est une année olympique ! Tout le monde autour d'elle ne parle et ne pense qu'aux prochains Jeux qui se tiennent à Helsinki, capitale de la Finlande, où ils sont attendus depuis 1940. Micheline devra se contenter de suivre les efforts de ses camarades dans les diverses compétitions qui ont lieu tout au long du printemps pour arriver aux sélections finales début juillet.

Sa décision de renoncer à ces Jeux fait vite le tour des journaux sportifs de la capitale. C'est dans l'interview qu'elle accorde à Roger Ulma pour *Relais* qu'elle exprime le mieux son état d'esprit :

"*Assise sur l'herbe d'un terrain de l'Institut National des Sports, ses yeux cachés par ses éternelles lunettes noires, Micheline Ostermeyer nous accueille avec un triste sourire :*

Vous venez me demander comment je prépare les Jeux Olympiques... Eh bien ! je ne les prépare pas car je n'y participerai pas !

Le sourire disparaît complètement et la championne olympique 1948 continue :

– Depuis l'année dernière je souffre de la colonne vertébrale. Debout, assise, couchée, je ne peux jamais rester longtemps dans la même position.

La douleur est plus forte que ma volonté...

En un an, j'en ai vu des spécialistes ! Pourrais-je un jour recommencer à pratiquer le sport ? Franchement, je ne le crois pas et j'en suis navrée...

J'aurais tant voulu disputer les Jeux d'Helsinki ! Ce sera mon grand regret. Non que je considère la partie sportive de ma vie comme la plus importante. Même aux Jeux de Londres, j'ai toujours disputé la compétition pour m'amuser, pour me détendre d'abord de mes études musicales, ensuite de mes récitals de piano.

Si j'avais su qu'un jour je devrais "raccrocher" prématurément, j'aurais donné mon maximum. Un exemple : sur le 80 mètres haies où j'ai réalisé 11"5/10, je suis certaine que je pouvais descendre à 11"2/10 et peut-être moins. A la Salle Gaveau en 1949, j'ai joué trois concertis dans la même soirée et je vous assure que c'était bien plus dur qu'aux J.O. Là, je n'avais pas le temps de m'amuser !

En sport, je m'entraînais peu ou même pas du tout. Mon piano, j'y travaille cinq heures par jour ! Actuellement je prépare les trois concerts que je donnerai le mois prochain... Puis je pense aller en Allemagne, en Grèce et en Israël. La musique m'aidera à oublier ma déception.-

Midi, la cloche de l'I.N.S. sonne le déjeuner. Micheline Ostermeyer se leva, reprit son sourire, nous serra la main et s'en alla, triste...

L'atmosphère de l'I.N.S. l'aidera à supporter ces moments difficiles, ainsi que la reprise de sa vie de virtuose qu'elle n'a jamais abandonnée. Elle joue à Vitry-le-François (trois fois), à Nevers, avec orchestre à Nice et à Paris à la Salle Gaveau, puis à Cannes.

2 - Rencontre à l'I.N.S.

Au réfectoire, les conversations sont toujours très animées, en particulier avec les nombreux stagiaires français et étrangers venus pour les séances d'entraînement olympiques.

Parmi eux, Micheline remarque deux grands garçons qui semblent apprécier son voisinage. Elle est particulièrement frappée par le regard de l'un d'eux : "Il n'y a que des hommes pour avoir des yeux pareils" se dit-elle avec une pointe d'envie. Renseignement pris, elle découvre qu'il s'agit de deux frères nommés Ghazarian, d'origine arménienne mais habitant Beyrouth. L'homme aux beaux yeux accompagne son jeune frère, champion de boxe du Moyen-Orient toutes catégories, titulaire d'un stage à l'I.N.S.

Si le boxeur est plutôt timide, son frère ne tarde pas d'engager la conversation avec Micheline, de plus en plus fascinée par "ces yeux immenses, encadrés par de très longs cils recourbés" comme elle les décrira plus tard. Agé de vingt-neuf ans, parlant parfaitement le français, Gazar, appelé aussi René, veut profiter de son séjour à Paris pour connaître encore mieux la culture française et se perfectionner dans ce qui doit être son métier : la rééducation de jeunes enfants perturbés par la guerre, situation qu'ont connu beaucoup de jeunes Arméniens depuis de nombreuses générations.

Micheline est frappé par la passion qui anime Gazar dès qu'il parle de ce qui l'intéresse, de la psychologie infantile à la littérature de notre pays. Ces conversations la changent quelque peu des habituels commentaires sur les performances passées, présentes et à venir des futurs champions olympiques qui constituent l'essentiel des conversations de ses autres voisins de table. Quant à la musique, Micheline trouve en Gazar, un grand amoureux de son art.

Et bientôt, c'est ensemble qu'ils rentrent le soir de Paris après avoir assisté à un concert, un film ou une pièce de théâtre.

Avec Gazar à ses côtés, Micheline n'a plus jamais peur de parcourir les sombres allées du Bois de Vincennes à la sortie du dernier métro. Elle lui raconte sa vie, sa passion pour le piano, les immenses joies qu'elle a connues dans la compétition sportive de haut niveau, hélas tempérées depuis quelques mois par ses ennuis de santé. Peu à peu, la compagnie de Gazar va l'aider à combler le vide causé par son absence des stades.

3 - La Complainte de l'Arménie

Gazar, de son côté, va conter à Micheline le long martyre du peuple arménien.

Micheline, comme tout un chacun, a entendu dire que pendant la première guerre mondiale l'Armée turque, alliée aux Allemands, a déporté entre 1915 et 1916 des villages entiers d'Arméniens accusés de trahison et de sabotage au profit des Français et des Anglais. Lors de ces trajets vers l'ouest du pays, près de deux millions d'Arméniens ont trouvé la mort au cours de massacres froidement organisés. Ce sont les familles des rescapés de ce génocide qui forment la diaspora arménienne répartie aujourd'hui à travers le monde.

Partout où ils ont fait souche, les Arméniens ont acquis la réputation de grands travailleurs, possédant un sens aigu de la famille, toujours prêts à se sacrifier pour donner à leurs enfants la meilleure éducation possible. On cite aujourd'hui des réussites spectaculaires dans la finance, l'industrie, le commerce ainsi que dans le domaine des lettres et des arts.

L'Arménie fut longtemps un royaume, situé au Caucase, sorte de pont entre la Mer Caspienne et la Mer Noire, souvent envahie par ses deux puissants voisins russes et turcs.

Si le drame de 1915 est le plus sanglant qu'ait connu l'Arménie, il ne faut pas cacher que tout au long de leur histoire, les Arméniens eurent à subir les conséquences de deux malédictions.

D'une part, ils vont choisir dans les années 300 de se convertir au christianisme, ce qui n'est pas un mal en soi. Mais au VIIème siècle, leurs voisins turcs vont faire, si l'on peut dire, le choix inverse en adoptant l'Islam, une nouvelle religion qu'ils veulent imposer partout.

A partir de ce moment, les Arméniens seront considérés par les Turcs comme des ennemis en puissance dont il faudra toujours se méfier.

Les premiers massacres auront lieu pendant les Croisades des XIème et XIIème siècles, les Arméniens étant naturellement accusés d'apporter un soutien aux armées de la Chrétienté, accusation que l'on retrouvera huit siècles plus tard, lors de la Grande Guerre 1914-1918.

Gazar est né le 1er avril 1922 à Antioche, port de mer dans le nord de la Syrie, province d'Alexandrette, alors sous protectorat français. C'est à Antioche que sa famille trouva refuge après le génocide de 1915. Deux des trois frères de son père furent égorgés, un bébé jeté par une fenêtre. Sa grand-mère sauva ses deux filles en les soutenant des heures au fond d'un puits. Avec ses six frères et sœurs, Gazar est inscrit à l'école arménienne où tous reçoivent une solide éducation en français et en arménien.

Mais un nouveau malheur va s'abattre sur la famille Ghazarian. En 1938, la province d'Alexandrette, avec Antioche, est donnée aux Turcs par la France dans l'espoir d'obtenir leur neutralité dans une nouvelle guerre contre l'Allemagne que l'on commençait à craindre. Cette "rectification de frontière" déclenche un mouvement de panique bien compréhensible au sein de la colonie arménienne qui décide de s'enfuir vers le Liban.

Malgré les promesses, tous leurs biens sont saisis à la frontière et c'est par un nouveau départ de zéro qu'est marquée leur arrivée à Beyrouth.

Cela n'empêchera pas le jeune Gazar de s'engager dans les Forces Navales Françaises Libres après que le Général de Gaulle ait chassé de Syrie l'administration de Vichy en juin 1941.

Il sera chargé de l'éducation physique dans les commandos de débarquement et ce n'est qu'en 1945 qu'il retourne à Beyrouth.

Il y suivra des cours de Psychologie de l'Enfant et de Pédagogie avant de saisir l'occasion offerte par le stage de son frère à l'I.N.S. pour se perfectionner en France dans cette spécialité.

4 - Un mariage libanais

La rencontre de Micheline avec René-Gazar n'est pas passée inaperçue et la famille Ostermeyer à Tunis en reçoit quelques échos. Depuis la fin de l'année 1951, la situation du père de Micheline s'est enfin améliorée. Lui qui fut licencié sans prime ni pension des Potasses d'Alsace en juin 1940, aura attendu onze ans que sa demande de retraite soit enfin acceptée dans de bonnes conditions et c'est avec un immense soulagement qu'il peut envisager une fin de vie paisible.

Odette et lui s'étaient toujours dit que le jour où il toucherait cette retraite, ils s'achèteraient une voiture et partiraient faire un beau voyage en Italie. Ils en profitent pour inviter Micheline, en se disant que la séparer de René pour un mois serait le bon moyen de voir si cette amourette est sérieuse ou pas. Micheline vient donc les rejoindre à Marseille. Suivant son habitude, Henri va prendre son appareil de photo et rédiger le journal de voyage.

Turin, Milan, Côme, Bergame et enfin Venise sont les premières étapes avec visites de toutes les curiosités mentionnées par le Guide Michelin.

Puis, Bologne, Ravenne, San Marin, la traversée des Abruzzes, Naples, Pompéi, Capri et enfin Rome.

Les photos sont pittoresques et les commentaires enthousiastes mais un détail semble avoir échappé à Monsieur Ostermeyer : sur tous les clichés, devant des monuments merveilleux, Micheline fait triste mine. Il n'est que trop évident qu'elle pense à autre chose...

Il faudra attendre la dernière page du journal pour trouver une allusion à la situation de sa fille :

"*Enfin le 5 (septembre 1952) nous débouchons à Marseille où nous faisons connaissance de notre futur gendre, le "jeune et beau" Ghazarian (René-Gazar). Nous allons déjeuner ensemble au Prado pour fêter des fiançailles rapides*".

Le futur beau-père n'est guère expressif : il en écrira plus sur la Tour de Pise !

Micheline fait un rapide crochet par Tunis, puis s'embarque avec une malle bien pleine pour Beyrouth mais sans aviser ses amis de son futur mariage.

Ses parents, restés à Tunis, le feront connaître par un bref communiqué :

"*Monsieur et Madame Ostermeyer font part du mariage de leur fille Micheline avec M. René Ghazarian. La bénédiction nuptiale leur a été donnée en l'Eglise Saint-Elie de Beyrouth le 26 octobre 1952.*"

"*Tunis-France* sera plus chaleureux, dans un encadré intitulé :

"*Micheline Ostermeyer s'est mariée*" :

"*C'est avec le plus grand plaisir que nous avons appris la nouvelle du mariage de Micheline Ostermeyer...*

Par deux fois aux Jeux Olympiques de Londres notre emblème national monta, grâce à elle et la Marseillaise retentit dans l'immense stade de Wembley... Notre championne olympique a sans doute fait sienne la devise "Mens sana in corpore sano" puisqu'elle est aussi une pianiste émérite...

"Tunis-France", les Français de Tunis et tous les sportifs de la Régence vous adressent, chère Micheline, leurs vœux les plus affectueux de bonheur et de santé ainsi qu'à votre époux, M. René Ghazarian et leurs plus sincères félicitations à vos parents."

5 - En famille à Beyrouth

Micheline est très bien reçue par sa nombreuses belle-famille. René qui l'attend avec l'impatience que l'on peut imaginer a déjà loué un bel appartement dans un immeuble moderne de la ville. Il s'est trouvé une situation de professeur d'éducation physique à l'Ecole Arménienne avant de l'échanger contre un poste similaire au lycée français. Quant à Micheline, elle est immédiatement engagée à l'Académie des Beaux-Arts dans sa section musique mais ne tardera pas d'être demandée par le Conservatoire National de Beyrouth où on lui donne une classe composée d'élèves libanais, arméniens mais également français.

La famille Ghazarian témoigne vis-à-vis de Micheline des qualités arméniennes de solidarité lorsqu'une des jeunes sœurs de Gazar, Linda, vient habiter avec le jeune ménage pour l'initier à la vie beyrouthine et permettre à la femme de son frère de préparer les concerts de fin d'année qui lui sont réclamés.

Le premier a lieu dès le 30 novembre 1952 au West-Hall, l'équivalent beyrouthin de la Salle Gaveau. Le critique musical de *La Revue du Liban*, Marc-Henri Mainguy en donnera la semaine suivante un papier digne des meilleurs spécialistes parisiens :

"*Dans le concert de récitals - sans jeux de mots - dont Beyrouth est passagèrement favorisée, il n'est pas trop tard de signaler l'apparition sur la scène du West-Hall d'une jeune femme très simple qui est en même temps une grande dame du clavier : Micheline OSTERMEYER.*

On a vanté avec justice ses lauriers sportifs aux Jeux Olympiques de Londres et certains auditeurs étaient venus pour assister à une démonstration sportive sur la façon de traiter le piano.

Pour autant que le sport mène à l'endurance et à la netteté, ces auditeurs-là n'auront pas été déçus dans leur attente car la "Sonate en si mineur" de Liszt est l'un des monuments dont la technique et l'altitude défient les "petits poumons". Ce pourrait être, si l'on veut, le laurier sportif du récital.

Mais Micheline Ostermyer a bien d'autres droits à notre gratitude. Par exemple, celui de nous avoir révélé une "Toccata et fugue en ré mineur" de Bach que nous croyions bien connaître pour l'avoir souvent entendue à l'orgue. Or cette même œuvre prenait, l'autre soir, une ampleur décorative justement compensée par une rigueur d'équilibre qui sont loin d'être respectées, même par les meilleurs interprètes. N'y aurait-il eu que cette première partie du programme où figurait aussi la 4ème Ballade de Chopin, la soliste de Dimanche se serait déjà imposée comme un "grand serviteur du piano".

La seconde partie du récital, consacrée à trois chefs de file de la musique française moderne : Fauré, Debussy, Ravel, semble avait été unanimement appréciée pour son indéniable beauté, par un auditoire compréhensif et très chatouilleux à la fois.

Il y eu, ce soir-là, dans les pièces de Fauré et de Debussy notamment, quelque chose du "sylphe du piano" dont parlait Berlioz à propos du Chopin de chez Pleyel.

Ce récital du 30 novembre qui s'est terminé par une fougueuse "Toccata" du maestro Tito Aprea, directeur du Conservatoire de Rome et l'un des premiers maîtres de l'artiste, mérite de rester dans les annales de nos auditions comme le témoignage que peut répandre sur un programme de musique pure, le langage de l'intellectualité servi par les recettes d'une technique étincelante."

Micheline ne reprend ses concerts à Beyrouth que pendant l'automne 1953, car "un heureux événement" se dessine à l'horizon, sous la forme d'une adorable petite fille prénommée Joëlle.

De Tunis, le grand-père au reçu des photos note sans cacher sa joie de voir sa fille enfin mère :

"Enfin Joëlle paraît !... Elle est pourvue d'une tignasse extraordinaire et prend tout de suite un aspect très éveillé. Elle se développe très rapidement. Micheline est aux anges et fait l'apprentissage du doux métier de maman".

Pour retrouver vite sa forme, la jeune mère s'entraîne avec l'équipe de basket de la Société Sportive Arménienne de Beyrouth en attendant de reprendre sa place de pivot et de participer à la victoire du Club dans le championnat du Liban. Le lombostat a bien fait son travail et c'est une grande satisfaction pour Micheline de constater qu'elle peut refaire du basket au plus haut niveau, ce dont elle ne se privera pas pendant de nombreuses années. Profitant des vacances d'été, les jeunes parents et leur bébé, accompagnés de la gentille Linda qui ne va pas les quitter pendant quelques années, ont retrouvé Odette et Henri en France. C'est un véritable coup de foudre qui frappera Henri à la vue de sa petite-fille qui le lui rendra bien.

Dès octobre 1953, Micheline et son mari reprennent leurs classes, elle au Conservatoire de Beyrouth et lui au lycée français.

L'année 1954 commence par un récital à Alep en Syrie le 28 janvier, puis un concert à deux pianos à Beyrouth avec son collègue Michel Bourgeot.

Micheline profite ensuite des vacances de Pâques pour faire un séjour de deux semaines à Téhéran où elle donne quatre concerts, les 22, 25, 29 avril et 3 mai.

Elle y joue, entre autres, la sonate de Haydn en mi mineur, les Etudes Symphoniques de Schumann, les deux sonates de Chopin, sans oublier la musique française représentée par les Miroirs de

Ravel, les Reflets dans l'Eau et Clair de Lune, tous deux de Debussy, et les Barcarolles et Nocturnes de Fauré.

La presse locale, fort élogieuse, révèle que "S.M. le Chah a invité à deux reprises l'éminente artiste à jouer en présence de la Cour et d'un auditoire de choix". Elle publie aussi une photo de Micheline recevant des mains du ministre des Sports (en grand uniforme de général) la médaille commémorant le retour du Chah qui jeune homme avait déjà dû fuir son pays suite à un coup d'état et venait de récupérer son trône.

6 - Retour en France

Malgré ces succès, Micheline se rend compte que son avenir de concertiste ne peut être bien géré en résidant à Beyrouth. D'autre part, son mari René n'a pas l'intention de poursuivre une carrière de professeur de gymnastique ; aussi décident-ils de rentrer en France en juillet 1954.

Une difficulté majeure sera la situation d'étranger de René qui désire acquérir le diplôme français d'éducateur pour enfants inadaptés. Pour entrer dans une école, il doit d'abord passer le baccalauréat, ce qu'il fait.

Après deux ans de cours, il lui faudra accomplir des stages et ensuite seulement il pourra chercher une situation dans un centre.

Grâce à son intelligence, sa capacité de travail, il réussira toujours du premier coup ses examens mais ce parcours ne peut se faire en moins de deux ans, nécessitant de nombreux changements de résidence. Micheline devra subvenir aux besoins de la famille par ses concerts et en donnant des leçons. Et qui dit concerts dit aussi déplacements, nuits d'hôtel et de train.

Dès la rentrée d'octobre 1954, René intègre une école à Epinay-sur-Seine spécialisée dans la formation qu'il recherche. Micheline, grâce à son oncle Aven Laroche, lui a trouvé une chambre à Paris. Elle-même avec sa petite Joëlle part pour Tunis où ses parents sont, une fois de plus bien contents de la recevoir.

Micheline restera presque deux ans à Tunis entrecoupés de nombreux séjours en France pour retrouver son mari et donner une douzaine de concerts, en récital ou avec orchestre. Elle en profite pour renouer avec ses anciennes relations dans le monde de la Musique, et jouera huit fois à Tunis même en concert public, en récitals, concertos avec orchestre, musique de chambre, galas de danse, sans oublier des déplacements à Sousse et à Sfax.

Grâce à sa réputation elle retrouve un certain nombre d'élèves à qui elle va donner des leçons de piano mais l'atmosphère à Tunis n'est plus ce qu'elle était. Au cours de l'année 1952, de nombreux incidents marquent les relations entre la France et la Tunisie qui réclame son indépendance : ratissage par l'armée française du Cap-Bon à la recherche de "révoltés", arrestations des ministres tunisiens, assassinats de chefs syndicalistes. Les Français de Tunis, qui suivent avec angoisse la lente défaite du corps expéditionnaire en Indochine, craignent pour l'avenir de la Régence. Le 20 juillet 1954, signature par Mendès-France des accords mettant fin à la guerre d'Indochine (Diên Biên Phû est tombé le 7 mai), et dix jours plus tard le 31 juillet, annonce à Carthage de la prochaine "autonomie" de la Tunisie.

Le début de l'insurrection en Algérie à la Toussaint du 1er novembre 1954 va vite transformer cette autonomie en totale indépendance, la France ne pouvant supporter deux guerres en Afrique du Nord.

Et c'est le 1er juin 1955 que Bourguiba rentre dans son pays pour être élu président, après trois ans d'exil.

Le passage de l'état de protectorat (pour ne pas dire de colonie) à celui de pays indépendant va se passer aussi bien que possible mais pour les parents de Micheline, implantés à Tunis depuis 1929, c'est une période de doute et de soucis qui va commencer.

Eux qui avaient toujours pensé finir leurs jours dans ce pays qu'ils aiment, comprennent que ce rêve ne se réalisera pas, qu'ils devront un jour quitter leur belle maison construite de leurs mains et repartir pour la France.

1956 verra Micheline rentrer définitivement en métropole, René ayant terminé ses études à l'Ecole de Formation d'Educateurs spécialisés pour enfants inadaptés et caractériels. Mais le diplôme ne lui suffit pas pour trouver un poste intéressant : on lui demande de faire un certain nombre de stages.

Micheline l'accompagne avec Joëlle chaque fois que les conditions de logement le permettent.

Naturellement, elle continue sa carrière de soliste. En juin, elle est engagée pour donner un concert à Londres à Wigmore Hall, ce qui correspond à notre Salle Gaveau. Malheureusement, l'absence d'un impresario honnête l'empêche de bien comprendre les détails du contrat qui stipulent que les frais de location de salle et de publicité sont à sa charge... Peu connue outre-Manche, la salle ne sera qu'à moitié pleine et son porte-monnaie totalement vide à la fin de cette triste tournée qui tombe à un bien mauvais moment.

7 - Concerto de Brahms en si bémol

Pendant l'été 1956, René accepte d'être moniteur dans une colonie de vacances près de Briançon ce qui lui permet de garder sa fille pendant que Micheline donne des récitals dans les casinos et villes d'eau des environs.

Enfin, un poste d'éducateur leur est signalé à Montpellier avec un appartement de fonction. Pressé par le temps et l'argent, le couple accepte sans se rendre compte qu'il s'agit d'une institution religieuse particulièrement intégriste.

Les contacts avec la direction composée entièrement de curés en soutane s'avèrent difficiles à tel point que, lorsque ces messieurs constatent que Micheline ne met jamais les pieds à la chapelle, le couple est renvoyé dans le mois. Seul le fait que Micheline soit enceinte de son petit Alain leur permet de rester le temps réglementaire de sa grossesse. Aussi, c'est sans regret qu'ils quittent Montpellier pour un contrat d'un an à Aix-en-Provence étalé sur 1957-1958.

C'est à Montpellier que naît Alain le 17 juillet 1957, apportant une joie immense à ses parents, leur faisant oublier pendant quelques temps les difficultés de la vie quotidienne.

Ces difficultés n'ont jamais empêché Micheline de courir la France pour remplir ses engagements, faisant preuve de ce courage et de cette force physique peu commune qui ne l'ont jamais abandonnée. Ainsi au cours de l'année 1956, on l'entend à

Nice en février, en août à Megève et La Baule, en novembre à Montpellier et en décembre à Vannes, et Lorient.

L'année 1957 commence par le concerto de Khatchatourian à Rouen et Mulhouse.

Puis le 3 avril, Micheline accepte de jouer à Orléans le célèbre deuxième concerto de Brahms avec l'orchestre du Conservatoire de la Ville sous la direction de son directeur René Berthelot qui avait été enthousiasmé par son interprétation de Khatchatourian.

Il s'agit de l'opus 83 en si bémol et quatre mouvements, cinquante minutes de musique monumentale. Berthelot cherchait depuis longtemps pour son orchestre un ou une pianiste qui accepte de le jouer mais la plupart se récusait en raison du travail considérable de préparation que cela représentait. Il ne s'agit pas d'un simple accompagnement mais d'une véritable symphonie où l'on retrouve toute la puissance coutumière de Brahms. C'est une œuvre grandiose, romantique, exigeant un profond recueillement. On y trouve des élans généreux, une force rythmique extraordinaire, une écriture somptueuse. Tous les pianistes ne peuvent s'y risquer et il faut une main comme celle de Micheline qui couvre allègrement onze touches sur le clavier pour s'y trouver à l'aise. Depuis longtemps elle aussi attendait une occasion pour mettre ce concerto à son répertoire et elle est heureuse de celle qui lui est enfin offerte de le jouer en public.

Six semaines de travail, à raison de six heures par jour lui seront nécessaires. Dès la deuxième semaine, elle le savait par cœur et pour continuer à le jouer sans trop fatiguer son dos toujours fragile, elle va se rappeler un conseil que lui avait donné sa mère. Ne pas mettre la partition sur le piano, ce qui impose un maintien trop raide de la nuque, mais la poser sur une chaise à gauche et y jeter un coup d'œil de temps en temps seulement, sans oublier de tourner les pages. Une telle méthode n'est possible que lorsque l'on a déjà toute la partition bien en mémoire.

Micheline aura, au préalable, indiqué au crayon les doigtés significatifs. Cet exercice consiste à inscrire à côté de certaines notes le doigt dont on doit se servir pour enfoncer la touche sur le clavier. Ainsi le 1 correspond au pouce, le 2 à l'index, etc., chaque pianiste faisant un choix personnel en accord avec sa manière de jouer et la taille de sa main.

Lors de la dernière semaine de préparation, Micheline demandera à une amie possédant deux pianos de jouer la partition d'orchestre, elle répétant sa partie de soliste. Dans le train Paris-Orléans, elle se concentrera une dernière fois en faisant dérouler dans sa tête la totalité de l'œuvre sans interruption, ce qui lui permit lors de la première répétition de ne commettre aucune faute, sans le moindre trou de mémoire.

Le concert rencontre le plus vif succès. Micheline jouant, en plus du Brahms, une pièce de Khatchatourian, deux d'Albeniz, et pour finir la trépidante rhapsodie hongroise de Liszt numéro 6. La salle enthousiaste lui réclamera trois bis : un Fauré, un Debussy et pour terminer la Danse du Feu de de Falla.

Quand on se rappelle qu'elle est alors enceinte de cinq mois et demi, on croit rêver...

L'année 1957 se termine à Toulouse en septembre et à Tunis en décembre avec le Deuxième Concerto de Rachmaninoff.

Le nombre de ses engagements augmente en 1958 qui débute par quatre concerts en Allemagne sous l'égide des services culturels français dans le courant de janvier : le 17 à Berlin, le 20 à Hanovre, le 21 à Essen et le 22 à Dusseldorf.

Le critique du *"Der Nord Berliner"* en fait une bonne description :

"Le récital de la pianiste française Micheline Ostermeyer a fait salle comble à La Maison de France. L'artiste avait composé son programme surtout de compositeurs français et espagnols, comme il convenait à son tempérament latin et réfléchi et elle les joua avec une technique parfaite, simplement et sans devenir théâtrale.

A côté d'œuvres connues comme la "Fantaisie en fa mineur" de Chopin, "Prélude, Choral et Fugue" de César Franck et quatre morceaux de Liszt, il y avait des œuvres peu jouées en Allemagne comme deux parties de "En Cerdagne" de Déodat de Séverac et "Clair de lune au large" de Gustave Samazeuilh. Les passages de "L'Ile joyeuse" de Debussy, d'"El Puerto" et de "Triana" d'Albeniz ainsi que son interprétation de "Alborada del gracioso" de Maurice Ravel éblouirent le public.

Des applaudissements sans fin obligèrent la pianiste à donner en bis un choral de Bach et "La Danse du Feu" de Manuel de Falla ainsi que la "Berceuse" de Katchaturian.

Micheline commença par ce concert sa tournée en Allemagne. Nous souhaitons à l'artiste d'avoir partout le grand succès de ce soir et nous espérons un "au revoir" avec un nouveau concert."

De retour en France, Micheline donne un récital Salle Cortot à Paris, ajoutant à son répertoire la 3ème Sonate de Brahms et les Valses Nobles et Sentimentales de Ravel. Puis, elle part jouer à Toulon le 28 février, Marseille en mars, Cannes en avril, Aix-les-Bains le 9 juillet, ces trois derniers avec orchestre.

Ce concert à Aix va se dérouler dans une bousculade tellement dramatique que Micheline commence à se rendre compte qu'elle ne peut pas continuer à infliger à son entourage une vie aussi trépidante.

Elle habite alors Aix-en-Provence au centre de rééducation "Les Pinchinats" où son mari est éducateur. Pour aller à Aix-les-Bains, elle confie sa fille Joëlle à René qui n'a pas beaucoup de moments à lui consacrer, et son bébé Alain à un infirmier du centre. A peine le deuxième concerto de Liszt terminé alors qu'il reste encore à l'orchestre une symphonie à jouer, elle se précipite à la gare pour attraper le dernier train et arriver aux Pinchinats avant que l'infirmer baby-sitter ne reprenne son service. Elle ne sera pas venue saluer sur scène à la fin du concert où elle avait tenu le rôle de soliste !

8 - Professeur à Lorient

Micheline va alors prendre une décision qui marquera sa vie pour dix ans de 1959 à 1968. Depuis plusieurs mois, le directeur de l'Ecole Nationale de Musique de Lorient insistait pour qu'elle se présente au concours de nomination de professeur de piano et de solfège. Lorient est une des sous-préfectures du Morbihan dont Vannes est la préfecture.

Tous ces noms lui rappellent d'agréables souvenirs, la Bretagne étant après Tunis son deuxième pays d'adoption. Mais elle n'arrive pas à se décider, Lorient étant bien loin de tout et l'école de moyenne importance. C'est la folle vie qu'elle a menée tout au long de l'année 1958 qui lui fait accepter le poste, assez moyen sur le plan salaire mais avec l'assurance de rentrées d'argent régulières. En attendant on envoie les enfants à Tunis, Joëlle âgée de cinq ans et Alain d'un an, une amie ayant la gentillesse de les convoyer.

Tandis que René reste encore quelque temps à Aix terminer son contrat, Micheline part pour Lorient assister à la rentrée d'octobre 1958 et trouver un logement pour y faire venir sa famille. Elle doit, avant de s'installer, venir à Paris pour jouer Rhapsody in Blue de George Gershwin avec orchestre au Palais de Chaillot.

Elle se laisse tenter par un bel appartement qui surplombe la mer malgré quelques "petits"inconvénients auxquels elle n'attache pas assez d'importance. Tout d'abord il est situé à Larmor-Plage à quinze kilomètres du centre ville, ce qui va l'obliger à faire trente kilomètres par jour en mobylette, avec ses deux enfants, l'un sur le porte-bagage, l'autre sur la selle, pour les déposer à la crèche. De surcroît, l'appartement doit être libéré aux grandes vacances, étant retenu depuis des années par des Parisiens.

En attendant de trouver un autre logement à Lorient même avant l'été, Micheline est cependant heureuse de réunir tous les siens autour d'elle à Larmor-Plage. Hélas ! ce bonheur ne dure pas longtemps car René décide de reprendre ses études.

Il est déçu des offres qui lui sont faites dans les instituts spécialisés dans la rééducation des enfants inadaptés, mais en revanche il est passionné par un nouveau métier qui se développe beaucoup dans les années soixante, celui de kinésithérapeute.

Il apprend qu'une nouvelle école vient de s'ouvrir à Rennes. Il s'y inscrit, est reçu aux examens, et en sortira deux ans plus tard, en 1960, major de sa promotion. En attendant, il ne rentre à Lorient que les week-ends.

A l'école de musique, une nouvelle vie s'organise mais pour Micheline c'est une difficile expérience. Elle a déjà donné quantités de leçons particulières, mais pour la première fois, elle a un poste de professeur avec directeur, collègues, emploi du temps, discipline et horaires.

Le jour où elle lit l'inscription "professeur de piano" sur une feuille de paye à côté de son nom, c'est un coup de poing à l'estomac qu'elle reçoit, elle qui n'a jamais conçu sa vie autrement que comme concertiste.

Elle a quarante élèves dans sa classe à qui elle doit donner huit heures de cours par semaine, soit exactement douze minutes par élève.

Comment peut-on intéresser de jeunes enfants à la musique dans de telles conditions ? Les mères semblent considérer l'école comme une garderie, pratiquement aucune n'a de piano chez elle et est bien incapable de surveiller le travail de ses chers petits. De plus, il n'existe pas de sélection à l'entrée de l'école d'où un niveau général assez bas. Sa classe de solfège supérieur qui ne compte que quatre élèves pour quatre heures de cours la console un peu de cette triste médiocrité.

Mais la situation financière du couple Ghazarian est si précaire que Micheline est prête à tout accepter en échange d'une rentrée garantie d'argent, même modeste.

Quelques événements vont heureusement rompre la monotonie de la vie quotidienne. En premier, les concerts que lui organisent le directeur en Bretagne tout au long de l'année 1959 : en février avec orchestre à Lorient même, puis les récitals à Hennebont en avril, Lanester, Quimper, Vannes en mai pour finir le 20 octobre avec un beau programme au Théâtre Municipal de Rennes avec le Troisième Concerto de Beethoven, sous la baguette de Henri Martin, sans oublier pendant les grandes vacances, les dernières passées à Tunis avec ses enfants, de nombreuses émissions à la Radio. Sur le chemin du retour, Micheline trouve encore le temps (et l'énergie) de jouer pour la radio de Marseille le concerto de Katchatourian.

En 1961, c'est le facteur qui apporte à Micheline un réconfort inattendu.

La trésorerie du Morbihan a oublié de la faire bénéficier depuis deux ans d'une montée d'échelon et, en conséquence d'une augmentation de salaire.

La somme due qui figure sur le chèque inclus n'est pas négligeable et c'est dans l'achat d'une Ondine Renault que les Ghazarian décident d'investir ce pactole. Adieu les mobylettes et les interminables voyages en train.

Maintenant que sa vie est un peu mieux organisée, le sport manque à Micheline qui décide de s'inscrire au club de basket lorientais, le P.L.L.

La nouvelle fait vite le tour des salles de rédaction et bientôt M. Le Paller du journal *L'Orient* publie une longue interview, avec photos.

– "*Comment se fait-il qu'une artiste de votre classe soit venue s'isoler en province ?*

– J'aurais préféré habiter Paris. Je n'ai pu trouver un appartement. Nous avons vécu à l'hôtel. Ce n'était pas une solution, surtout avec des enfants et j'étais privée de mon piano.

– "Envisagez-vous de nouveau des récitals ?"

– Mais bien sûr, c'est là mon plus cher désir. Les voyages, les concerts, je ne pourrais m'en passer. Depuis deux ans j'en suis privée, ou presque. J'ai trouvé ces deux années très longues. Mes enfants commencent à grandir. Le service aérien Paris-Lorient a rapproché la Bretagne de la capitale L'hiver prochain, je reprendrai les concerts."

– "Vous compter donc demeurer quelque temps encore à Lorient ?

"Quelques temps, sans doute, mais certainement pas toujours".

Professeur de musique, grande artiste et devenue mère de famille, Micheline Ostermeyer semblait définitivement perdue pour le sport. Son retour vers les salles de basket est la décision la plus surprenante que pouvait prendre cette jeune femme de 38 ans à la haute statue. Elle mesure 1,79 m.

"Il n'y a rien d'étonnant, dit-elle simplement, les jeunes femmes ont grand tort d'abandonner le sport après leur mariage".

Micheline Ostermeyer s'est décidée le mois dernier à rejouer au basket. Elle a sollicité une licence et elle joue tous les dimanches. Il n'y a pas plus fidèle qu'elle aux séances d'entraînement. Chaque mardi soir et jeudi soir, elle est à la salle Svob. Elle manifeste tant de volonté que l'entraîneur du P.L.L. est persuadé qu'elle deviendra rapidement une des meilleures basketteuses lorientaises.

A 38 ans, ce serait exceptionnel.

En 1962 René Ghazarian est enfin naturalisé français. Le décret était paru au Journal Officiel six mois auparavant mais personne ne l'avait signalé à l'intéressé qui, évidemment, ne lisait pas ce passionnant quotidien tous les matins...

Il va pouvoir maintenant exercer son nouveau métier de kinésithérapeute, tout d'abord comme attaché dans différentes institutions, puis, et c'est son vœu le plus cher, en s'installant à son compte.

Fin 1962, René entre à la Maison de Cure de la Mutuelle Générale de l'Education Nationale (la M.G.E.N.) située à La Verrière près de Trappes.

Particulièrement intéressé par les possibilités de traiter des maladies nerveuses par les massages et manipulations que savent pratiquer les kinésis, il travaille au Centre de Santé Mentale de la même mutuelle rue Lauriston à Paris.

Un agréable appartement de fonction étant à sa disposition à La Verrière, Micheline demande un congé (sans solde) d'un an à l'école de Lorient pour vivre enfin avec mari et enfants. D'octobre 1963 à octobre 1964, elle va se consacrer à Joëlle maintenant âgée de 10 ans et Alain qui atteint ses 6 ans, dans l'attente de trouver un poste de professeur dans les environs.

Ses deux enfants sont inscrits au Conservatoire de musique de Versailles qui est considéré comme le meilleur de France après Paris. Les professeurs sont excellents, beaucoup devant être nommés un jour ou l'autre à Paris.

Entrer au Conservatoire de Versailles est le désir secret de Micheline, position qui résoudrait tous ses problèmes financiers et familiaux.

Joëlle est reçue en classe préparatoire de piano et solfège tandis que son frère Alain entre sans difficulté en classe de violon malgré son jeune âge. Il a démontré depuis deux ans déjà un don certain pour cette discipline dont il a débuté l'étude à Lorient. Sa grand-mère Odette lui a confié le petit mais excellent instrument qui avait appartenu à son frère aîné Alan Laroche, celui qui s'était tué accidentellement à dix-huit ans en nettoyant un fusil de chasse. Joëlle va retrouver comme professeur la grande amie de sa maman du temps de la classe de Lazare Lévy, Agnelle Bundervoët, remarquable professeur qu'elle conservera de nombreuses années.

Le professeur d'Alain sera l'excellent Pierre Nerini, qui partira pour le Conservatoire de Paris quelques années plus tard.

Joëlle est inscrite à l'école communale de La Verrière ; Alain fréquente un cours privé, où les parents assistent aux classes deux fois par semaine à Versailles. Micheline lui ayant découvert, en plus de ses qualités de violoniste, une adorable voix de petit garçon, elle l'inscrit à la chorale des Petits Chanteurs de Versailles, filiale des Chanteurs à la Croix de Bois, avec lesquels il participe à plusieurs concerts radiodiffusés.

Persuadé que sa famille va prendre racine dans la région, René Gazar loue courant 1964 un agréable appartement dans les hauts de Versailles non loin de l'arrivée de l'autoroute. Il obtient l'autorisation d'installer dans deux de ses pièces son cabinet de kinésithérapeute, et commence à acheter le matériel médical dont il aura besoin.

Entre temps, Odette et Henri Ostermeyer ont pris la décision de quitter Tunis et de revenir en France. Aven, le frère d'Odette, leur a trouvé à Grémonville en Normandie, à 30 kilomètres de Rouen, une agréable demeure au milieu d'un parc, en co-propriété avec trois autres familles.

Presque tous les week-ends, les grands-parents sont ravis de recevoir leurs enfants et petits-enfants, reconstituant la chaleureuse atmosphère qu'ils ont connue sous le soleil de la Méditerranée.

Toutes ces activités demandent de la part de Micheline de très nombreux déplacements : elle y fait front grâce à son inépuisable énergie, mais se rend-elle compte que les siens vont avoir du mal à la suivre, particulièrement son fils Alain ?

Chapitre 9 - Sources

Articles sur l'Arménie dans Le Grand Larousse Encyclopédique et dans l'Encyclopaedia Britannica

Emission télévisée sur l'Arménie : ARTE en 1994

Souvenirs de famille rédigés par Henri Ostermeyer

Kinésithérapie : Revue officielle de la Fédération Française des Masseurs Kinésithérapeutes Rééducateurs ; n° 18 sept-oct. 1965

CHAPITRE 10

De la mort de René (1965) à la mort d'Alain (1990)

1 - Mort de René
2 - Echecs à Versailles
3 - Succès à Saint-Germain
4 - Seize ans professeur
5 - Retours sur scène avec Scriabine
6 - Ses grands élèves
7 - Insomniaque
8 - Mort d'Alain

1 - Mort de René

Son congé (sans solde) de l'Ecole de Musique de Lorient se terminant en octobre 1964, Micheline demande une prolongation d'un an, toujours dans l'espoir de trouver un poste de professeur à Versailles. Prolongation brutalement refusée avec menace de démission si elle ne reprend pas ses cours ponctuellement le jour de la rentrée.

Micheline s'incline et courageusement au volant de sa voiture, décide de faire les 1.000 kilomètres (aller et retour) qui sépare Versailles de Lorient. Aucune autoroute ne reliant encore la région parisienne à la Bretagne, il lui faudra sept heures, sans s'arrêter, pour couvrir la distance. Elle part de Versailles tous les mercredis matin à 9 heures et arrive à Lorient pour son premier cours à 16 heures. Elle déjeune d'un sandwich, profitant d'un arrêt à l'un des nombreux passages à niveau qui jalonnent encore le parcours.

Impossible d'éviter les centres villes de Chartres, Le Mans, Laval, Rennes et Ploërmel, ce qui ne facilite pas le trajet. Couchant d'abord à l'hôtel, Micheline trouve bientôt refuge dans l'arrière-salle de l'officine d'amis pharmaciens dont la fille est une de ses élèves. Elle dort sur un petit lit dont on se sert les nuits de garde.

Son dernier cours se terminant le vendredi à 21 heures, c'est dans l'obscurité qu'elle roule pour arriver à Versailles le samedi vers 3 heures du matin. Pendant ses jours d'absence, René surveille les deux heures de violon d'Alain, fait manger les enfants et les conduit à leurs cours. Micheline ne prendra le train que les jours de neige et de verglas en janvier et février.

Pendant les week-ends, en plus des travaux ménagers et la surveillance des devoirs des enfants et de leur enseignement musical, elle aide René à installer son cabinet de kinési qu'il espère ouvrir au printemps.

Malgré ces horaires épuisants, René semble souffrir plus que Micheline. Début avril 1965, il ressent une lourde fatigue qui bientôt l'empêche de monter quatre à quatre ses trois étages comme il en avait l'habitude. Puis, il remarque que le blanc de ses yeux tourne au jaune. Passionnément, grâce à une énergie héroïque, il lutte pour parvenir au but qu'il s'était fixé d'ouvrir son cabinet le 7 avril et y recevoir une clientèle impatiente de mieux le connaître, et chez laquelle il se rendait jusqu'alors à domicile.

Le blanc des yeux étant passé au jaune foncé, de plus en plus épuisé par le moindre effort, René attend le départ de Micheline le mercredi 12 mai pour appeler entre deux rendez-vous une doctoresse qui habite l'immeuble et à qui il avait fait visiter son cabinet quelques jours auparavant. Cette dernière lui conseille de se faire hospitaliser d'urgence, craignant une éventuelle opération.

René attend le retour de Micheline pour prendre une décision ; il entre enfin en clinique le 18 mai pour y subir de nombreux examens. Quelques rares voisines acceptent de conduire les enfants en classe en même temps que les leurs, mais les horaires de retour ne correspondent pas ; c'est seuls que Joëlle et Alain feront à pied les deux kilomètres qui les séparent de leurs écoles.

Folle d'inquiétude, Micheline part cependant pour Lorient : son budget étant tellement serré, elle n'a absolument pas les moyens de manquer une seule heure de cours. Son unique coup de téléphone à la clinique n'est pas rassurant : elle sent qu'on ne veut pas lui révéler toute la vérité. De retour, elle se précipite chez le médecin qui n'ose lui dire que son mari est en train de mourir d'un cancer du pancréas, maladie gravissime hier comme aujourd'hui. On l'opérera le 24 mai, en vain.

C'est dans ses bras que René rendra son dernier soupir le 29 mai. Il avait ouvert son cabinet sept semaines auparavant. Enterré au cimetière de Versailles ; plusieurs membres de sa famille arménienne feront le voyage du Liban et de Suisse pour le conduire à sa dernière demeure. Roland viendra de Nice ; Odette et Henri seront là aussi pour soutenir leur fille et l'aider à s'occuper des enfants.

Les collègues kinésithérapeutes de René lui rendront un vibrant hommage en publiant dans leur Revue le texte de la conférence qu'il avait terminé de rédiger sur son lit de mort. Cette conférence a été prononcée à sa place le 7 juin à la faculté de médecine de Paris par le célèbre médecin psychiatre Gaston Ferdière. Y ont assisté le frère de René, celui qui l'accompagna treize ans auparavant à l'I.N.S., Henri et Odette Ostermeyer et naturellement, au premier rang de l'assistance, Micheline.

Lorient n'accorde à Micheline aucune semaine de congé, prétextant que sa présence est absolument obligatoire en cette période d'examen. Quand on sait qu'il s'agit de jeunes enfants n'ayant nullement l'intention de faire de la musique leur métier, on reste confondu devant une telle cruelle rigueur.

2 - Échec à Versailles

Ne voulant en aucun cas risquer un licenciement, Micheline reprend le lendemain de l'enterrement et jusqu'à la fin juin ses allers et retours, faisant appel à sa mère pour prendre en charge les enfants, et les accompagner à leurs concours de musique de fin d'année. Peut-on imaginer son état d'esprit au cours de ces longues randonnées, surtout de nuit, au volant de sa petite Ondine Renault ?

Elle aura été mariée treize ans, son mariage datant du 26 octobre 1952 à Beyrouth. Hélas ! au cours de ces treize ans, combien de fois dut-elle vivre séparée de son mari pour mieux préparer l'avenir. Agée maintenant de 42 ans, la voici veuve avec deux enfants entièrement à sa charge, Joëlle 12 ans et Alain 7 ans et demi, et disposant de très peu de ressources. René aura été l'homme de sa vie : jamais elle ne le remplacera, toujours elle le regrettera.

Elle va profiter des vacances d'été, ses enfants étant installés chez leurs grands parents à Grémonville, pour déménager. Elle brade le matériel tout neuf dont son mari venait d'équiper son cabinet.

Elle quitte son troisième étage pour le rez-de-chaussée avec quatre petites pièces dont l'une est presqu'entièrement occupée par son cher piano Pleyel quart de queue. Elle dispose les meubles comme l'avait fait René afin que sa présence se sente toujours parmi eux.

Trois fois elle se présente au concours pour être nommée professeur au Conservatoire de Versailles, trois fois elle est éconduite malgré l'appui du directeur. Après celui de Paris, Versailles est le Conservatoire le plus recherché de France et la lutte est féroce pour y être choisi.

Dès qu'un poste est libéré, tout le petit monde musical parisien s'agite : ministres, députés, compositeurs, journalistes entrent en action pour "pousser" le candidat de leur choix. Sa longue absence de la capitale l'a coupée d'anciennes relations qui auraient pu l'aider. Solliciter une faveur n'est pas dans son caractère, ce qu'elle a souvent résumé par une phrase : "Moi, je n'ai jamais su frapper aux portes". Les concours de nomination comprennent deux parties : une musicale, l'autre pédagogique. Si elle réussit toujours brillamment la première, elle s'efface dans la deuxième.

On critique son attitude discrète vis-à-vis de l'élève, et sa voix douce est mal entendue du jury.

Aussi doit-elle se résigner à reprendre son poste à Lorient et ses 1.000 kilomètres d'aller et retour hebdomadaire à la fin de ce mois d'octobre 1965. Son père Henri propose de venir s'occuper des enfants pendant ces trois jours d'absence. Il supporte mal de rester seul à Grémonville lorsque sa femme vient à Versailles. C'est donc lui qui réchauffera les repas que Micheline aura préparés d'avance, conduira et cherchera Joëlle et Alain à leurs écoles respectives, surveillera leurs devoirs et leçons. Mais ses 76 ans commencent à lui peser et Micheline comprend que pour la rentrée d'octobre 1966, il lui faudra trouver une autre solution.

La médiocrité de son traitement, les frais occasionnés par le déplacement, lui interdisent une quelconque embauche pour garder les enfants. Joëlle a maintenant 13 ans et c'est à elle que Micheline confie la maison et son petit frère Alain.

Grâce à son extraordinaire force morale et physique Micheline saura s'accommoder de cette situation. Mais, surchargée de travail dès son retour dans la nuit du vendredi au samedi et jusqu'à son départ le mercredi après-midi suivant, elle ne va pas se rendre compte à quel point ses enfants pâtissent de ce semi-abandon qui, en outre, suit de peu la mort de leur père. Elle n'en sera consciente que trop tard, particulièrement chez Alain dont la croissance est très rapide, quand son professeur de violon attirera son attention sur son manque de progrès alors que ses débuts avaient été si prometteurs.

Bientôt, elle remarque que son fils dort mal : elle l'entend se tourner et se retourner dans son lit en poussant de gros soupirs. Certains matins, elle lui trouve les yeux rougis et le teint pâle.

3 - Succès à Saint-Germain

Micheline décide, enfin, de frapper à une porte, celle de Jean-Pierre Perrault, directeur du Conservatoire de Saint-Germain, commune proche de Versailles. Ce dernier se souvient très bien de cette visite:

"*C'est en 1965 que j'ai été nommé directeur à Saint-Germain. J'avais commencé ma carrière musicale dans la classe de piano de Marcel Ciampi au Conservatoire de Paris. J'adorais le piano mais je me suis vite rendu compte qu'il n'était pas question que je puisse faire une carrière de virtuose. Je me suis dirigé vers des études de musicologie que j'ai enseignée sous la direction d'Olivier Alain. Cela m'a permis d'être engagé à la direction du service de documentation de la radio nationale, l'ancienne ORTF, où j'ai passé des années passionnantes.*

En arrivant à Saint-Germain, j'ai trouvé que l'école manquait de contact avec la ville. Aussi, je décidais, et je le fis savoir, que je serais à mon bureau tous les samedis matin, prêt à recevoir librement toute personne désirant me voir.

Et c'est ainsi que je reçus un jour la visite d'une grande jeune femme, timide, réservée, mais intérieurement grave et angoissée. Cela devait se passer fin 1966, début 1967.

Après qu'elle m'ait dit son nom, je me suis souvenu de l'avoir entendue jouer dans les années cinquante.

Je l'avais ensuite perdue de vue mais sa carrière d'athlète de renommée mondiale ne m'avait pas échappée. Naturellement, j'avais toujours été intrigué par sa double activité et au cours de cette conversation, j'ai été vivement frappé par son charisme extraordinaire, sa stature aussi bien intérieure qu'extérieure.

J'ai aussi été impressionné par sa lucidité, ses réflexions sur elle-même et sur les autres. Naturellement, elle me parla de sa situation personnelle, la mort de son mari, ses enfants, et le fait qu'il fallait qu'elle se rende toutes les semaines à cinq cents kilomètres de Versailles pour y donner des leçons, ce qui me parut stupéfiant.

Finalement, elle me demanda si par hasard, je n'aurais pas un poste pour elle. Emu par son récit, impressionné par sa grande personnalité, connaissant son talent, je lui promis que, dès la première vacance, je ferais l'impossible pour qu'elle en bénéficie.

Quelques semaines plus tard, un professeur ayant démissionné j'ai été très heureux de lui annoncer qu'un concours allait être ouvert pour combler ce départ lors de la rentrée de 1968.

J'ai eu la chance que le grand pianiste Vlado Perlmuter, professeur au Conservatoire de Paris, acceptât de le présider. Il ne connaissait Micheline que de réputation mais je pensais bien que leur amour partagé pour la musique française moderne, particulièrement les œuvres de Fauré, Ravel et Debussy, assurerait un bon contact.

Le concours comportait trois parties : 1°- Une épreuve écrite de trois heures sur la musique ; 2°- Une épreuve de pédagogie ; 3°- Un entretien libre avec le jury.

Pas d'épreuve d'exécution, tous les candidats étant des pianistes réputés.

Naturellement, si je ne prenais pas part à la délibération finale, j'avais écouté les réponses des candidats et j'étais assuré que Micheline avait été la meilleure, ce que confirma le jury."

L'annonce de cette réussite comble Micheline. Bientôt, elle pourra mener une vie plus normale, attentive à ses enfants, et même reprendre le chemin des concerts. Il faut dire que le printemps 1968 a été particulièrement dur si l'on veut se rappeler les grandes grèves du mois de mai qui paralysent la France pendant plusieurs semaines. Comme il n'était toujours pas question pour Micheline de manquer un seul jour de classe à Lorient, le ravitaillement en essence devient un véritable cauchemar. Dans la région parisienne, il faut des heures de queue, chacun poussant à la main sa voiture pour ne recevoir que dix litres. Heureusement que la Bretagne est mieux alimentée ; c'est par miracle qu'elle ne tombe jamais en panne sèche, un œil rivé sur son compteur et l'autre sur les panneaux annonçant enfin la pompe salvatrice.

Ses cinq dernières semaines à Lorient sont les plus dures, l'administration de l'école la forçant à continuer ses classes en Bretagne jusqu'à la mi-novembre 1968, alors que son engagement à Saint-Germain commence début octobre. C'est au cours d'un de ces derniers voyages, dans la nuit et sous la pluie, qu'elle frôle la mort. Arrivant en haut d'une petite côte, elle se trouve tout à coup éblouie par les phares d'un camion arrêté en plein sur sa gauche. Instinctivement, elle donne un violent coup de frein tout en tournant le volant. La route étant mouillée, sa voiture fait un tête à queue, ce qui, par miracle, lui permet de se retrouver, indemne, sur le côté de la route.

Il lui faut un long moment pour reprendre ses esprits et son chemin dans le bon sens. C'est ce jour-là qu'elle essaye de compter combien elle avait parcouru de Versailles-Lorient-Versailles pour arriver, sur quatre années, au chiffre fabuleux de 160.000 kilomètres, quatre fois le tour de la Terre !

4 - Seize ans professeur

Micheline restera seize ans professeur de piano au Conservatoire de Saint-Germain d'octobre 1968 à juillet 1984, et sous la direction de Jean-Pierre Perrault jusqu'en 1981.

Ecole municipale à ses débuts, l'école devient nationale en 1980, au grand soulagement de ses professeurs dont les salaires bénéficient d'une importante hausse qui allait servir de base au calcul de leur retraite.

L'école étant située rue du Maréchal-Joffre, dans le haut de Saint-Germain, Micheline met en moyenne 30 minutes pour aller de Versailles à ses cours ; quel soulagement par rapport à ses quatre dernières années de Lorient !

De plus, ses classes sont concentrées sur trois jours seulement pour un total de seize heures de présence.

Micheline commence le mardi après-midi de 16 heures à 19 heures. Le jeudi est la journée la plus occupée de 9 heures à 18 heures (y compris une heure pour déjeuner d'un bon sandwich et d'une tasse de café). Le samedi matin clôture la semaine de 8 heures 30 à 13 heures 30.

Micheline voit tous ses élèves en leçon particulière d'une durée moyenne de 20 minutes. Pas de cours collectif comme du temps de Lazare Lévy.

Par contre, ils ne sont pas tous du même niveau, tant s'en faut. Micheline s'occupe aussi bien des enfants débutants entre six et sept ans en allant jusqu'à des étudiants confirmés préparant leur entrée dans les classes supérieures à Paris.

Jean-Pierre Perrault a tout de suite apprécié son calme et sa ponctualité. Au début, sa pédagogie un peu particulière a quelque peu gêné ses collègues qui lui reprochent de donner très tôt aux élèves des morceaux qu'ils jugeaient trop difficiles.

Ayant derrière elle un passé de brillante concertiste, elle aime faire travailler des partitions qu'elle a parfois jouées en public.

Ses auditions ont beaucoup de succès et sont celles qui attirent le plus de monde en fin d'année. Aussi, ses élèves l'adorent, heureux d'être entraînés par elle à jouer de vrais morceaux de concert. Et pourtant, elle ne les materne pas. Des plus petits aux plus grands, elle n'en tutoie aucun, n'employant que le vouvoiement.

Micheline n'a jamais voulu suivre la fameuse Méthode Rose. Elle lui reproche de faire jouer des partitions sans musicalité qui ne forme pas de base assez solide. Elle préfère se servir le plus rapidement possible de vrais morceaux, portant le nom de musiciens célèbres comme Bach, Schumann, Debussy. Elle sait à quel point un enfant serait vite fier de jouer leurs œuvres.

Elle considère que le meilleur âge pour commencer le piano est entre 6 et 7 ans. A cet âge, l'enfant n'écoute pas encore de la musique pour son plaisir ; il n'est donc pas question pour lui de chercher à se comparer à des adultes dont il aurait entendu des disques. Dans tous les domaines, l'enfant de 6 à 7 ans accepte naturellement, sans discussion, tout ce que lui apprend son maître. Il ne montre aucune impatience à obtenir des résultats rapides ; il est merveilleusement docile et neuf fois sur dix, cherche à bien faire. Et puis, il n'est pas encore stressé par d'autres activités extra-scolaires : danse, dessin, poterie, scoutisme, judo.

La première leçon, comme dans tout, est très importante. Les premières vingt minutes doivent être pour l'enfant tout de suite un plaisir musical qu'il devra continuer à conquérir.

Dès la première semaine, Micheline s'efforce de jouer en même temps que son jeune élève. Alors que l'enfant frappe une note toutes les cinq secondes environ, avec ses grandes mains qui se promènent sur le clavier, elle va l'envelopper dans une suite d'accords mélodiques, et il (ou elle) adore ça.

Naturellement, avant de mettre la main sur le clavier, Micheline exige que l'enfant ait fait quelques semaines de solfège et sache bien lire ses notes sur une portée. En plus de ses notes, il doit aussi savoir déjà ce qu'est une mesure, la valeur des notes et apprendre à compter.

Le plus tôt possible, Micheline entend inculquer à ses jeunes élèves quatre principes :

1°- Respecter le plus exactement possible la mesure. C'est-à-dire donner à l'enfant l'habitude d'égaliser parfaitement la durée de chaque note, longue ou courte.

2°- Garder la plus grande rigueur dans le suivi d'un doigté, qu'il soit indiqué par le maître ou qu'il se lise imprimé sur la partition.

3°- Développer l'aptitude à une lecture rapide des notes, basée sur la lecture à l'œil et non à l'entendement par l'oreille. D'où la nécessité de ne pas rester trop longtemps sur un même morceau que l'enfant aura tendance à connaître par cœur au son à la place de se donner la peine de le lire.

4°- Ecouter attentivement le son que le doigt produit en pressant la touche afin d'être à même de le corriger en appuyant avec plus ou moins d'intensité. Dès le début, il est important que l'enfant fasse une bonne relation entre la sonorité qu'il crée et la pénétration du doigt sur le clavier, même et surtout dans la douceur.

5 - Retours sur scène avec Scriabine

Le 5 décembre 1971 Micheline donne son premier récital à Saint-Germain, ayant eu, enfin, le temps de travailler un nouveau programme. La critique est fort élogieuse :

"Mercredi soir, Salle des Arts, trop petite pour contenir les très nombreux auditeurs qui se pressaient à l'entrée, était le cadre d'un merveilleux récital de piano donné par Micheline Ostermeyer, professeur au Conservatoire de Saint-Germain.

Chopin était présent avec deux ballades, deux mazurkas et deux nocturnes, et Scriabine suivait avec deux études, quatre préludes et une sonate dont les difficultés techniques énormes sont redoutées de la plupart des pianistes.

La seconde partie, plus "ensoleillée", nous apportait des œuvres de Turina, Albeniz, Milhaud et Balakirev. Les deux premiers donnaient à entendre une musique espagnole toujours fraîche, agréable, "désaltérante" aussi.

La fin de ce récital mit à l'honneur une fois de plus l'alliance d'un très grand compositeur avec une très grande pianiste. Il s'agit bien sûr de Balakirev, ce musicien russe qui dédia à Liszt l'une des partitions les plus difficiles qu'il soit permis de rencontrer dans le répertoire pianistique, c'est-à-dire cette fantaisie orientale nommée Islamey, que peu de pianistes sont capables d'inscrire à leurs programmes. La brillante technique mise en œuvre, la sûreté de soi, la facilité qui animèrent le jeu de Micheline Ostermeyer, déclenchèrent une ovation du public très justement justifiée.

Micheline Ostermeyer s'est, une fois de plus, affirmée comme une grande championne d'un clavier difficile, vaincu encore par son courage, sa puissance et sa magistrale connaissance de la musique. La virtuosité de cette éminente musicienne dont le talent égale la modestie, a permis aussi de connaître le niveau élevé de l'enseignement qu'elle distribue dans notre Conservatoire qui a l'honneur de lui confier la formation des jeunes pianistes."

Roch Serra

Le directeur de l'école, Jean-Pierre Perrault, à la lecture de ces belles lignes, a dû se féliciter d'avoir fait le bon choix en sélectionnant Micheline.

La mention de Scriabine mérite quelques commentaires. Compositeur russe (1872-1915) à cheval sur les XIXème et XXème siècles, il forme un trait d'union entre l'école romantique symbolisée par Chopin et les premiers essais d'une harmonie tendant à l'atonalité.

Micheline découvre sur le tard ce merveilleux musicien, encore peu joué dans les années 1960. Il faut souligner, comme le fait le critique Roch Serra, que la fébrilité haletante des mélodies du compositeur s'accorde bien avec le caractère fougueux de la pianiste. Aussi, nul mieux que Micheline ne peut lui rendre hommage.

"*Par l'audition de ses symphonies et un disque de l'immense pianiste Vladimir Horowitz, je plonge enfin dans l'atmosphère magique de Scriabine, qui me devient une passion.*

Après ses premières œuvres très attachantes, de style romantique, passionnées ou chantantes, toujours émouvantes, d'un ton slave et d'une riche écriture pianistique très originale, le voici créant un monde nouveau de sonorités étranges, envoûtantes. L'imagination s'envole à le suivre. Ce n'est pas seulement la sensibilité qui doit vibrer, mais le sens créatif, la perception d'un au-delà de soi, la liberté de la sensation. Le pianiste doit plus que jamais, transcender les notes écrites pour émerger dans un univers fantastique évadé du rationnel.

Dans la 9è Sonate opus 68 par exemple, tout à fait démoniaque, de nombreuses indications d'interprétation inhabituelles le stimulent : «Avec une langueur naissante», «Pur, limpide», «Avec une douceur de plus en plus caressante et empoisonnée». Et, des sables mouvants succédant au thème mélodique initial «Légendaire», on aboutit peu à peu, par un dédale complexe où les chaos rythmiques s'enchaînent aux plages idylliques et trompeuses, à un paroxysme violent qui submerge toute la conscience pour ne laisser qu'un point d'interrogation, immobile, dans le grave du piano.

Que n'ai-je rencontré ces œuvres plus tôt, lesquelles me poussent à libérer totalement mon intuition, mon âme, des liens qui les entravent, à suggestionner mes inventions de couleurs dans un cadre de souplesse rythmique étonnant. C'est l'expression individuelle romantique dans le langage sensoriel des modernes français.

Après Debussy et Ravel, arriver à Scriabine, c'est presque changer de domaine, c'est se renouveler en se perdant d'abord. Tout autre musique sera jouée autrement ensuite. Priorité à l'inspiration, dans la confiance définitive à un sens aigu du respect du texte, longuement éduquée depuis mon enfance."

Micheline s'emploie à le faire connaître parmi ses amis, particulièrement Pâquerette Bloit (née Hurel) camarade de la classe de Lazare Lévy de 1946. Pâquerette s'enthousiasme pour la série des Etudes, opus 8 et 42. Non seulement elle les fait figurer au programme de tous ses concerts et aux auditions de ses élèves mais en réalise un bel enregistrement sur disque CD[1].

6 - Ses grands élèves

Pour un professeur, il n'y a pas de plus grande joie que de voir certains de ses élèves réussir dans la voie qu'ensemble ils ont tracée.

Parmi eux, il faut citer Jean-Christophe Marchand, aujourd'hui directeur de l'Ecole Nationale de Musique et de Danse de la Ville du Havre. Micheline le voit arriver dans sa classe de Saint-Germain alors qu'il a déjà onze ans, soit trois ans de trop pour avoir une chance d'entrer au Conservatoire de Paris dans les classes du niveau supérieur de piano. Mais s'il est fort doué pour le piano, il l'est encore plus pour la composition, ce qui lui permet d'y faire une belle carrière. Il reste près de dix ans son élève avant d'étudier l'harmonie, le contrepoint, la composition et la direction d'orchestre au Conservatoire de Paris d'où il sort avec trois Premiers Prix. Marié, père de trois enfants (quatre aujourd'hui), il est nommé pensionnaire pour deux ans à la prestigieuse Casa Velasquez de Madrid.

---

1. Les Solistes Français, édition Cybélia n° 1123.

Son amour du sport (judo, voile) sera un lien supplémentaire avec Micheline pour qui il manifestera toujours une grande admiration.

"C'est elle, dit-il, qui m'a fait connaître la musique et découvrir Fauré et Ravel parmi les grands compositeurs français." Il lui est toujours reconnaissant de lui avoir appris à se servir de son poignet qui, aime-t-il dire, est au piano ce que l'archet est au violon.

Mais c'est aux qualités de patience et de gentillesse de Micheline qu'il veut, en tant que professeur, rendre le plus grand hommage. Habitant et possédant une maison à Yvetot, il viendra souvent à Grémonville tout proche faire avec elle de longues séances de quatre mains à un ou à deux pianos.

Son premier poste sera celui de professeur-animateur à l'Ecole Nationale de Musique de Notre-Dame de Gravenchon, toujours en Normandie. Il y fera donner par Micheline un récital de musique russe en 1989.

Quant à ses compositions, elles sont d'une nature très sensible, poétique et spontanée. Elles couvrent tout le répertoire de la musique classique allant des mélodies pour chant et piano, des sonates pour piano seul et pour piano et orchestre, sans oublier des œuvres pour violon et orchestre et des suites pour orchestre seul.

Jean-Christophe a dédié à son professeur un adorable «Moment Musical» que Micheline joue toujours avec une grande émotion ; elle le considère, en quelque sorte, comme son fils musical spirituel.

Avec Jean-Christophe Marchand, il faut citer Hélène Berger, dont la mère Cécile avait été l'élève de Micheline à Lorient en solfège supérieur. Les hasards de l'existence l'ayant dirigée vers Saint-Germain où Micheline tenait une classe de piano, elle lui confie immédiatement en 1972, sa petite Hélène âgée de 8 ans. Toute jeune, Hélène montre des dons certains pour la musique et ce n'est pas étonnant vu ses antécédents : son grand-père, qui a fait une belle carrière de chirurgien, a été toute sa vie un musicien passionné. Remarquable organiste, il tient encore, à plus de quatre-vingts ans, l'orgue de sa paroisse de Hennebont près de Lorient. Cécile, la mère d'Hélène, après son Premier Prix de

Solfège, deviendra agrégée de musique et inspectrice générale en cette matière au ministère de l'Education Nationale. Hélène quittera le Conservatoire de Saint-Germain avec la médaille d'or de piano en 1984, l'année où Micheline prend sa retraite.

Deux ans plus tard, elle sort de l'Ecole Normale (dirigée par Pierre-Petit), titulaire de la Licence de Concert. Elle entre au Conservatoire National de Région de Rueil-Malmaison où elle obtient un Premier Prix, première nommée, en 1987. En 1990, elle recevra le Diplôme d'Etat de Professeur de piano. En 1991, Hélène partage avec Micheline un double récital Salle Cortot à Paris où sont interprétées à deux pianos des œuvres de Rachmaninoff et La Valse de Ravel.

Elle donne de nombreux concerts dont des récitals à Gaveau et lors d'une belle tournée au Japon en 1994.

Hélène dit avoir une prédilection pour la musique française du XXème siècle. Une de ses spécialités est d'aider de jeunes compositeurs en créant leurs œuvres.

Elle garde de Micheline le souvenir d'un professeur d'une grande douceur, pas du tout écrasante. Les rapports qu'elles entretiennent maintenant ne sont nullement ceux de maître à élève mais d'égale à égale, sans manquer d'humour. Musicalement, l'héritage que lui a laissé Micheline est l'exigence d'une fidélité totale vis-à-vis de la partition et la nécessité de toujours s'écouter très attentivement. On retrouve ici les exigences de Lazare Lévy.

Lorsque Hélène pense à Micheline, le mot qui revient le plus souvent est «sincérité», une sincérité profonde par rapport à soi-même, que cela soit au piano ou dans la vie.

Quant à Elisabeth Méric elle entre dans la classe de Micheline à Saint-Germain à l'âge de 8 ans en 1970.

Sa mère a fait de solides études de violoncelliste tout en restant une excellente amateur. Son père est Jean-Jacques Méric, conseiller d'Etat, poète à ses heures (trois recueils déjà publiés) mais pour qui la musique est une seconde nature. Sortie de l'Ecole Nationale de Musique de Saint-Germain avec la Médaille d'Or et Prix d'Honneur en piano, Elisabeth obtient quelques années plus tard le premier Prix d'Harmonie au Conservatoire Supérieur de Paris. Passionnée de musique lyrique, elle est aujourd'hui chef de chant au Théâtre du Capitole de Toulouse.

A la question : "Que Micheline vous a-t-elle apporté", elle répond :

"Un rapport affectif fort qui m'a encouragée à toujours poursuivre mes études pianistiques ;

Une ouverture sur des styles variés, un grand goût du déchiffrage, une prédilection pour la musique romantique russe ;

Une technique incluant tout le bras qui permet d'acquérir puissance et résistance."

Catherine Lucas n'a pas poursuivi une carrière de pianiste mais elle est restée une grande amie de Micheline. Elle dit volontiers que ce qui l'a le plus marqué de ses années à Saint-Germain c'est la façon dont Micheline savait toujours écouter ses élèves, aussi bien quand ils jouaient que quand ils s'entretenaient avec elle, qualité que l'on ne retrouve pas si souvent dans le corps enseignant.

7 - Insomniaque

Tout au long des seize ans que Micheline passe à Versailles avec ses deux enfants, la santé de son fils Alain est un sujet constant d'inquiétude. D'autant plus qu'il ne s'agit pas d'une véritable maladie aux symptômes bien définis mais d'un état mental qui l'empêche de dormir régulièrement.

Ces crises d'insomnie, passées d'abord inaperçues, vont s'amplifier d'année en année pour devenir un véritable martyre et défendre à Alain de mener la vie normale d'un jeune de son âge. Bientôt toute son existence en sera bouleversée.

La mort prématurée de son père en 1965 alors qu'il n'avait pas encore huit ans et les nombreuses absences de sa mère obligée de voyager constamment entre Versailles et Lorient, n'ont pas arrangé les choses.

En 1968, âgé de onze ans, la préparation quasi simultanée de trois concours de violon va créer un état de surmenage dramatique.

Le premier concours marque la fin du 1er niveau du cours supérieur au Conservatoire de Versailles. Alain y reçoit la plus haute récompense possible : Premier Accessit, premier nommé. Il a brillamment exécuté devant le jury le premier mouvement de la Symphonie Espagnole de Lalo pour violon et orchestre, ce dernier étant remplacé par un piano, et c'est une joie profonde pour Micheline que d'accompagner Alain. Malgré le jeune âge d'Alain, elle a l'impression de ne plus être son professeur mais sa partenaire.

Les deuxième et troisième concours marquent son entrée en classe préparatoire au Conservatoire de Paris. Son professeur de Versailles, Monsieur Nérini vient d'être nommé dans la capitale, et impressionné par le talent d'Alain, va voir Micheline pour lui conseiller d'y présenter son fils, une place étant encore disponible chez lui. Surprise et flattée, Micheline se laisse convaincre sans trop imaginer ce que la préparation de cet examen va imposer comme travail supplémentaire alors qu'Alain est également inscrit en sixième au Lycée Hoche à Versailles. Elle ne réalise pas non plus le surmenage que vont causer présence et travail simultanés dans ces deux écoles.

Jusqu'alors, il a été possible pour Alain de suivre les cours de violon de Monsieur Nérini deux fois par semaine au Conservatoire de Versailles tout en étant inscrit à l'école primaire, deux établissements pas trop loin l'un de l'autre. Alain a même reçu le prix d'excellence en huitième et ses bonnes notes en septième lui ont permis de passer en sixième sans examen.

Monsieur Nérini suggère d'obtenir du lycée une dispense de cours de trois semaines pour préparer les concours de Paris. Le censeur étant lui-même musicien la lui accorde volontiers mais à condition qu'Alain retourne au lycée dès le lendemain des concours. Les examens musicaux se passent très bien. Alain, le plus jeune des candidats avec ses onze ans est reçu second, le premier étant un garçon de dix-huit ans. L'attente des résultats la nuit dans la rue de Madrid rappelle à Micheline son propre examen de 1936 où elle avait été aussi reçue mais quinzième sur dix-sept.

La joie de cette magnifique réussite sera longuement fêtée en famille à Grémonville lors des vacances de Noël toutes proches.

Mais dès la rentrée de janvier 1969, le plus dur reste à faire. Alain va devoir courir d'une école à l'autre tantôt en train, tantôt en voiture avec sa maman qui ne doit pas non plus oublier sa fille Joëlle dont les horaires correspondent rarement avec ceux de son frère.

Personne n'a mesuré ce que cette triple préparation a demandé de travail au fragile Alain. Au bout de quelques jours, c'est le drame. Alain perd complètement le sommeil de nuit et est pris le jour de violentes crises de tremblement. Enfin bien conseillée par un médecin psychiatre, Micheline se rend compte de l'erreur qu'elle a faite en acceptant la proposition, aussi engageante qu'elle fut, de Monsieur Nérini, et demande pour son fils un congé de neuf mois au Conservatoire de Paris.

Alain ne va plus fréquenter que le lycée Hoche de Versailles mais ses crises d'insomnie ne cessent pas pour autant ; on le retrouve souvent endormi sur son pupitre à la fin des classes et le passage en cinquième se fait avec difficulté.

A la rentrée d'octobre 1969, Micheline ne voulant pas perdre le bénéfice de son admission au Conservatoire de Paris l'y inscrit à nouveau en le retirant du lycée Hoche.

Mais aller à Paris veut dire à nouveau les folles courses en train avec des horaires toujours difficiles. Monsieur Nérini va s'apercevoir rapidement de l'état d'épuisement d'Alain. A son tour, il conseille son départ de sa classe et cela sera la fin définitive des études de violon malgré ces premières années remplies d'espoir.

Alain termine l'année 1970-1971 en 5ème dans un collège de Versailles au programme moins stressant.

Désemparée, Micheline parle du cas de son fils à ses anciens amis entraîneurs de l'Institut National des Sports. L'un d'eux, André Gardien, qui a initié Micheline aux courses des haies, accepte de tester Alain. Il le trouve physiquement "surdoué" et grâce à sa recommandation, il est admis au lycée de Font-Romeu dans les Pyrénées où sont formés les jeunes espoirs français. On y pratique tous les sports sans négliger la culture générale.

Alain va y rester de 14 à 16 ans. A son entrée il mesure déjà 1,74m et pèse 51 kilos. Il démarre très bien dans les épreuves de course à pied, obtenant des places de premier au 5000 mètres et deuxième au 3000 et 1500 mètres. Il sera très brillant sur les haies, ce qui réjouit fort sa mère, et voudrait faire du décathlon. Côté études, il obtient aussi de très bons résultats : premier en lettres, deuxième en mathématiques, mais il a toujours des crises d'insomnie et ne peut supporter la vie en dortoir.

Bientôt, il doit quitter Font-Romeu et à 16 ans, il retourne à Versailles. Apprenant ce départ, André Gardien écrit à Micheline une lettre où il exprime son profond regret tout en dressant de son fils un poignant portrait :

"*C'est un très rare bonheur et une grande émotion pour un coach que de découvrir sur le stade un talent exceptionnel. Ce fut ce que je ressentis, à la vue de ce tout jeune homme, timide, humble et souriant comme sa mère, ne sachant trop que faire de ses grandes jambes et son presque un mètre quatre-vingt et de ses cinquante kilos.*

A la fois lymphatique et tonique, naturellement coordonné, ce gamin de 13 ans, je le contrôlai à un peu moins de 7" sur 60 mètres. Rarissime non ? Autant que son exceptionnelle détente verticale.

Les instances fédérales acceptèrent alors de le faire affecter au Lycée de Font-Romeu.

Malheureusement, privé d'un environnement familial fait tout de tendresse, un peu perdu par un entraînement collectif de travail en endurance qu'il supportait mal physiquement et psychologiquement, amoindri provisoirement par une assez grave blessure, il passe à côté d'un épanouissement athlétique qui eût, sans nul doute, fait de lui un champion.

Haies ? Javelot ? Décathlon ? ou qui sait, un grand basketteur ?

J'ai le très vif regret d'avoir quitté trop tôt le Stade Français où j'aurais pu l'accueillir et essayer d'aider cet être tendre et passionné, poète et musicien, à suivre l'exceptionnel et exemplaire chemin parcouru par sa maman."

Micheline inscrit à nouveau son fils au lycée où il est reçu excellemment à son premier bachot en juillet 1975. Il n'abandonne pas le sport pour autant, pratiquant le judo, le basket et la plongée sous-marine. Depuis l'âge de dix ans, il n'a cessé de lire énormément, commençant par des centaines de livres d'histoire. Bientôt, il va se découvrir une même passion pour la philosophie. En seconde à Hoche, il demande à sa mère de lui apporter de l'énorme bibliothèque de Versailles toutes les œuvres des grands théoriciens de la philosophie. Micheline retrouvera chez lui des centaines de ces livres qu'il a achetés au cours des années. C'est ainsi qu'il occupe ses nuits d'insomnie. Une excellente mémoire lui permet de ne rien perdre de ses lectures, sans oublier la musique qu'il écoute des heures durant.

Mais il se lasse des études dirigées et de la discipline scolaire. Bientôt il va devancer l'appel pour effectuer son service militaire en 1976 dans les commandos de l'Infanterie de Marine à Fréjus. C'est alors un superbe garçon de 1,88 m digne descendant Ostermeyer et qui cherche l'Aventure. Son service terminé, il suit des cours de photographie et y obtient un diplôme. Pour avoir les moyens de s'acheter un équipement de professionnel, en juillet 1977, il entre aux PTT dans un des nombreux services de nuit que comprend cette administration, ce qui lui permet de retrouver un certain équilibre. Malheureusement, un grave accident de moto va l'empêcher de partir en reportage. Il trouve cependant le temps et l'argent pour faire deux grands voyages aux Etats-Unis.

Après que sa mère eut quitté Versailles pour s'installer à Grémonville chez ses parents, il habite un agréable appartement à Saint-Ouen aux portes de Paris où il reste huit ans.

Pendant ce temps-là, sa sœur Joëlle qui a également quitté Versailles, habite Paris où elle poursuit des études universitaires, travaillant d'arrache-pied pour à la fois suivre ses cours et gagner de quoi vivre. Elle décrochera un doctorat d'ethnologie, se passionnant pour les structures sociales et économiques des différentes ethnies ainsi que leur langue et leur culture. Ceci l'amènera à passer un diplôme d'alphabétisation pour travailleurs immigrés, sans oublier une maîtrise de lettres modernes et un DEUG de sociologie.

8 - Mort d'Alain

C'est le samedi de Pâques 14 avril 1990 que Micheline apprend par un coup de téléphone de Valérie la compagne d'Alain que son fils est à l'hôpital. Il a été agressé dans un bar-tabac de l'avenue de Saint-Ouen où il est entré pour acheter un paquet de cigarettes en rentrant de son travail.

Pour lui voler son briquet, deux consommateurs passablement éméchés lui ont cherché une mauvaise querelle. En venant aux mains, l'un d'eux, après avoir été prendre dans sa voiture un tournevis, lui plonge l'outil profondément dans la tempe. Transporté d'urgence à l'hôpital de Créteil, Alain décède peu de temps après son admission.

On peut imaginer le désespoir de Micheline à l'annonce de cette terrible nouvelle. Seule à Grémonville, elle se met à parcourir toutes les pièces de sa demeure en poussant des hurlements de douleur. "Qu'est-ce que c'est que ça, qu'est-ce que c'est que ça ??" criait-elle.

Les jours qui suivent, à répondre aux questions des policiers, à reconnaître le corps, à ranger l'appartement, sont un terrible cauchemar.

Sa fille Joëlle et son compagnon Julio accourent du Portugal tandis que son frère Roland et sa belle-sœur Yolande sont d'un secours sans faille.

L'amie d'Alain, fidèle et courageuse, lui est aussi d'une grande assistance.

Dans l'armoire de sa chambre Micheline découvre ce poème prémonitoire où son fils est hanté par le souvenir de son père :

Dernière volonté
Mourir ainsi,
Comme jadis je le vis mourir,
Cet ami qui jetait des regards, des éclairs,
Tel un dieu dans ma sombre jeunesse,
Malicieux et profond.

Le plus joyeux des guerriers,
Le plus pesant des vainqueurs,
Portant un destin sur son propre Destin,
Dur, réfléchi, déterminé.

Tremblant pour vaincre,
Mais heureux de vaincre en mourant,

Donnant des ordres en agonisant,
Donnant l'ordre de détruire...

Mourir ainsi,
Comme jadis je le vis mourir ;
En vainqueur, en destructeur.

(Il faut rappeler qu'Alain avait sept ans quand son père mourut).

Ce poème n'est pas le seul qu'il ait laissé. Micheline va en découvrir plusieurs autres, ainsi que quelques essais et un roman policier.

La préparation du procès aux Assises est une autre période de grande épreuve. Micheline entend avec colère la sentence du jury qui ne condamne qu'à huit ans de prison l'assassin de son fils, inculpé seulement de "coups et blessures ayant entraîné la mort sans l'intention de la donner" et acquitte le deuxième homme qui l'a attaqué mais qui prétend n'avoir donné aucun coup.

Alain est maintenant enterré à côté de son père au cimetière des Gonards à Versailles. Lors des obsèques, de nombreux parents Ghazarian font le voyage de Suisse et également de Boston aux Etats-Unis pour soutenir Micheline et Joëlle.

Chapitre 10 - Sources

Kinésithérapie : Revue officielle de la Fédération des Masseurs, Kinésithérapeutes, Rééducateurs / N° 18 sept-oct 1965 - pages 25 à 31 consacrées à la disparition de René Ghazarian.

Entretiens avec :

– Jean-Pierre Perrault, directeur du Conservatoire de Saint-Germain

– Jean-Christophe Marchand, directeur de l'Ecole Nationale de Musique et de Danse de la Ville du Havre, ancien élève de Micheline Ostermeyer

– Hélène Berger, Premier Prix du Conservatoire de Région de Rueil-Malmaison, ancienne élève de Micheline Ostermeyer

– Jean-Jacques Méric, Conseiller d'Etat, père d'Elisabeth Méric, Premier Prix d'Harmonie du Conservatoire Supérieur de Paris, ancienne élève de Micheline Ostermeyer.

CHAPITRE 11

De Saint-Germain 1984
aux Jeux de Barcelone 1992

1 - Installation à Grémonville
2 - La musique russe
3 - Mirville et la Flamme olympique
4 - Le Grand Prix Pierre de Coubertin
5 - "La Croisée du Destin"
6 - Rang-du-Fliers
7 - Récital à l'INSEP
8 - Retour en arrière
9 - Barcelone en 1992
10 - Micheline et les Jeux
11 - Fin

1 - Installation à Grémonville

C'est le 24 avril 1983 que Micheline Ostermeyer fait donner par ses élèves de Saint-Germain une dernière audition de piano car elle a décidé de prendre sa retraite l'année suivante.

Pour l'occasion le Conservatoire, maintenant appelé Ecole Nationale de Musique, imprime un beau programme avec en page de couverture la célèbre photo de Micheline âgée de douze ans, donnant son premier récital public à la Casa Dante de Tunis le 12 juin 1935.

Quarante-huit ans séparent ces deux dates, presqu'un demi-siècle consacré par Micheline à la musique sa véritable passion et au sport, sa grande distraction.

Au programme, dont la deuxième partie est composée d'œuvres à deux pianos, figurent deux de ses meilleures élèves Hélène Berger et Elisabeth Méric. En plus de plusieurs solos, Hélène et Elisabeth jouent avec les deux sœurs Vernet, Isabelle et Laure-Odile, un arrangement pour huit mains d'"Espana" de Chabrier écrit par Micheline Ostermeyer elle-même, ce qui témoigne d'un talent certain pour l'écriture.

On retrouve parmi les autres musiciens ses grands favoris dont Bach, Chopin, Debussy, Liszt, Katchaturian et Rachmaninoff.

Entre temps, sa fille Joëlle, ayant obtenu un poste de professeur de lettres françaises à la célèbre université portugaise de Coimbra, Micheline décide de rejoindre ses parents à Grémonville. On peut imaginer leur soulagement de l'y accueillir, leur santé à tous deux montrant des signes de faiblesse, Henri étant âgé de 93 ans et Odette de 88.

C'est ce départ de Versailles qui avait poussé Alain à se rapprocher de son travail en déménageant à Saint-Ouen, un faubourg de Paris.

Micheline a cependant le temps de préparer et donner un dernier concert à Saint-Germain, salle Maurice-Denis. Tout ce que la région compte d'amis et de musiciens y assiste en ce printemps 1984.

Un an plus tard son père Henri s'éteint paisiblement et est enterré au cimetière de Grémonville sous une plaque de marbre ne portant d'autre signe que son nom. Il y sera rejoint le 5 décembre 1987 par Odette dont la fin sera beaucoup plus pénible, malgré la présence à chaque instant de Micheline.

Pendant ces années, Micheline fait appel encore et toujours à la musique consolatrice pour l'aider à supporter ces moments difficiles.

Peu de jours passent sans qu'elle ne consacre quelques heures à son piano, acceptant aussi souvent que possible les propositions de concert qui lui sont faites.

Ainsi tous les ans de 1985 à 1992, Micheline donne un récital dans la petite ville d'Autrans près de Grenoble où lors des Jeux d'hiver de Grenoble, se tint un certain nombre de compétitions. Un groupe d'anciens camarades des Jeux Olympiques de Londres s'y retrouvent à l'occasion de stages et conférences.

Le 20 septembre 1986, elle est particulièrement touchée de participer à un "Hommage à Lazare Lévy" avec plusieurs anciens élèves de la classe du Conservatoire de Paris de 1946 au Centre musical du Moulin d'Andé, à Saint-Pierre-du-Vauvray dans l'Eure. Elle y joue la 2ème Sonate de Serge Rachmaninoff opus 36.

Les autres participants sont Franck Theuveny et sa sœur la violoniste Marie-Claude Theuveny, Elisabeth Saglier et son mari le compositeur Antoine Duhamel et Pâquerette Bloit, l'organisatrice de la soirée.

La même année elle est invitée à Lillebonne près du Havre où la Salle des Sports du collège Mendès-France venait d'être baptisée de son nom. Elle termine son récital également avec la 2ème Sonate de Rachmaninoff. Sa mère Odette, musicienne toujours aussi passionnée, assistait à ce concert, le dernier d'une longue vie où le piano tint une si grande place.

2- La musique russe

Le 2 mai 1989 Micheline donne un concert composé uniquement de musique russe, qui depuis quelques années la passionne de plus en plus. Ce concert a lieu au conservatoire de Notre-Dame-de-Gravenchon dont son ancien élève Jean-Christophe Marchand a été le professeur-animateur et où il avait souvent fait appel à elle.

Voici ce qu'en écrira la critique locale :

"Le répertoire russe, souvent inspiré du folklore et de la nature porte en lui une richesse d'âme que Micheline Ostermeyer a su merveilleusement restituer. Souvent le caractère passionné des compositeurs tel que Tchaïkovski dans sa "Doumka" a surgi des profondeurs. Ailleurs, c'était les élans de ce qu'un Scriabine a composé d'inspiration mystique... En deuxième partie, ce fut l'andante coloroso de la 7ème sonate de Prokofiev, époustouflant dans sa facture, les trois mouvements de Petrouchka de Stravinski, et pour finir la 2ème sonate opus 36 du dernier représentant des grands romantiques : Rachmaninoff."

Mais laissons Micheline elle-même décrire tout ce que cette musique a représenté pour elle. Ne pas omettre de noter au passage l'allusion à son mari défunt qui était d'origine arménienne, très proche à la fois des caractères slaves et moyen-orientaux.

"Je découvre bientôt la très importante œuvre pianistique de Rachmaninoff dont j'avais seulement joué le 2è Concerto. Ces œuvres superbes, non étranges, mais très russes, me transportent par leur passion et leur authenticité. J'y reconnais le tempérament de mon cher compagnon disparu, sa richesse, son intensité, sa profondeur dans la simplicité, le dépouillement, être soi sans fard.

Malgré le long séjour de Rachmaninoff aux Etats-Unis, sa musique n'est pas vraiment occidentale. Sa forte nature est d'abord russe, avec sa fulgurance, son côté tragique, son insatiable besoin d'expressionnisme. Il s'exprime sans recherches savantes à l'époque où l'abstraction a force de loi dans l'Art. Ce qu'il lui faut, c'est extraire son bouillonnement intérieur et livrer la voix de son âme.

C'est ce que j'ai besoin de trouver, de retrouver, et en vivant sa musique, je me retrouve moi-même. Ce que son génie a créé devient le support personnel de mes émotions. Je ne peux composer, mais par ses notes, je m'exprime comme si elles étaient venues de moi.

Tout particulièrement, sa 2è Sonate me comble. Comme la Sonate de Liszt, elle nous entraîne immédiatement dans le torrent dévastateur qui est sa parole essentielle. Mais de très belles phrases poétiques ne tarderont pas à venir éclairer notre paysage intérieur, par moment délicates comme une évasion mystérieuse.

Le 2è mouvement est un bel épanouissement de lyrisme tranquille à plusieurs voix superposées, telles que Rachmaninoff les aime. Pour sa générosité, deux mains seulement sur un seul piano ne sont pas un handicap. On joue partout en même temps, et comme un orchestre. A vous de vous débrouiller, avec de grandes mains. Sinon, allez voir ailleurs.

Le 3è mouvement est une véritable course à l'abîme. L'explosion finale crie sans se lasser la joie de triompher. Le souffle est long. On va vraiment au bout de soi."

3 - Mirville et la Flamme Olympique

Trop peu d'auditeurs assistent à ce concert mais la qualité compense largement la quantité. Inconnu de Micheline, un couple est particulièrement attentif : venus en voisin de leur château de Mirville, Monsieur et Madame de Navacelle vont bientôt jouer un certain rôle dans sa vie.

Geoffroy de Navacelle est par sa mère le petit-neveu de Coubertin (1863-1937). Quoique l'ayant peu connu, il se consacre à la mémoire de son célèbre aïeul, mort sans descendance directe. Il crée le Comité International Pierre de Coubertin dont il devient le président (président d'honneur aujourd'hui) et s'attache particulièrement en accord et avec le soutien du Comité International Olympique à la recherche et la publication de l'œuvre écrite de Coubertin. Peu de gens savent que cette œuvre est considérable, comprenant plus de trente volumes, quarante cinq brochures et plus de mille deux cents articles dans la grande presse.

Consacrée pour une large part à l'Olympisme, les Arts y tiennent cependant une très large place. Coubertin appartenait à une famille d'artistes : son père était un très bon peintre et sa sœur (la grand-mère de Geoffroy de Navacelle et qui deviendra la marquise de Mirville) une excellente harpiste. Coubertin lui-même peignait, dessinait et jouait du piano. D'où son insistance sur la présence, lors des cérémonies d'ouverture des Jeux, de chants, danses, musiques et spectacles illustrant la culture du pays qui reçoit ; la cérémonie de fermeture doit symboliser l'amitié entre les peuples par une joyeuse farandole où les athlètes, tous pays confondus, courent bras-dessus bras-dessous en contraste avec le défilé au pas, drapeau en tête, de chaque délégation qui marque le début des Jeux.

Aussi, lorsque Monsieur de Navacelle découvre que Micheline, dont il connaît bien la double carrière, est aussi sa voisine, il va tout faire pour qu'elle participe à la grande fête qu'il prépare dans le parc de Mirville pour accueillir le passage de la Flamme Olympique.

Entre le 14 décembre 1991 jour d'arrivée à Roissy de l'avion d'Olympie et le 8 février 1992, date de la cérémonie d'ouverture des XVIème Jeux Olympiques d'hiver d'Albertville et de la Savoie, le Parcours en France de la Flamme rassemble plus de dix millions de spectateurs en cinquante sept jours.

Rappelons que les premiers Jeux eurent lieu en 776 avant J.C. à Olympie en Grèce. De ces Jeux originels, il reste un certain nombre de symboles dont le parcours de la Flamme, allumée au rayon du soleil à Olympie, jusqu'à la ville-hôte.

Mais la cérémonie de la Flamme des Jeux d'hiver, Jeux qui ne datent que de Chamonix en 1924, a connu des fortunes diverses et ce n'est que depuis Innsbrück en 1964 qu'elle vient d'Olympie. Le parcours se fait en avion pour les grandes distances, à pied par relais d'environ un kilomètre pour le passage dans le pays-hôte. Les détails de l'organisation sont laissés au comité olympique local. Ainsi pour les Jeux de Los Angeles de 1984, les organisateurs avaient vendu le droit de porter le flambeau pendant un kilomètre à qui payerait, manière d'éviter "à tout prix" le déficit habituel mais peu dans les mœurs françaises. Jean-Claude Killy et Michel Barnier co-présidents du COJO (Comité d'Organisation des Jeux Olympiques) eurent l'idée d'en confier le déroulement à la Poste française. Le choix se révéla excellent. Non seulement la Poste est un organisme très structuré dont on trouve des membres dans les moindres hameaux du territoire mais son nombreux personnel sut se motiver pour magnifiquement accompagner la flamme jour et nuit pendant deux mois. Il fallut cependant deux ans d'un énorme travail de préparation pour réussir l'opération.

Un certain nombre de propositions de base est retenu : les porteurs du flambeau seraient tous des volontaires entre quinze et vingt ans, garçons et filles, sportifs ou non, bien portants ou handicapés, résidant dans la région de son parcours.

La Flamme s'arrête tous les soirs afin qu'il y ait fêtes et veilles autour du symbole olympique. La distance entre chaque ville-étape doit être d'environ 100 kilomètres, soit dix heures de route, ce qui donne un total de 5.536 kilomètres.

Le parcours définitif passa à travers 22 régions, 63 départements, 2.000 communes, chacun des porteurs courant à une moyenne de 10 kilomètres par heure, escortés par des postiers "Gardiens de la Flamme", tous en uniforme sportif offert.

Cette moyenne de 100 kilomètres par jour fut généralement respectée. Cependant pour faire droit à des convenances locales ou permettre un détour par un site historique, il y eut quelques exceptions dont la plus notoire fut Le Havre-Rouen. Elle devint la plus longue étape avec exactement 162,9 kilomètres, et c'est celle qui nous intéresse particulièrement car elle passe par Mirville !

L'histoire vaut la peine d'être contée. Lorsque le receveur des postes de Bolbec (Seine-Maritime) commune proche de Mirville, reçut un plan du premier parcours, son sang ne fit qu'un tour en constatant que la flamme ne passait pas par Mirville. Or, il savait que le château appartenait à la famille de Pierre de Coubertin, fondateur des Jeux Olympiques et que ce dernier y avait passé une grande partie de sa jeunesse. Il alerta aussitôt son propriétaire Monsieur de Navacelle, qui en sa qualité de président du Comité International Pierre de Coubertin, avait de bonnes relations dans le milieu olympique français. Mais faire modifier un tracé préparé depuis des mois au mètre près ne fut pas une mince affaire. Heureusement le ministre de la Jeunesse et des Sports de l'époque était Madame Frédérique Bredin, maire de Fécamp.

Elle obtient de son collègue ministre de la Poste que Mirville soit une des plus grandes étapes du parcours national ; par la même occasion le convoi passe par Fécamp, ce qui n'avait pas été prévu au départ, entraînant une rallonge de 50 kilomètres.

Cet arrêt-déjeuner à Mirville va permettre à Geoffroy de Navacelle de donner ce jour-là le plus bel hommage qu'il ait jamais rendu à son ancêtre. L'étape de Mirville restera la plus imposante, la plus fréquentée, la plus réussie de toutes celles organisées sur 5.536 kilomètres.

Dès 9 heures du matin, la circulation des environs est totalement fermée. On espérait 800 participants ; il en vint 1.200 par flots ininterrompus, en car, en voiture, terminant souvent le chemin à pied. Deux énormes tentes sont dressées pour les accueillir. L'une est un véritable musée de l'Olympisme, sous l'autre on servira le moment venu un superbe buffet.

Parmi les officiels on remarque Laurent Fabius, président de l'Assemblée Nationale, Philippe Chatrier, président de la Fédération Internationale de Tennis, Maître René Bondoux, président des médaillés olympiques français, Raymond Gafner représentant personnel de Juan Antonio Samaranch, président du Comité International Olympique, les deux co-organisateurs des Jeux d'Albertville, Jean-Claude Killy et Michel Barnier.

La Flamme fait son entrée à 10 heures 39 dans le parc du château, franchissant une porte d'honneur aux allures d'arc de triomphe.

Le hasard a bien fait les choses en choisissant comme porteur un jeune et beau garçon Wilfrid Vacher, justement de Mirville ; il est escorté par Yves Lemoine.

A l'arrivée de ces deux jeunes gens, éclate l'Hymne à la Joie de Beethoven, la musique chorale favorite de Pierre de Coubertin, celle qui pour lui symbolisait le mieux les grands moments des manifestations olympiques.

Wilfrid franchit quelques marches pour remettre la flamme à Nelson Paillou, président du CNOSF (comité national olympique et du sport français). Très ému, celui-ci, après avoir embrassé le jeune coureur, pose le flambeau dans un anneau fixé au mur derrière lui.

Monsieur Paillou est le premier des quatre orateurs. Il exalte le succès aussi énorme qu'imprévu du parcours de la Flamme, rendant hommage aux centaines de milliers de Français qui se déplacent dès les premières heures du jour pour l'escorter.

Il dit son admiration et sa gratitude à Pierre de Coubertin pour avoir redonné au monde entier les Jeux Olympiques et par la même occasion avoir réussi à incorporer le sport dans le cursus éducatif français.

Le ministre Bredin souligne l'attachement de Coubertin au Pays de Caux, et annonce la participation à la cérémonie de la pianiste Micheline Ostermeyer qui incarne si bien l'alliance du sport et de l'art. Madame le ministre détache alors de son anneau le flambeau porteur de la Flamme et la remet à une jeune étudiante de Rouen. Le départ de cette belle jeune fille, dans son survêtement blanc, qui va bientôt disparaître dans les sous-bois voisins parsemés de nappes de brume, sera un des moments les plus émouvants de la matinée.

Monsieur Galtier d'Auric représente l'autre branche de la famille Coubertin, celle qui habite Saint Rémy-les-Chevreuse dont il est le maire ; il remet à ses cousins de Mirville une coquille d'or, symbole figurant dans l'armoirie familiale.

Geoffroy de Navacelle est le dernier orateur. Il fait écouter à l'assistance un enregistrement de la voix de Coubertin datant d'un an avant sa mort et qui commence par la devise des Jeux : Toujours plus haut, plus vite, plus fort.

Ensuite, il évoque le vœu de son ancêtre de voir les Arts associés au déroulement des Jeux afin de réaliser ce qui pour lui devait être le but essentiel de leur résurrection, à savoir permettre aux peuples de se respecter en se connaissant. Il ajoute que parmi les Arts, Coubertin réservait une place particulière à la musique. Aussi dit-il, il lui a paru approprié de terminer cette cérémonie dans le plus pur esprit olympique en demandant à Micheline Ostermeyer de prendre place au piano.

Monsieur de Navacelle rappelle que Micheline fut médaille d'or du disque et du poids et médaille de bronze du saut en hauteur aux Jeux de Londres en 1948. Un an auparavant elle a été finaliste du concours international d'exécution musicale de Genève après avoir obtenu en 1946 son Premier Prix de Piano au Conservatoire de Paris, pour continuer jusqu'à ce jour une brillante carrière de pianiste concertiste à travers le Monde.

Elle clôture cette belle journée en jouant le vibrant Prélude en ut dièze mineur de Rachmaninoff.

4 - Le Grand Prix Pierre de Coubertin

Après le passage de la Flamme, de nombreuses autres manifestations sont programmées lors des années olympiques. Parmi les plus prestigieuses, il faut citer le Grand Prix Pierre de Coubertin décerné par l'Association des Ecrivains Sportifs.

Créée en 1919 sous la présidence de Tristan Bernard, son premier but est de promouvoir la littérature sportive avec l'attribution tous les ans d'un grand prix du même nom.

Depuis 1963, un autre prix est attribué en collaboration avec le Comité Pierre de Coubertin tous les quatre ans à une œuvre littéraire ou artistique qui aura servi l'idéal sportif dans l'esprit olympique du fondateur des Jeux modernes, avec l'appui du Ministère de la Jeunesse et des Sports.

Ses lauréats ont été successivement :

1964 : le peintre et dessinateur André Dunoyer de Segonzac

1968 ; l'écrivain André Obey

1976 : le commandant Jacques-Yves Cousteau navigateur et cinéaste

1988 : le journaliste et romancier Antoine Blondin

1992 : la pianiste et triple médaillée olympique Micheline Ostermeyer.

Le jury a reconnu Micheline pour "symboliser l'osmose de la culture et du sport souhaitée par Pierre de Coubertin".

Elle est la première lauréate récompensée pour avoir atteint à la fois les sommets d'une profession artistique, à savoir la Musique, tout en ayant triomphé mondialement dans l'exercice de l'athlétisme.

Une grandiose mais chaleureuse cérémonie réunit le 26 octobre 1994 tout ce que le monde olympique et sportif compte de grandes personnalités sous la présidence de Michèle Alliot-Marie, Ministre de la Jeunesse et des Sports, en présence de Bernard Destremau, ancien Ministre et président de l'Association.

Micheline a souvent déclaré que de toutes les récompenses qui lui ont été attribuées, c'est le Grand Prix Pierre de Coubertin dont elle est la plus heureuse car il symbolise pleinement ce qui a le plus compté pour elle dans la vie, après sa famille.

5 - "La Croisée du Destin"

En décembre 1989, la Fédération Française d'Athlétisme adresse à Micheline une lettre d'un réalisateur de film qui désire faire une œuvre sur elle.

Il s'agit de Pierre Simonet, professeur depuis 1977 à l'INSEP (l'Institut National du Sport et de l'Education Physique) et membre de son service audiovisuel depuis 1985. Pierre Simonet ne connaît pas Micheline mais il a toujours été frappé par son extraordinaire carrière de sportive amateur dans tant de disciplines aussi variées que contradictoires sur la toile de fond de sa vie de pianiste virtuose et professionnelle. L'INSEP venant de décider d'entreprendre une série de moyens métrages sur le thème de champions et championnes historiques sous le nom de "La mémoire du Sport", Simonet choisit la vie de Micheline comme thème du premier numéro de cette série, (qui, hélas, n'en connaîtra pas d'autres).

Au cours d'un premier échange de lettres, Micheline propose un rendez-vous au Racing Club de France où va se tenir une réunion du jury du prix décerné tous les ans par l'Association des Ecrivains Sportifs dont elle est une des membres.

Pendant le déjeuner, Pierre Simonet lui décrit son projet d'un film de 52 minutes retraçant chronologiquement les diverses étapes de sa vie. On la verra musicienne et sportive à l'aide d'anciens films d'actualité et en famille grâce à des pellicules d'amateurs et des photos. Elle y jouera de nombreuses œuvres pour piano accompagnées par la voix d'un narrateur et par des prises de vue réalisées par Pierre et son équipe.

Au cours du déjeuner, Alain, le fils de Micheline, un beau jeune homme de trente-deux ans, vient les rejoindre. Sa mère confiera plus tard à Simonet que c'est exprès qu'elle avait demandé à son fils d'assister à l'entretien, ayant une grande confiance dans son jugement. Alain se déclare rapidement favorable tandis que Micheline, plus réservée, demande à réfléchir.

Fin février 1990, Micheline invite Pierre Simonet à passer une journée à Grémonville : elle va lui raconter sa vie et l'inviter à feuilleter les quatre gros albums de documents assemblés et commentés par son père Henri, décédé il y a cinq ans.

Sur le quai de la gare d'Yvetot, Micheline donne son accord, rassurée par la personnalité loyale et honnête de Pierre, convaincue qu'il ne se laissera pas emporter à faire un film à sensation mais une œuvre qui rendra sa personnalité vraie.

D'autres rendez-vous suivront pour débattre de la salle où aura lieu l'enregistrement de la musique. Micheline suggère l'appartement d'Alain à Saint-Ouen où est installé le Pleyel demi-queue de sa mère qu'elle affectionne particulièrement. Simonet rédige quelques notes sur les principales scènes à filmer : la maison natale de Rang-du-Fliers, l'Ile-aux-Moines, le stade de Wembley près de Londres, les amis et élèves à interviewer.

Avec regret, il supprime un voyage à Tunis, qui aurait trop grevé le budget.

Rentrant chez lui le dimanche 14 avril, Pierre Simonet entend sur son répondeur. "Ici, Micheline. C'est effrayant ! Alain vient d'être assassiné ! Venez me voir. Je suis chez mon frère Roland à Paris rue de la Tombe-Issoire."

La voix est blanche mais ferme sans aucun sanglot.

Pierre rencontre Micheline le soir même. Pendant une heure elle lui raconte le terrible drame, les habits tachés de sang, la reconnaissance du corps, le début de l'enquête. Elle reste calme mais, évidemment, pas un mot sur le film. Pierre rentre chez lui bouleversé et n'osant plus croire à la suite de son projet. Et puis, un mois plus tard, coup de téléphone de Micheline suggérant une date pour une nouvelle rencontre à Grémonville où seront évoqués ses parents Henri et Odette, son enfance en Tunisie, et les morceaux de musique qu'elle a préparés pour être enregistrés. C'est au cours de ce tournage que Pierre remarque que son chef opérateur Michel Delicourt appelle Micheline par son prénom ; à son tour il abandonne le "Madame Ostermeyer" employé jusqu'alors, tout en conservant le vouvoiement. Pas un mot sur la mort d'Alain.

6 - Rang-du-Fliers

Le prochain déplacement prévu est à Rang-du-Fliers, son lieu de naissance près de Berck où elle découvre la chambre où elle est née. Pierre y part en reconnaissance et prend contact avec la mairie qui ignore tout de l'existence de Micheline. Le maire est ravi d'apprendre qu'une telle célébrité a vu le jour dans sa commune. Justement, il cherchait un nom à donner au futur complexe sportif qui doit être terminé d'ici quelques mois. Sur le champ il décide de soumettre celui de Micheline Ostermeyer à la prochaine réunion de son conseil municipal. L'inauguration aura lieu l'année suivante le 25 mai 1991 au milieu d'une foule considérable. Les enfants des écoles chanteront "L'Hymne à la Joie" de Beethoven, suivi d'un lâcher de pigeons. Au cours d'un plantureux banquet, Micheline répondra au discours du maire par une poignante réflexion sur ce qu'a représenté le sport dans sa vie :

... La ville de Rang-du-Fliers, ma ville natale a judicieusement décidé de prendre mes titres en héritage, comme elle le méritait, en donnant mon nom à ces stades. Voilà qui est équitable et me réjouit pleinement.

Ce grand honneur m'a infiniment touchée et m'emplit d'un contentement non exempt de mélancolie.

Contentement, parce que quelque chose de moi vivra encore dans le Sport grâce à cette jeunesse qui va s'ébattre sous mon égide, et je souhaite que ce marrainage lui apporte autant de succès, de plaisirs passionnés et de merveilleux souvenirs d'amitié et d'émotions essentielles que j'en reçus moi-même.

Mais mélancolie, puisque pour moi ces plaisirs sont un passé très lointain, même si j'ai joué au basket jusqu'à l'âge de 38 ans. Plusieurs circonstances, heureuses ou malheureuses, m'ont écartée des stades : nécessités professionnelles, c'est à dire, musicales, vie de famille marquée par la fatalité. Mais avant cela déjà divers petits accidents ont fini par me priver d'exercer une activité sportive qu'il est salutaire à chacun de prolonger le plus longtemps possible.

Et, à ce sujet, je me permettrai d'anticiper ou de me faire l'écho probablement des éducateurs sportifs, entraîneurs, professeurs qui s'occupent de cette jeunesse pour lui recommander de ne pas trop s'attarder avec envie à la lecture de mon palmarès pour plusieurs raisons. Actuellement, il est trop difficile d'obtenir autant de victoires car la concurrence est très spécialisée, chaque discipline étant poussée beaucoup trop à fond. Même à l'époque d'ailleurs certains excès de compétitions m'ont causé claquages et élongations, et ont donc entamé mon avenir sportif, un avenir qui finalement dure presque toute la vie alors que la championnite ne peut s'exprimer que quelques années.

Dans la pratique de l'athlétisme spécialement, comme c'est très individuel, il y a un dépassement de ses propres performances qu'on essaie toujours d'obtenir et qui est dangereux. L'esprit de club, de cité, ou même de nation ne doit pas étouffer l'instinct de conservation personnelle, quand vous aurez trouvé votre état optimum.

En résumé, le sport doit développer la capacité de prise sur la vie, l'endurance, le courage, l'à-propos et la spontanéité devant les imprévus, et toutes vos facultés physiques. Mais le sport ne doit pas les diminuer... ou en faire un produit de satisfactions de vanité ou de projets mercantiles qui peuvent eux aussi, entre parenthèses, avoir une mauvaise influence sur les décisions que l'on prend pour participer coûte que coûte à une épreuve.

Il faut admirer le champion non pour ce qu'il vaut, comme c'est devenu l'habitude, par millions, ou comme une belle machine bien robotisée et parfois télécommandée par des personnalités du commerce (j'en parle par ouï-dire car je n'ai pas connu cela), il faut l'admirer parce qu'il est léger, rapide, fort, beau à voir agir, maître de lui et de son corps, et indépendant dans le choix de son destin.

En attendant d'être éventuellement champion, ce qui n'est pas du tout indispensable au bonheur d'être sportif, je vous souhaite toutes les joies possibles sur ces stades.

Micheline est ensuite invitée à donner le coup de pied d'envoi à un match de football et découvrir les nombreux manèges d'un parc d'attraction. Seule fausse note : le soir, elle est priée d'assister à une rencontre de boxe entre deux champions du département. Pierre qui est assis à côté d'elle, remarque qu'elle ne regarde pas le ring. Elle lui glisse à l'oreille que depuis la mort d'Alain, elle ne supporte pas ce genre de spectacle. Cette phrase sera la seule allusion au drame qu'elle vient de vivre.

Après Rang-du-Fliers et Berck, le deuxième déplacement est pour Londres et le stade de Wembley. Visite beaucoup moins réussie. Il fait à Londres un froid glacial et il pleut sans arrêt, à tel point que la petite équipe est incapable de localiser Victoria College où fut hébergée l'équipe de France. Quant au stade, une administration impitoyable exige le paiement immédiat de 6.000 francs pour une heure de prise de vues, tout dépassement entraînant une facture supplémentaire de 6.000 francs.

C'est donc au pas de course, mais sous un soleil retrouvé, que Micheline revoit la pelouse de ses plus grands succès, contemple son nom sur la plaque de marbre qui honore tous les champions de 1948 et a un moment d'émotion en caressant la vasque olympique où brille toujours la flamme venue de Grèce.

Au cours de l'été, Pierre et sa femme invitent Micheline à passer quelques jours dans leur maison de Bretagne d'où ils partent en randonnée à l'Ile-aux-Moines. Micheline n'y est pas retournée depuis près de cinq ans et c'est avec joie qu'elle visite "Bellevue" la maison de sa Tante Yane où elle a si souvent passé de merveilleuses vacances. Le nouveau propriétaire la laisse libre de tout visiter avec ces mots qui la touchèrent profondément : "Vous êtes ici chez vous, Madame".

Mais le meilleur moment est la promenade le long des petits chemins qui serpentent entre les jardins fleuris des maisons situées à quelques mètres de la plage. Alors que Pierre cadre Micheline contemplant une rose, un cycliste aux cheveux blancs, ses cannes à pêche ficelées au cadre de son vélo, freine brusquement et se retourne en criant "Micheline !". C'est un ami d'enfance et ils ne se sont pas revus depuis une éternité...

Hélas, le temps de 52 minutes imposé par la télévision à tous les films de reportage est impitoyable et la séquence de l'Ile-aux-Moines ne pourra figurer dans la version définitive.

La musique est finalement enregistrée dans le salon de Grémonville sur le piano Steinway de Micheline. En remerciement, le service audio-visuel de l'INSEP prend à sa charge la complète remise en état de ce vénérable instrument, à la grande satisfaction de sa propriétaire.

"La Croisée du Destin" est le titre officiel donné à cette production qui fut souvent projetée lors de manifestations officielles dont celle au cours de laquelle Micheline reçoit (enfin) la Légion d'Honneur en 1992 à la Maison des Sports des mains du ministre Frédérique Bredin, devant un aéropage de champions et de personnalités du monde olympique dont Nelson Paillou, le président du comité olympique français de l'époque.

Son auteur et réalisateur en est Pierre Simonet, de l'INSEP.

7 - Récital à l'INSEP

L'année 1992 est, à nouveau, une année olympique ; tous les sportifs du monde se préparent fiévreusement à gagner leur sélection pour Barcelone en Espagne où les Jeux sont programmés.

L'Institut National des Sports et de l'Education Physique (INSEP) dans le Bois de Vincennes, est le théâtre d'innombrables rencontres d'entraînement en vue des sélections. Les anciens champions sont aussi à l'honneur. Parmi eux, Micheline Ostermeyer qui, avec ses deux médailles d'or et sa médaille de bronze de 1948, est toujours la seule athlète française titulaire d'un tel palmarès.

Aussi, le 8 avril 1992, est-elle invitée à donner, dans l'auditorium de l'Institut, un grand récital de piano. Sur la couverture du programme, à côté de la statue en bronze du "Discobole" située près du grand stade, on peut lire :

Micheline Ostermeyer
Pianiste
Double Championne Olympique.

La première partie du concert est entièrement dédiée à Chopin avec la Première Ballade, les 1er et 5ème Nocturnes, la Fantaisie-Impromptu et pour finir la Polonaise en la bémol majeur.

La deuxième partie débute par Trois préludes et une Etude-Tableau de Rachmaninoff pour finir sur Trois Préludes et la Rhapsody in Blue de George Gershwin.

En bis, Nelson Paillou réclame l'Hymne Olympique qui est interprété par la pianiste avec le cœur et la fougue que l'on peut imaginer et chanté par toute la salle enthousiaste.

Une jeune sportive en blouson, championne de France du disque, remet sur scène un beau bouquet de fleurs tout rond à Micheline, heureuse de retrouver mêlés en une seule soirée musique et olympisme.

Après son récital à l'INSEP, Micheline donne le même programme le 15 avril 1992 à Annecy sous le nom de "Concert Enflammé" car participant à son Mois culturel donné cette année-là sous le signe du Feu. Elle le donne aussi à Lausanne le 6 octobre salle Paderewsky, invitée par le Comité International Olympique. Elle joue ensuite avec orchestre le concerto de Katchatourian à Notre-Dame de Gravenchon ainsi qu'au Havre les 3 et 4 novembre, extrêmement heureuse de renouer avec cette spectaculaire prestation musicale.

Après avoir terminé l'année 1992 sur les scènes de Lorient et au Pecq, elle se prépare à partir pour une tournée à l'Ile de la Réunion à l'occasion de la Journée Mondiale de la Femme début 1993.

8 - Retour en arrière

Mais laissons Micheline s'exprimer :

"Tous ces concerts me ramènent quelque trente ou quarante ans en arrière quand je ne cessais de voyager et de me produire en public. J'ai toujours ma santé imperturbable.

Je continue !! La vie continue !

Mais maintenant, au milieu de toute cette musique, je suis toujours habitée par les êtres chéris perdus avec lesquels je la vivais si intensément : Gazar qui m'écoutait pendant des heures, Maman qui m'a formée, Alain qui avait toutes mes facilités, toutes les aptitudes pour la carrière de virtuose mais qui n'a pas eu la chance de garder ses parents, comme moi.

Depuis la mort de Maman, c'est à lui que j'allais jouer mon programme avant mes concerts pour avoir son avis très compétent de musicien fin et passionné.

Cinq mois après sa mort, j'ai donné à Autrans un concert à sa mémoire avec ses compositeurs préférés, Bach, Prokofieff, Ravel avec Gaspard de la Nuit, Scriabine et sa 9ème Sonate, dernière œuvre que je lui ai jouée.

Joëlle est souvent dans la salle, mais Maman, Gazar, Alain sont toujours en moi. Avec eux trois maintenant, je suis en scène heureuse et tranquille, plus décontractée qu'auparavant. Je joue pour mon plaisir, pour assouvir ma passion, leur passion, "émerveillée par ce qui va venir" (Samson François).

Musique, santé, passion, et la règle "Age quod Agis", (Fais bien ce que tu fais) enseignée par mon père dès ma petite enfance. C'est ma vie.

La passion de faire le mieux possible, la capacité de concentration (qui est une forme de passion) pour y réussir quelquefois, la rage d'y arriver coûte que coûte, la chance d'avoir une santé et une résistance de fer.

Sur ces bases, aucun projet n'est inabordable. Tout effort extrême est accepté, voire choisi, pour stimuler la volonté.

Adolescente, je n'envisageais l'avenir que d'une seule façon : "Faire le tour du monde en donnant des concerts".

C'est ainsi que j'ai traversé soixante-et-onze fois la Méditerranée pour être à pied d'œuvre à Paris, en Europe ou ailleurs. A la fin, mes enfants, eux aussi, la traversaient.

Leur vie, dont la fatalité s'est cruellement mêlée, n'a pas été facile. Leurs passions qui débordaient le cadre musical que je leur avais inculqué, se sont ajoutées à mes propres exigences. Deux grands intellectuels, anti-conformistes, loyaux, ayant beaucoup de caractère, de désirs, de cran, attachés infiniment aux relations humaines.

Je peux être fière d'eux et leur père l'eut été aussi. Dans notre famille, comme chez les Arméniens, on ne pleure pas, on se bat. On n'a pas faibli, tout le monde a serré les dents, chacun a fait tout ce qu'il pouvait.

"Age quod Agis".

9 - Barcelone en 1992

En 1986 la ville de Barcelone est choisie pour recevoir les XXIIèmes Jeux Olympiques de l'ère moderne qui se dérouleront pendant la XXVème Olympiade, du 25 Juillet au 9 Août 1992.

Le président du Comité Olympique International (C.I.O.) est l'Espagnol Juan Antonio Samaranch, élu au congrès de Moscou en 1980.

C'est la première fois depuis les Jeux de Paris en 1924 alors que Pierre de Coubertin était le chef du C.I.O., que des Jeux se tiennent dans la patrie de son président.

Le nombre de participants a plus que doublé depuis 1948 passant de 4.468 à 10.033 dont 388 pour la France parmi lesquels 49 athlètes.

Le principal représentant de la presse française est le journal *L'Equipe.*

La cérémonie d'ouverture le dimanche 26 Juillet 1992 est suivie par plus d'un milliard de téléspectateurs. Placée sous le signe de l'art du design on retrouve dans l'ensemble des constructions cette même volonté de "faire moderne" allant jusqu'aux chaises d'arbitre des matches de tennis qui sont vraiment du "jamais vu".

Le capitaine et porte-drapeau est Jean-François Lamour, médaille d'or au sabre en 1988 et qui, malgré ses 36 ans arrachera encore une médaille de bronze à Barcelone.

Le premier jour lundi 27 juillet verra Jeannine Longo gagner une médaille d'argent, dans la course sur route, ratant l'or pour 20 secondes sur un temps de 2 heures 11 minutes. Le bronze ira à l'équipe française du 100 kilomètres par équipe contre la montre.

Le deuxième jour sera celui des tireurs : l'argent pour l'épreuve de la carabine à air comprimé 10 mètres reviendra au français Badiou. Trois médailles de bronze seront gagnées par Caron au 100 m nage libre, Esposito au 200 m papillon et chez les femmes au 100 m papillon par Catherine Plewinski.

Le week-end sera favorable aux Français qui arrachent le vendredi une médaille d'or au fleuret grâce à Omnès et trois médailles également d'or le lendemain grâce à Cécile Novak au judo, Eric Srecki à l'épée et Franck David à la planche à voile.

La France arrive déjà à un total de 21 médailles, soit 5 de plus que Séoul à la même date.

Le mardi 4 août *L'Equipe* titre en grand "Et la fête continue" en annonçant l'or du tireur à l'arc Sébastien Flute et du catamaran Tornado à deux places avec Loday et Hénard.

Malheureusement, la fête va bientôt s'arrêter avec le début des épreuves d'athlétisme à qui étaient réservés les derniers jours. Marie Jo Perec, championne du monde du 400 mètres en 1991 porte tous les espoirs de la France. Les journalistes épient ses moindres faits et gestes ; sagement, elle restera au village olympique la veille de la finale qu'elle emportera en 48"83.

24 ans après Colette Besson, c'est la première victoire française dans ce grand classique. La presse se déchaîne avec des "Le chef d'œuvre de Marie Jo", "Marie-Jo la divine", "Le Cinquième couloir", "C'était son jour"'.

Le lendemain, on peut même trouver dans *L'Equipe* une page entière avec en très gros titre "Bravo Marie-José Pérec", et, très petit, en bas de page : "Merci d'avoir choisi La Redoute pour faire vos courses".

Loin est le temps où on a menacé Micheline de lui retirer ses médailles parce que le nom d'un ministre des Sports figurait sur un de ses programmes de concert !

Mais la brillante victoire de Marie-Jo ne doit pas cacher une véritable déroute de l'équipe française d'athlétisme. Sur 49 inscrits, une seule et unique médaille, celle de Perec. La presse attaque les dirigeants et la Fédération en réclamant la démission des responsables. Heureusement, il y aura encore quelques beaux résultats en équitation, tennis de table et handball pour porter le total des médailles à 29, soit 8 or, 5 argent et 16 bronze. A Londres, la délégation française avait obtenu aussi 29 médailles dont 10 or, 6 argent et 13 bronze. Quand on pense que Micheline

Ostermeyer avait ramené à elle toute seule 2 or et 1 bronze, on peut comprendre la déception causée par la maigre moisson des Français.

Evidemment, les temps ont changé particulièrement en ce qui concerne les lancers de poids et disque, deux spécialités trustées par l'Union Soviétique, mais à quel prix ! Ainsi le poids féminin sera gagné par une certaine Svetlana Kriveleva, 93 kilos, 1 m 92.

Le reporter de *L'Equipe* assiste à sa conférence de presse après sa "victoire". Il est surpris par son manque total de réponses aux questions qui lui sont posées. Il la trouve lourdement assise sur une chaise au milieu des autres participants sans aucune réaction à quoi que ce soit, telle "une baleine blanche de Russie, teint blafard et peau fissurée par l'acné, animal sans charme ni charisme, porte-manteau d'une discipline faiseuse de grosses divas".

En 1948, après sa victoire au poids, la svelte Micheline avait aussi gagné le bronze au saut en hauteur ! Peut-on imaginer une Kriveleva sauter plus de 50 centimètres !

10 - Micheline et les Jeux

Nelson Paillou, le président du Comité Olympique Français a invité Micheline à assister à la dernière semaine des Jeux de Barcelone, celle où se déroulent toutes les épreuves d'athlétisme.

C'est la première fois depuis les Jeux de Londres de 1948 qu'une pareille faveur lui est accordée. Rien ne pouvait lui faire plus plaisir. Mais au fur et à mesure que se terminait le mois de juillet, Micheline sera prise de douleurs qui vont nécessiter l'ablation de l'appendice. Sa force légendaire va pourtant lui permettre de partir tout de même, malgré l'avis des médecins qui auraient bien voulu la garder quelques jours de plus en France. Elle assiste aux épreuves le jour mais ne connaît pas les longues nuits espagnoles.

Elle est logée en cabine individuelle à bord du luxueux bateau de croisière Club Méditerranée. Les repas sont merveilleux : style buffet pour le petit déjeuner et déjeuner, par tables de huit pour le dîner. Seuls les transports aller et retour du bateau au stade laissent à désirer, détail qui lui a rappelé Londres. On attend souvent un car plus de vingt minutes et les retours étaient encore moins bien assurés.

Mais les retrouvailles avec beaucoup d'amis comme Colette Besson, médaille d'or du 400 mètres à Mexico, le sculpteur Jean Cardot, auteur de la statue de Pierre de Coubertin dans le hall de la Maison du Sport dans l'avenue qui porte son nom à Paris, Paul Ambille, président de l'Académie des Beaux-Arts lui font vite oublier sa fatigue. Mais laissons encore une fois la parole à Micheline :

"Je me suis follement réjouie d'assister aux superbes matches de handball disputés par l'équipe de France avec une volonté magnifique et un esprit d'équipe exceptionnel. C'est vraiment un groupe très soudé d'individualités très brillantes, véritables acrobates qui méritaient encore un meilleur résultat que leur déjà belle médaille de bronze. Ils l'ont bien prouvé ensuite puisqu'ils sont maintenant champions du monde et porteurs de grands espoirs pour Atlanta en 1996.

J'ai pu applaudir la virtuosité et le panache de Jean-Philippe Gatien, médaille d'argent au tennis de table. Mais ce genre de compétition est un peu décevant pour le spectateur qui ne peut pas vraiment distinguer la balle. J'ai admiré les beaux chevaux sans bien comprendre comment se disputait leur épreuve.

Il y avait tant de choses à voir ! Mais il fallait malheureusement faire des kilomètres à pied sous un soleil ardent, surtout pour aller au stade de Montjuic qui avait tout de même ma prédilection et qui est très haut perché comme Wembley.

Et quand je pense que les marathoniens doivent grimper jusque là !! Quelle énergie, quel courage, quelle discipline terrifiante, quel masochisme pour la choisir !

C'est sûrement mon souvenir le plus fort des J.O. de Londres de 1948 que l'arrivée du marathon, pendant que je sautais. Le premier entré sur le stade, le Belge Gailly finissait presque à quatre pattes, dépassé par deux concurrents qu'il avait pourtant bien distancés. La civière l'attendait sur la ligne d'arrivée, presqu'inconscient.

A Barcelone, ce fut tout de même moins dramatique, les athlètes sont peut-être mieux nourris maintenant.

Je me suis régalée avec les épreuves du décathlon. Les hommes sont superbes et se battent avec une vaillance inégalable, dans un grand esprit de fraternité.

Très beau aussi, le saut en hauteur féminin, mais je trouve dommage que toutes les filles aient le même style aujourd'hui. C'est sans doute le plus efficace, alors tout le monde se copie...

C'était plus joli dans le temps où différents styles se succédaient. Comme en 1948, cette épreuve se dispute au milieu des cris déchaînés des spectateurs des finales de relais.

Justement, ces relais m'ont causé l'impression la plus grandiose. C'est toujours très excitant, et en plus, j'étais assise dans les gradins juste au-dessus de la ligne de départ des 100 mètres, à l'endroit où se passe le témoin pour le dernier relais.

Là se trouve un de ces chronomètres géants mesurant les performances.

Les huit coureurs, frémissants, attendaient leurs huit camarades qui sont arrivés comme huit bombes alors que les huit premiers avaient démarré à toute vitesse.

Pendant quelques dixièmes de seconde, on n'a rien compris de ces seize énergumènes mélangés dans un embrouillamini ahurissant, au milieu d'une violente pétarade de chocs impétueux des pointes autoritaires sur la piste.

Et puis, subitement, il y a Carl Lewis tout seul devant, puissant, aérien, délié, le témoin fringant comme un impérieux index signalétique, dégagé, victorieux de la horde à ses trousses et battant le record du monde.

Ensuite, ce fut le 4 x 400 mètres et c'est encore le record du monde pour les coureurs américains. La horde était loin, cette fois, mais alors que le dernier relayeur, Steve Lewis, courait, nous avions un œil rivé sur les centièmes de seconde qui défilaient sous notre gradin. Et il est arrivé à temps, avant la seconde du précédent record.

Quelle ambiance, quels hurlements dans cet univers de dépassement de soi, d'émotion, de performance qui est celui de l'athlétisme, sport noble et populaire, éducatif et non-violent, où les 80.000 spectateurs se lèvent et se rasseyent en masse pour le "holà" et font faire l'immense tour du stade à une vague gigan-

tesque qui ne veut pas cesser, et transmet à tous les heureux présents l'enthousiasme et la joie de "participer" aux exploits."

11 - Fin

Olympisme

Eclatement de l'individu dans une ordonnance grandiose, où chacun est essentiel au milieu des autres.

L'athlète en liberté dans un espace délimité comme le fauve dans l'arène, puissant et assujetti, éperon de milliers de volontés tendues.

Unité suprême de celui qui va tout tenter, cuirassé de concentration, et que des ondes magnétiques soulèvent sans dissocier.

Parfois un nom crié dans le silence surprenant de cent mille êtres en attente, hurlements, rythmes, incantations, hymnes.

Pour toi, pour lui, pour moi. Fraternité. Don absolu. Vérité.

M.O.

La jeunesse passe avec l'époque du sport mais ce poème écrit en 1969 garde sa réalité. Toute sa vie durant, il aura exprimé l'essentiel des passions de Micheline Ostermeyer, son auteur, avec l'amour des siens et la Musique.

F I N

Chapitre 11 - Sources

La Flamme aux Cœurs, Gerald Basseporte, Ed. Jean-Pierre Taillandier, Paris, 1992

Cassette : La Flamme Olympique à Mirville, Ed. La Poste, 1992

Cassette : La Croisée du Destin, Pierre Simonet, Ed. INSEP, Paris 1991

Archives Journal L'Equipe, Juillet-Août 1992

Entretiens avec Monsieur Geoffroy de Navacelle, Mirville

TABLE DES MATIÈRES

MISE EN PAGES FOURNIE

Achevé d'imprimer par Corlet, Imprimeur, S.A. - 14110 Condé-sur-Noireau (France)
N° d'Imprimeur : 15821 - Dépôt légal : février 1996 - *Imprimé en C.E.E.*